清華 譯

淨土三部經

이 마음이 바로 부처님!

모든 부처님은 바로 법계(法界)를 몸으로 하는 것이니, 일체 중생의 마음 가운데 들어 계시느니라. 그러므로 그대들이 마음에 부처님을 생각할 때, 이 마음이 바로 三十二상과 八十수형호를 갖춘 원만덕상이니라. 그래서 이 마음으로 부처님을 이루고 이 마음이 바로 부처님이니라.

「관무량수경」에서

諸佛如來是法界身 入一切衆生心想中 是故汝等心想佛時 是心卽是三十二相 八十隨形好 是心作佛 是心是佛。

「觀無量壽經」

*법계(法界): 진여(眞如), 곧 진리를 말하며 또는 일체 만유 제법을 말함.

석가여래상 (釋迦如來像)　　　　〈慶州 石窟庵 奉安 국보24호〉

아미타여래상 (阿彌陀如來像)　　　　〈慶州 佛國寺 奉安 국보〉

※ 金泥丸紋을 배치한 高麗時代의 典型的 如來像

관세음보살상(觀世音菩薩像)　　　　　〈國立中央博物館　奉安〉

석존육년고행상(釋尊六年苦行像)

미륵반가사유상 (彌勒半跏思惟像)

※ 법장보살 (法藏菩薩) 의 오겁사유상 (五劫思惟像) 이기도 하며, 또한 三세 (世)
　모든 부처님의 성불전 (前) 의 사유상 (思惟像) 이기도 함.

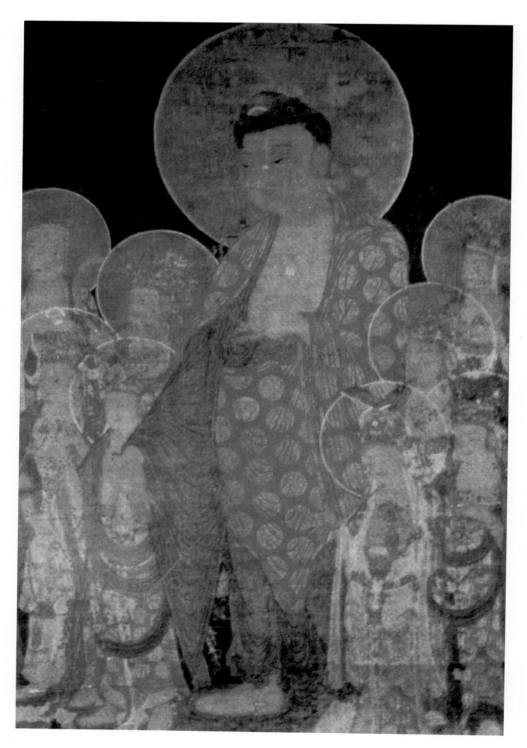

성중래영도(聖衆來迎圖)

※ 극락세계에 태어날 중생이 임종할 때, 아미타불께서 여러 보살들을 데리고
　마중하시는 그림.

아미타여래래영도(阿彌陀如來來迎圖)

※ 往生者를 極樂淨土로 引導하시는 阿彌陀如來像으로서
高麗佛畵의 代表的 作品中 하나임.

극락정토변상도 (極樂淨土變相圖)

※ 觀無量壽經에 依據한 阿彌陀淨土의 世界를 그린 大作 佛畫.

석가모니 부처님 열반도(涅槃圖)

연못(蓮池)

※ 金, 銀, 珊瑚 등이 빛나고 雙鶴과 孔雀이 노닐고 있다.

지옥변상 (地獄變相)

오취생사륜도(五趣生死輪圖)　　　〈西藏國奉安〉

청화대종사(淸華大宗師)

청화 역

정토삼부경

머 리 말

우리 인간은 누구나가 다 고뇌와 빈곤이 없는 안락하고 풍요한 행복을 간구하고, 생로병사가 없는 영생(永生)의 이상향을 그리는 사무친 향수를 지울 수가 없습니다. 그래서 인간의 모든 문화 현상은 비록 깊고 옅은 차이는 있을 지라도, 다한결같이 인생고(苦)의 구제와 진정한 자유를 그 구경 목적으로 하고 있으며, 다만 그 목적을 실현하는 방법에 차이가 있을 뿐입니다.

그런데 정작 인간의 고액(苦厄)을 구제함에는 먼저 인간의 본질 곧, 참다운 자아(自我)가 무엇임을 분명히 알아야 할것이요, 이러한 문제를 해결하려는 모든 종교·철학 가운데서, 인간의 근본 바탕을 가장 철두철미하게 밝히고, 영원한 안락의 경계에 인도하는 가르침이 불교임은 어느 누구도 부인하지 못할 것입니다.

그리고 불교의 많은 가르침 중에서도 일체 중생을 구제하려는 부처님의 거룩한 서원(誓願)과 부사의한 공덕으로 장엄된 이상향(理想鄉) 곧, 극락세계(極樂世界)를 너무도 생생하고 인상적으로 밝히신 경전은 정토삼부경(淨土三部經)인데, 이는 무량수경(無量壽經)·관무량수경(觀無量壽經)·아미타경(阿彌陀經)입니다.

그런데, 부처님께서 말씀하신 극락세계란 욕계(欲界)·색계(色界)·무색계(無色界) 등 중생이 생사윤회(生死輪廻)하는 삼계(三界)의 차원을 넘어 선 영원히 안락한 복지(福地)로서, 시간·공간과 인과율을 초월한 경계이며, 우리 중생이 필경 돌아가야 할 마음의 고향입니다. 그리고 그것은 허명무실(虛名無實)한 방편가설(方便假說)이 아니라 엄연한 영생불멸의 실존(實存)이며, 우리들의 올바른 수행으로 업장이 소멸할 때, 우리 스스로 보고 느끼고(感見) 누리는(受用) 상주불변(常住不變)한 법락(法樂)의 경계입니다.

정녕, 우리 중생은 본래의 자성(自性)이 아미타불이요, 우리가 본래 살고 있는 고향은 극락세계인데, 짓궂은 번뇌 업장에 가리워 미처 깨닫지 못하고 그지없이 생사고해(生死苦海)에 방황하다가 다행히 부처님의 교법(敎法)을 만나서, 비로소 참다운 자아(自我)와 진정한 고향인 극락세계로 돌아가게 되는 것입니다.

실로, 영원불멸한 우주 자체의 대생명(大生命)이 바로 부처님이요, 그 부처님의 대명사(代名詞)가 아미타불이며 부처님의 자비화신(慈悲化身)이 관세음보살이요, 부처님의 지혜화신이 대세지보살입니다. 그것은 마치 무궁한 태허(太虛)에 음(陰)과 양(陽)의 이원(二元)이 원융하게 작용하여 만유(萬有)가 생성하는 것과 비숫한 도리입니다.

이렇듯, 우주 스스로가 그대로 신비부사의한 부처님이요, 우주에는 언제나 모든 중생을 구제하는 부처님의 서원이 충만해 있기때문에, 우리들이 아미타불이나 관세음보살을 생각하고 외우며 부르는 것은, 그것이 바로 부처님과 상통하고 부처님의 가호(加護)를 입게 되는 깊은 인연이 되지 않을 수 없습니다.

그래서, 진정한 자아(自我)로 돌아가는 성불의 계기가 되고, 또한 극락세계에 태어나는 결정적인 선근(善根)이 되는 것이며, 여기에 부처님으로부터 베풀어지는 타력(他力)과 자기 수행의 자력(自力)이 아울러 감응(感應)하는 깊은 의의가 있습니다.

그리고, 우리들이 참다운 실상세계(實相世界)인 극락세계의 장엄 찬란한 경계를 흠모하고 동경하며, 우주 자신의 이름이요, 우리의 본래면목(本來面目)의 이름이기도 한 아미타불이나 관세음보살을 일심으로 생각하며 그 이름을 외우고 부르는 것은 우리 범부 중생이 찰나 찰나에 끊임없이 스스로 부처님을 자각하면서 부처가 되어가는 절실하고 안온한 성불의 첩경(捷徑)이 아닐 수 없습니다.

그러기에, 마음에 아미타불과 극락세계의 실상(實相)을 여의지 않는 염불은 이

른바 실상염불(實相念佛)이요 보왕삼매(寶王三昧)로서, 바로 진여자성(眞如自性)

을 여의지 않는 염불선(念佛禪)이 되는 것이며, 그래서 자력(自力)과 타력(他力),

관(觀)과 염(念), 정(定)과 혜(慧)를 함께 쌍수(雙修)하는 심심미묘한 염불공덕이

있게 되는 것입니다.

이러한 염불선(念佛禪)은 불성(佛性)에 들어맞는[契合] 천연자연(天然自然)한

수행법이기 때문에 모든 수법(修法)을 종합 포섭하였으며, 종파(宗派)를 초월한

가장 보편적인 행법(行法)일 뿐 아니라, 바야흐로 분열 투쟁의 역사적 위기에 직

면한 불안한 현세대에 가장 알맞는 시기상응(時機相應)한 안락법문(安樂法門)이

아닐 수 없습니다.

그런데, 아미타불과 극락세계를 말씀하신 경전은 화엄경·법화경·열반경·능엄

경 등 실로 이백(二百) 수십 부에 달하는데, 특히 화엄경의 입법계품(入法界品)

에는 보현보살이 선재동자를 깨우치는 법문 가운데, 「원하옵건대 목숨이 마치려

할때 온갖 장애가 소멸되어 극락세계에 태어나 아미타불을 뵈올지이다」라고 찬

탄하였고, 보적경(寶積經)에는 석존께서 아버지이신 정반왕에게 염불하여 극락에

왕생하기를 간절히 권하셨습니다.

그리고 마명보살(馬鳴 불멸 후 600년경)의 기신론(起信論)·용수보살(龍樹 B.C. 2~3세기의 십주비바사론(十住毘婆娑論)과 지도론(智度論) 또한 세친보살(世親 4~5세기)의 정토론(淨土論) 등에서도 염불은 부처님의 무량공덕과 근본서원(本願)을 확신하는 수행이기 때문에 불·보살과 감응(感應)하고 불·보살의 가피를 입어, 마치 순풍에 돛단 배와도 같이 수행하기 쉽고 성불하기 쉬운 이른바, 이왕이수(易往易修)의 행법(行法)임을 찬양하였습니다.

또한 중국에서도 혜원(慧遠 332~414)·천태(天台 583~597)·선도(善導 613~681)·영명연수(永明延壽 904~975)·중봉(中峰 1263~1323)·연지(蓮池 1536~1615) 대사 등 염불을 창도하여 자행화타(自行化他)한 선지식들이 이루 헤아릴 수 없으며, 우리 나라에서도 신라의 원효대사(元曉 617~686)와 같이 염불을 주종으로 한 이는 말할 것도 없고, 자장(慈藏 600년 경)·의상(義湘 625~702) 대사 등과, 고려의 대각(大覺 1055~1101)·보조(普照 1158~1210)·태고(太古 1301~1382)·나옹(懶翁 1320~1376) 대사 등과, 이조에서는 함허(涵虛 1376~1433)·서산(西山 1520~1604)·사명(四溟 1544~1610) 대사 등이 선(禪)과 염불을 융합한 선정일치(禪淨一致)의 견지에서 염불을 역설하였는데, 특히 서산대사는 그의 선가귀감(禪家龜鑑)에서 「마명(馬鳴)과 용수(龍

樹)가 다 높은 조사(祖師)이면서 염불왕생을 권장하였는데、 내가 무엇이기에 염

불을 안할까 보냐」라고 간절히 염불을 권면하였습니다.

그런데、 아미타불은 다만 극락세계의 교주(敎主)이실 뿐 아니라 법신(法身)・보

신(報身)・화신(化身)의 삼신(三身)을 겸전한 삼세(三世) 일체불(一切佛)의 본체

로서、 그 영원한 생명과 자비를 위주로 할 때는 무량수불(無量壽佛)이요、 무한한

지혜공덕을 위주로 할 때는 무량광불(無量光佛)이며、 대자대비(大慈大悲)를 위주

로 할 경우에는 관세음보살입니다. 그래서 여러 경전에는 수없이 많은 부처님의

명호(名號:이름)가 나오나、 필경 아미타불인 동일한 부처님의 화도(化導)의 인연

에 따른 공덕의 이름에 지나지 않습니다.

이제、 소용돌이치는 현대문명의 폭류 속에서 비록 우리들의 착잡한 인연이 성

불의 대도(大道)를 직행할 수는 없다고 할지라도、 우리 중생이 필경 돌아가야 할

고향인 극락세계와 본래 자성(自性)인 아미타불을 염원하는 보편적인 인생관과

그에 따른 성실한 수행(修行)은 한사코 게속되어야만 합니다.

그래서、 우리 고해(苦海) 중생은 일체 현상이 모두 몽환포영(夢幻泡影)과 같은

허망무상(虛妄無常)한 가상(假相)에 지나지 않음을 신인(信認)하고、 매양 최상 행

복한 극락세계의 영상을 지니며, 최상의 개념(槪念)인 아미타불을 염불하는 생활은 우리 자신을 정화하여 그만큼 성불의 경계에 다가서게 하며, 아예 영생의 대도(大道)에서 물러서지 않는 불퇴전의 결정신심(決定信心)을 간직하게 될 것입니다.

또한, 그러한 염불생활은 현대인의 불안의식과 사회적 혼란을 극복하는데도 다시없는 청량제가 될 것임을 확신하는 바입니다. 그래서 그것은 잃어버린 진아(眞我)의 회복과 분열된 조국의 광복(光復)과 인류의 영원한 평화와 복지(福祉)를 위한 가장 근원적인 최상의 길이기도 합니다.

여기에 산승(山僧)이 미급함을 무릅쓰고 「정토삼부경」을 번역하는 간절한 비원(悲願)이 있습니다.

끝으로 이번 불사(佛事)에 동참하여 주신 여러 불자님들께 충심으로 감사의 합장을 드리며 모든 유연불자(有緣佛子)들과 더불어 다시금 극락왕생을 다짐하는 바입니다.

一九八〇년 경신(庚申) 四월 八일 석존탄신일

월출산 상견성대에서

비구 청화 합장

일 러 두 기

一, 독자의 편의를 위하여 「해제(解題)」에서 「정토삼부경」에 대한 대강의 뜻을 간추려 해설하였다.

二, 생활에 분주한 이들이 삼부경을 다 읽기가 지리한 경우에는 우선 「해제」와 간단한 「아미타경」만을 먼저 읽고, 틈나는 대로 「무량수경」과 「관무량수경」을 읽는 방법도 좋을 것이다.

三, 어려운 불교용어는 그 낱말의 오른편에 「※」표로 표시하여, 책 끝 부분의 「용어 해설」에서 가·나·다 순으로 이를 풀이하였다.

四, 불교에는 고래(古來)로 삼분과경(三分科經)이라 하여, 경전 한부를 삼절(三節)로 나누는 것이 중국의 도안(道安 314~385) 스님 이래 준례같이 되었다. ① 서분(序分)이란 그 경전을 설하게 되는 유서(由緖) 인연을 말한 부분이고, ② 정종분(正宗分)이란 그 경전의 주요(主要)한 뜻을 말한 부분이며 ③ 유통분(流通分)이란 그 경전의 이익을 말하여 후세에까지 길이 유전(流傳)하고 널리 드날리기를 권한 부분이다.

그런데 「정토삼부경」의 한문 번역에는 그 구분이 분명하지 않았으며 또한 한글로 번역한 이들은 각기 나름대로 장절(章節)을 구분하였는데, 이번 한글번역은 종래의 삼분법(三分法)을 참고하여 구분하기로 하였다.

五, 「정토삼부경」에는 신비부사의한 대목이 적지 않으며, 그래서 경전을 과소평가하거나 혹은 불신(不信)하는 이가 있는데, 그것은 범부 중생의 천박한 소견으로 부처님의 심심미묘하고 부사의한 경계와 그 뜻(意趣)을 헤아려 시비하는 교만에서 오는 것이니, 모름지기 겸허하고 경건한 자세로 경전을 정독(精讀)해야만 올바른 이해를 할 수 있을 것이다.

六, 부처님의 경전은 다 한결같이 소중한 생명의 보장(寶藏)이니 종파적(宗派的)인 편벽이나 어지빠른 선입주견을 배제하고, 어디까지나 허심탄회한 통불교(通佛教)적인 입장에서 경전을 음미해야만 불퇴전(不退轉)의 결정신심(決定信心)이 확립될 줄 믿는다.

※ ① 한문(漢文) 경전을 윗부분에 한글번역을 아랫부분에 편집하였음.

※ ② 뒷편에는 독송(讀誦)하기에 편리하도록 한문과 한글음을 달아 편집하였음.

차 례

제一 무량수경(無量壽經)

제二장 정종분(正宗分)

제三 아미타경(阿彌陀經)

해제(解題)

一, 개 설(槪 說)

정토삼부경(淨土三部經)은 극락세계의 교주이신 아미타불을 신앙하고 모든 선근공덕(善根功德)을 닦아서 극락세계에 태어남(왕생)을 그 내용으로 하는 경전으로서 무량수경(無量壽經)과 관무량수경(觀無量壽經)과 아미타경(阿彌陀經)을 말한다.

그런데, 극락정토 곧, 극락세계란 흐리고 악한 예토(穢土)가 아닌 이른바 오탁악세(五濁惡世)를 여의고 욕계·색계·무색계의 삼계(三界)를 뛰어넘은 청정하고 안락한 이상적인 처소를 말한다. 그래서 경(經)에는 청정토(淸淨土)·안락국(安樂國)·불토(佛土)·불국(佛國) 등의 이름이 있다.

그러기에, 극락정토란 불·보살의 한량없는 공덕의 과보(果報)로 수용(受用)하는 청정한 보토(報土)요, 상주불멸(常住不滅)한 실상(實相)이며, 모든 중생이 번뇌를 여의고 필경 돌아가야할 영생의 고향이기도 한 것이다.

경전에는 아촉불(阿閦佛)의 정토·약사여래(藥師如來)의 정토·미륵보살의 정토 등 여러 정토를 말한 데도 있으나, 모든 정토의 대표적이며 일반적으로 갈앙(渴仰)하고 흠모하여 신앙의 대상이 되어온 것은 아미타불의 극락정토 곧, 극락세계에 관한 교설이다.

그래서, 아미타불과 극락세계에 관한 교법은 현존하는 장경(藏經) 중에 실로 이백(二百)여 부에 달하며, 또한 그에 따른 여러 스님네들의 저서는 이루 헤아릴 수 없는 정도로 많은 것이다.

그리고, 역사적으로 보더라도 인도를 위시하여 서장(티베트)·중국·한국·일본 등으로 가장 널리 유통(流通)되어, 참으로 불교 문화의 정화(精華)이며 민간 신앙의 표본이 되어 온 것이다.

그런데, 현대에 와서 불교계에는 이미 알려진 제한된 사료(史料)와 고증(考證)을 근거로 하고, 범부의 지견(知見)으로 분별하여 모든 대승 경전이 불설(佛說)이 아니라는 이른바 대승비불설(大乘非佛說)은 거의 정설(定說)처럼 되어 있다.

그래서, 정토사상의 발생과 「정토삼부경」의 성립 년대에 대해서도 석존 이후 대승불교가 발생할 무렵, 어느 대승의 학장(學匠)에 의하여 이루어졌으리라고 주장하는 이들이 많다. 그러나 그러한 문제는 부정도 긍정도 할 수 없는 문제인 것이다.

그러한 사료(史料)를 위주한 실증적 자세가 학구적(學究的)인 분야에서는 필요한 일이기도 할 것이다. 그러나 순수한 신앙의 견지에서 생각할 때는 부처님의 부사의한 일체종지(一切種智)와 과거 이천(二千)여 년을 통하여 「정토삼부경」을 불설(佛說)로 확신하여 온 수많은 조사 스님들의 법력을 의심하게 되고, 또한 자성(自性)에 본래 갖추어 있는 삼명육통(三明六通)을 불신하는 경향이 되지 않을까 우려하지 않을 수 없다.

그리고, 정토삼부경을 불설로 확신하여 온 조사스님들 가운데는 숙명통(宿命通)을 통달하여 석존당시를 꿰뚫어 보는 이도 많았으리라 생각된다. 그러기에 극락정토를 발원(發願)하는 불자(佛子)들은 부질없는 분별에 마음을 팔지말고 정토삼부경 그대로 신인(信認)하고 그대로 수행(修行)함이 불·보살의 본회(本懷)이며 극락 왕생(往生)의 첩경(捷徑)이라 믿는 바이다.

二, 무량수경(無量壽經)

1. 한문 번역

무량수경은 중국에서 열두번이나 번역되었다고 하나 이른바 오존칠결(五存七缺)이라 하여 현재는 오역(五譯)만 남아 있고 칠역(七譯)은 산실(散失)되었다고 한다.

이 한문 번역은 천축(天竺: 인도)의 삼장법사 강승개(康僧鎧)가 중국의 조위(曹魏) 때 그 가평(嘉平) 4년(A.D. 252) 낙양(洛陽) 백마사(白馬寺)에서 번역하였다. 여기에서는 그 유포본(流布本)을 위주로 하였다.

2. 내 용

무량수경은 「대무량수경(大無量壽經)」 또는 약(略)하여 「대경(大經)」이라고도 하며 상(上)·하(下) 두권으로 되어 있다.

일찌기 석존께서 기사굴산에 계실 때, 아난존자와 수많은 제자들을 상대로 하여 광명이 무량하고 수명이 무한하신 아미타불의 극락세계에 관한 한량없는 공덕과 거룩한 장엄을 설하신 경전이다.

그 상권(上卷)에는 아미타불이 극락정토를 건설하게 된 원인과 그 과보(果報)를 설법하셨는데, 아미타불께서 일찌기 법장보살(法藏菩薩) 이었을 적에 세자재왕불(世自在王佛)의 처소에서 이백 십억(二百十億)의 불국토(佛國土)를 보고, 거기에서 가장 훌륭한 공덕만을 선택하여 최선의 이상국(理想國)을 세우고자 큰 서원(誓願)을 발하였다.

그것은 사십팔(四十八) 종의 서원인데, 그 내용을 요약하면 「선인(善人)도 악인도 현명한 이도 어리석은 이도 나의 원력(願力)을 믿고 따르는 이는 모두 다 반드시 구제하여 극락세계에 태어나게 하리라. 만약 이 일이 성취되지 않는다면 나는 차라리 부처가 되지 않겠다」고 맹세하였다. 그래서 이 서원을 성취하기 위하여 영겁(永劫)의 오랜 세월을 두고 온갖 수행을 거듭하였다. 그리하여 법장보살은 서원을 성취하여 아미타불이 되시고 공덕과 장엄이 원만히 갖추어진 극락세계를 세우신 것이다.

그런데, 법장보살이 아미타불이 되신 이러한 성불(成佛)의 인연설화(因緣說話)는 비단 아미타불에만 국한한 성불의 인연만은 아니며, 과거·현재·미래 삼세의 모든 부처님들의 성불인연의 의미이기도 하며, 그것은 바로 우리 자신의 성불의 도정(道程)이 되는 동시에 영생상주(永生常住)한 진여법성(眞如法性)의 부사의한 일대행상(一大行相)인 것이다.

그 하권(下卷)에서는 중생이 극락세계에 왕생하는 원인과 그 과보(果報)를 설법하셨는데, 중생이 극락에 왕생하는 원인에는 염불해서 왕생하는 이도 있고, 또는 다른 모든 선행(善行)을 닦아서 왕생하는 이도 있다고 하셨으며, 이러한 공덕들은 모든 부처님들께서도 칭찬하시고 권장하신다고 말씀하셨다.

그리고, 중생이 극락세계에 왕생한 과보(果報)를 설하셨는데 관세음보살과 대세지보살이 극락세계에 왕생한 맨 처음이라 하셨다. 또한 극락에 왕생한 이는 누구나가 다 삼십이(三十二) 대인상(大人相)을 갖추고 지혜가 원만하며 신통력이 자재하여 시방세계의 부처님들을 공양하며, 또는 나와 나의 소유(所有)라는 상(相)이 없고 언제나 남의 행복만을 바라며 마음이 평정(平靜)하여 감정의 파동이 일지 않고, 매양 모든 중생을 제도하고자 하는 자비심이 충만함을 말씀하셨다.

그런데, 부처님의 부사의하고 무한한 지혜 공덕을 신(信)하지 않고는 극락세계에 왕생할 수 없는 것이니, 모름지기 부처님에 대한 깊은 신앙심을 간직하고 오 *세계악(五惡)을 짓지 말고 오선(五善)을 닦을 것을 간절히 당부하셨으며, 머언 후세에 설사 모든 경전이 없어질지라도 나는 자비로써 특히 이〈무량수경〉만은 백세 동 안 더 오래 머물게 하리라고 굳게 다짐하셨다.

三、 관무량수경(觀無量壽經)

1. 한문 번역

서역(西域)의 승 강량야사(畺良耶舍 383~442)가 중국의 유송(劉宋) 원가(元嘉) 10 년(A.D. 433)에 번역하였다.

2. 내 용

관무량수경은 「십육관경(十六觀經)」 또는 약(略)하여 「관경(觀經)」이라고도 한 다.

석존께서 만년에 기사굴산에 계실 적에 왕사성에서 큰 비극이 일어났었다. 그 것은 태자 아사세가 제바달다의 사주(使嗾)를 받아 왕위를 빼앗기 위하여 부친인 빈바사라왕을 가두고, 아버지를 옹호하는 자기 어머니인 위제희부인 마저 가두어

버렸다.

이에, 위제희부인은 못내 슬퍼하여 멀리 석존의 왕림을 기원하였다. 그래서 석존께서는 아난존자와 목련존자를 데리고 신통력으로 부인의 처소에 나투셨다. 그리고 자신이 광명 속에서 시방세계의 정토(淨土)를 나타내시어 부인에게 보였는데, 부인은 그 중에서 모든 괴로움이 없고 안락만이 충만한 극락세계에 왕생할 것을 바라고 극락세계에 태어날 방법을 가르쳐 주시기를 석존에게 애원하였다.

그래서, 석존께서는 부인을 위하사 십육관(十六觀)의 수행법을 설하셨는데, 그것은 정선(定善) 십삼관(十三觀)과 산선(散善) 삼관(三觀)으로서, 정선이란 산란한 생각을 쉬고 마음을 고요히 하여 극락세계의 국토와 부처님과 보살들을 점차로 관조(觀照)함을 말한다. 석존께서 이를 설하시는 동안 일곱번째인 화좌관(華座觀)을 설하실 적에, 부인을 위하사 모든 고뇌를 없애는 법을 설하시겠다고 말씀하실 때 홀연히 아미타불이 허공 중에 나투시니, 부인은 환희에 넘쳐 아미타불을 예배하고 깊은 신심(信心)을 일으켜 바른 깨달음을 얻었다.

석존께서는 정선(定善) 십삼관(十三觀)을 설하시고 나서 다시 산선(散善) 삼관(三觀)을 설하셨는데, 산선이란 산란한 마음이 끊어지지 않은 채, 악을 범하지 않고 선을 닦는 것을 말한다. 그런데 그 산선이란 이른바 삼복(三福)이라 하여 세간의 선과 소승(小乘)의 선과 대승(大乘)의 선을 가리킨다.

다시 석존께서는 이 삼복을 중생의 근기에 배당하여 구품(九品)으로 구분하셨는데 그 중에서 상품상생(上品上生)과 상품중생(上品中生)과 상품하생(上品下生)의 삼품은 대승의 근기로서 대승선(大乘善)을 닦아서 극락에 왕생함을 말하고, 중품상생(中品上生)과 중품중생(中品中生)의 이품은 소승의 근기로서 소승선(小乘善)을 닦아서 극락에 왕생함을 말하며, 중품하생(中品下生)의 일품은 세간(世間)의 근기로서 세간선(世間善)을 닦아서 극락에 왕생함을 말한다. 그리고 하품상생(下品上生)과 하품중생(下品中生)과 하품하생(下品下生)의 삼품은 이른바 삼복무분(三福無分)이라 하여 조금도 선행을 닦은 바가 없는 악인이라 할지라도, 다만 지성어린 염불만으로 극락세계에 왕생할 수 있다고 설하였다.

끝에 가서 석존께서는 다시금 아미타불 염불을 찬탄하사 이것이 가장 수승한 극락왕생의 길이니, 지성으로 믿고 간직하도록 간곡히 당부하셨다.

석존의 설법이 끝나자, 위제희부인은 진리의 실상을 깨닫는 무생법인(無生法忍)을 훤히 통달하고, 오백(五百)의 시녀들도 또한 깊은 신심을 일으켰다.

四. 아미타경(阿彌陀經)

1. 한문 번역

구자국(龜玆國)의 삼장법사(三藏法師) 구마라습(鳩摩羅什 350~409)이 중국의 요진(姚秦) 때 이세(二世) 요흥왕(姚興王)의 칙명을 받고 홍시(弘始) 4년에 번역하였다.

2. 내 용

아미타경은 약하여 「소경(小經)」이라고도 하는데 석존께서 사위국의 기수급고독원에서 사리불존자를 상대로 하여 설하신 법문으로서, 「대무량수경」과 「관무량수경」의 뒤를 이어 두 경전의 뜻을 요약하셨다고 할 수 있으며, 극락세계의 찬란한 공덕장엄과 그 극락에 왕생하는 길을 밝히신 경전이다.

먼저, 극락세계의 위치와 그 이름을 풀이하시고, 극락세계의 칠보 나무와 칠보 연못과 칠보 누각과 미묘하고 청아한 음악 등 부사의하고 찬란한 장엄을 찬탄하시고, 극락세계에는 바로 지금 아미타불께서 설법하고 계신다고 하셨다.

그리고, 광명이 무량하고 수명이 무한하므로 아미타불이라 이름하며, 극락세계에 왕생하는 중생도 또한 무량한 광명과 무한한 수명을 얻는다고 찬양하셨다.

그런데, 극락세계에 왕생하기 위해서는 적은 선근(善根)이나 적은 복덕으로는 불가능하니, 깊은 선근과 많은 복덕이 되는 염불에 의하여 극락에 왕생하라고 권하셨다.

또한 동·서·남·북과 상(上)·하(下) 육방(六方)의 헤아릴 수 없는 모든 부처님들께서도 염불공덕의 위대함을 찬탄하고 증명하신다 하셨다. 그래서, 이렇듯 모든 부처님들께서 깊이 기억하시고 옹호하시는 부사의한 공덕이 있는 「염불」을 하라고 간곡히 타이르셨다.

요컨대, 다른 경전들은 거의가 제자들의 간청에 의하여 설하신 법문인데, 이 아미타경은 이른바 무문자설경(無問自說經)이라 하여 석존께서 자진하여 설하신 경전으로서, 석존께서는 세상에 나오신 근본 의의(意義)인 중생 구제의 참 뜻을 밝히신 귀중한 법문임을 절감하지 않을 수 없다.

五, 아미타불(阿彌陀佛)

아미타불을 줄여서 「아미타」 또는 「미타」라고도 하며 범본경전(梵本經典)에는 아미타유스붇다(Amitāyus-Buddha 무량수불)·아미타바붇다(Amitābha-Buddha 무량광불)의 이름이 있고, 밀교(密敎)에서는 아미리타붇다(Amṛta-Buddha 감로왕불)의 이름 등이 있으나 보편적으로 아미타불이나 무량수불로 불리워지고 있다.

「정토삼부경」에는 구원겁(久遠劫) 전에 법장보살이 사십팔원(四十八願)을 세워 조재영겁(兆載永劫)의 오랜 수행을 쌓고 이미 십겁(十劫) 전에 성불하여 현재서 방 극락세계에서 설법하고 계신 부처님을 아미타불이라 한다.

그리고 밀교에서는 법신(法身:陀)·보신(報身:彌)·화신(化身:阿)의 삼신(三身)을 겸전한 부처님이 아미타불이라 하였고, 선종(禪宗)과 화엄종에서는 자성미타(自性彌陀)·유심정토(唯心淨土)라 하여 일체 만법을 원만히 갖춘 참성품인 마음이 바로 아미타불이며 극락세계 또한 청정한 마음 위에 이루어지는 장엄한 경계임을 밝히고 있다.

이와 같이 그 경우에 따라 여러 가지로 해석되고 있으나 비유와 상징을 떠난 근본 뜻을 생각한다면 시간·공간을 초월한 영원한 진여자성(眞如自性)으로서, 영겁(永劫)을 통하여 끊임없이 십법계(지옥·아귀·축생·수라·인간·천상·성문·연각· 보살·불)의 의(依::국토)·정(正::마음과 몸)을 성기(性起)하는 우주 자체의 인격(人 格)이 바로 아미타불임을 알 수 있을 것이다. 「아미타경」에도 그 수명이 무량하므 로 무량수불이요 광명이 무량하므로 무량광불이라 하였으니, 그 무량한 수명은 영원한 시간과 자비를 상징하고, 무량한 광명은 무한한 공간과 지혜를 상징하므 로, 자비와 지혜를 원만히 갖춘 영원한 진여자성(眞如自性)이 아미타불임을 의미 하였다.

또한 더욱 구체적인 이름으로는 「무량수경」에서 십이광불(十二光佛)이라 하여 무량수불 외에 무량광불(無量光佛)·무변광불(無邊光佛)·무애광불(無碍光佛)·무 대광불(無對光佛)·염왕광불(燄王光佛)·청정광불(淸淨光佛)·환희광불(歡喜光 佛)·지혜광불(智慧光佛)·부단광불(不斷光佛)·난사광불(難思光佛)·무칭광불(無 稱光佛)·초일월광불(超日月光佛)·무변광불(無邊光佛) 등을 들고 있다.

앞에서 본 바와 같이 우주의 실상이자 우리의 본래면목(本來面目)이 바로 아미

타불임을 짐작하고 남음이 있을 것이며, 그래서 여러 경전에 나오는 수많은 부처

님의 명호(이름) 또한 진리의 대명사인 아미타불의 그 인연에 따른 상징과 비유

의 이름에 지나지 않음을 알 수 있을 것이다.

六, 본원(本願)

본원이란 근본서원(根本誓願)의 준말로서 모든 부처님들이 지난 세상에서 성불

하고자 뜻을 세운 여러 가지의 서원을 말한다.

이에는 총원(總願)과 별원(別願)이 있는데, 총원은 모든 부처님들의 공통한 본

원 곧 사홍서원(四弘誓願)이며, 별원은 부처님마다 중생 제도의 인연에 따라 세

우신 바 아미타불의 사십팔(四十八)원이나 약사여래(藥師如來)의 십이(十二)원

등을 들 수 있으나, 보통은 아미타불의 사십팔(四十八)원을 말한다.

그런데, 아미타불이 바로 진여실상(眞如實相)이요, 중생이 본래 갖춘 자성(自

性)이라고 생각할 때, 아미타불이 성불 이전 법장보살 때 세운 사십팔의 서원은

곧 사홍서원의 구체적 표현으로서, 삼세 모든 부처님의 서원인 동시에 우주 자체

에 내재(內在)한 목적 원인이며 또한 성불을 지향한 우리 중생의 서원이요, 이상이기도 한 것이다. 그리고 그러한 이상의 실현에는 먼저 그 이상을 실현하고자 하는 간절한 서원이 전제가 되지 않을 수 없다.

七, 극락정토(極樂淨土)

아미타불의 본원(本願)으로 건립된 정토의 이름이 극락정토이며 흔히 극락세계라 하는데 범어(梵語) 수하마제(須訶摩提 Suhāmati; Sukhāvatī)의 뜻 번역이다.

또한 극락세계의 다른 이름으로는 안양(安養)·안락(安樂)·안온(安穩)·묘락(妙樂)·무위(無爲)·청정토(淸淨土)·서방정토(西方淨土)·불회(佛會)·열반성(涅槃城)·진여문(眞如門)·무량수불토(無量壽佛土)·무량광명토(無量光明土)·밀엄국(密嚴國)·연화장세계(蓮華藏世界) 등 삼십(三十)여 종의 별명이 있다.

그런데 극락정토란 청정하고 안락한 국토의 뜻으로서 다섯가지 흐린 것(五濁)이 없고, 생로병사(生老病死)를 비롯한 모든 괴로움이 없으며, 오직 즐거움만 있는 세계로서, 생사윤회(生死輪廻)하는 삼계(욕계·색계·무색계)를 뛰어넘은 영원한

낙토(樂土)임을 경전에서는 찬탄하여 마지 않는다.

그래서, 극락정토는 모든 불·보살이 수용(受用)하는 청정한 보토(報土)인 동시에 중생들 또한 번뇌 업장만 소멸하면 금생과 내세를 가리지 않고, 스스로 보고 느끼고 누릴 수 있는 상주불멸(常住不滅)한 실상(實相)의 경계인 것이다.

이렇듯, 극락세계는 시간·공간을 초월한 영생의 세계인데도 경(經)에는 십만 억 국토를 지난 아득한 서쪽에 있다고 한 것은 번뇌에 때묻은 중생의 분상에는 실재하지 않는 꿈같은 세계이기 때문에 중생의 차원에 영합(迎合)한 비유와 상징적인 표현임을 경전을 정독 음미할 때 충분히 짐작하고 남음이 있을 것이다.

범부의 망정(妄情)을 여읜 성자의 정견(正見)에는 사바세계 그대로 극락세계일지라도, 온갖 번뇌에 얽매이고 가지가지의 고액이 충만한 현실에 시달린 고해(苦海) 중생에게는 영생 안온한 극락세계란 역시 너무나 머나먼 이상향이 아닐 수 없다.

그러기에 우리 중생은 필경 돌아가야 할 본래 고향인 극락세계를 동경하고 흠모하며, 거기에 이르기 위한 간절한 서원을 굳게 세우고, 한량없는 선근공덕(善根功德)을 쌓아야 할 것이다.

八、염　불(念　佛)

1. 염불의 의의(意義)

위에서 말한 바와 같이 극락세계에 태어난다는 것 곧, 왕생(往生)함이 정토삼부경의 주제이다. 그리고 극락세계에 왕생한다는 것은 바른 깨달음을 얻어 위없는 진리에서 물러나지 않는 불퇴전의 성자(聖者)가 되는 것과 같은 의미를 갖는 것이다.

따라서, 온갖 번뇌를 소멸하고 정각(正覺)을 얻는것이 쉬운 일이 아니듯이 극락세계에 왕생하는 것도 또한 경전의 말씀과 같이 「적은 선근(善根)과 적은 복덕(福德)」으로는 불가능한 것이다.

그러면, 극락세계에 왕생하기 위한 큰 선근과 거룩한 복덕은 무엇인가? 그것은 바로 염불인 것이다. 우리 본래자성이 부처님이요, 아미타불이란 부처님의 명호(이름)이기 때문에 염불이란 곧, 자성불(自性佛)을 생각하고 자성불로 돌아가는 법이자연(法爾自然)의 수행법인 것이다.

또한 염불은 부처님의 본원에 들어맞는 수행법일 뿐 아니라 삼세 모든 부처님들께서 한결같이 권장하고 기억하여 호념(護念)하시는 수행법이기 때문에 다른 수행법에 비하여 불·보살의 가피가 수승함은 여러 경전이나 수많은 영험록(靈驗錄)을 통하여 충분히 알 수 있을 것이다.

그리고 「능엄경(楞嚴經)」에서도 석존께서 「나는 일찌기 수행할 때에 염불로써 무생법인에 들었느니라 (我本因地 以念佛心 入無生忍)」 하셨고 「관무량수경」에는 「염불하는 이는 모든 사람 가운데 향기로운 연꽃이니라(若念佛者 當知此人 是人中分陀利華)」하셨다.

그래서 염불은 진여자성을 여의지 않는 자성선(自性禪)이라고도 하고 또한 모든 삼매(三昧)의 왕(王)이라 하여 보왕삼매(寶王三昧)라고도 하는 것이다.

2. 염불의 방법

염불(念佛)이란 부처님을 기억하며 잊지 않고 끊임없이 생각하며 또는 그 이름을 부르는 것을 의미하는데, 칭명(稱名)염불·관상(觀像)염불·관상(觀想)염불·실상(實相)염불 등 네 가지 방법이 있다.

㉠ 칭명(稱名)염불은 부처님의 명호(이름)를 부르는 것으로서 가장 간단하여 행

하기 쉽다.

㉡ 관상(觀像) 염불은 부처님의 원만한 상호(모습)를 생각하는 염불이다.

㉢ 관상(觀想) 염불이란 고요히 앉아서 부처님의 지혜 공덕을 생각하는 염불이다.

㉣ 실상(實相) 염불이란 부처님의 법신(法身) 곧, 일체 만법의 본바탕은 있는 것(有)도 아니고 공(空)한 것도 아닌 중도(中道)의 실상(實相)임을 생각하는 염불이다.

이러한 사종 염불 외에도 호흡과 맞추어서 염불하는 수식(數息) 염불, 아미타불을 화두(話頭)로 하여 참구(參究)하는 간화(看話) 염불 등이 있다. 그런데 어떠한 염불이든 자기 근기에 맞는 염불을 일심불란(一心不亂)하여 삼매(三昧)에 들면 되는 것이니 함부로 그 우열(優劣)을 시비할 필요는 없는 것이다.

3. 염불삼매(念佛三昧)

위에 말한 염불 공부를 망념(妄念)이 섞이지 않도록 염념상속(念念相續)하여 일심으로 수행함을 인행(因行)의 염불삼매라 하고 이러한 수행이 성취되어 마음이 선정(禪定)에 들고, 혹은 부처님이 앞에 나타나시며, 또는 법신(法身)의 실상(實

相)에 들어맞음(契合)을 과성(果成)의 염불삼매라 한다.

「염불삼매경」에 이르기를 「염불삼매는 일체 모든 법을 다 포섭하였으니 이는 성문(聲聞) 연각(緣覺)의 이승(二乘) 경계가 아니니라(念佛三昧則爲總攝一切諸法 是故非聲聞緣覺二乘境界)」하셨다.

九, 염불과 선(禪)

선(禪)은 바로 부처님의 마음(佛心)이요, 교(敎)는 부처님의 말(佛語)이니, 경전의 말과 문자에 걸리지 않고 마음을 밝힐 때 선과 교는 본래 둘이 아닌 진여자성(眞如自性)의 체용(體用)인 것이다.

또한 일체 만유의 근본 자성(自性)이 아미타불이요, 극락세계 역시 같은 자성(自性)인 청정심(淸淨心)으로 이루어진 경계이니, 마음이 오염(汚染)되면 그에 상응한 삼계(욕계·색계·무색계)·육도(六道:지옥·아귀·축생·수라·인간·천상)에 윤회(輪廻)하는 고뇌를 벗어날 수 없으며, 본래의 청정한 마음으로 돌아오면 금생과 내세(來世)를 가리지 않고 상락아정(常樂我淨)한 극락세계의 청정한 행복을 수용

(受用) 할 수 있는 것이다.

그래서, 극락세계를 염원(念願)하고 아미타불을 생각하며 그 명호(이름)를 부르는 염불 공부는 진여자성을 여의지 않는 참선 공부와 본래 우열(優劣)이 없으니 염불과 선(禪)은 일치한 것이다.

그리고 염불과 참선이 둘이 아닌 선정일치(禪淨一致)의 뜻이 담긴 대표적인 법문은 「관무량수경」의 다음 귀절을 들 수 있을 것이다.

「모든 부처님은 바로 법계(法界)를 몸으로 하는 것이니 일체 중생의 마음 가운데 들어 계시느니라. 그러므로 그대들이 마음에 부처님을 생각할 때 이 마음이 바로 삼십이상(三十二相)과 팔십수형호(八十隨形好)를 갖춘 원만 덕상(德相)이니라. 그래서 이 마음으로 부처님을 이루고 이 마음이 바로 부처님이니라」

(諸佛如來是法界身 入一切衆生心想中 是故汝等想佛時 是心卽是三十二相八十隨形好 是心作佛 是心是佛)

또한 저명한 선사(禪師)들로서 선정일치(禪淨一致)를 주장한 이들의 법문을 몇 가지 소개할까 한다.

㉠ 보조지눌 스님(普照知訥 1158~1210) : 고려 스님.

염불의 공덕이 성취되면 언제 어느 곳에나 아미타불의 참 몸이 앞에 나타나며

임종시에는 구품(九品) 연화대에 영접되어 그 상품(上品)에 왕생한다.

(念佛功極 於日日時時一切處 阿彌陀佛眞體冥現其前 臨命終時 迎入九品蓮臺上品 往生)〈念佛要門〉

㉡ 태고보우 스님(太古普愚 1310~1382): 고려 스님。

아미타불의 청정미묘한 법신이 두루 모든 중생의 마음에 계시므로 마음과 부처님과 중생이 본래 차별이 없다。 그래서 마음이 곧 부처님이요, 부처님이 곧 마음이다。 아미타불의 명호(이름)를 끊임없이 분명히 생각하고 외울지니, 힘써 정진하여 그 공덕이 성취되면 홀연히 분별이 끊어지고 아미타불의 참 몸이 뚜렷이 나투신다。

(阿彌陀佛淨妙法身 遍在一切衆生心地 故云心佛及衆生是三無差別 亦云心卽佛 佛卽心……阿彌陀佛名 心心相續 念念不昧……久久成功 則忽爾之間 心念斷絕 阿彌陀佛眞體貞爾現前)〈太古庵歌〉

㉢ 청허휴정 스님(淸虛休靜 1520~1604): 별호는 서산(西山), 조선 스님。

마음은 바로 부처님의 경계를 생각하여 끊임이 없고, 입은 부처님의 명호(이름)

를 분명히 불러 흐트러지지 않게 한다. 이렇듯 마음과 입이 서로 응하면 그 한 생

각 한 소리에 능히 팔십억 겁 동안 생사에 헤매는 죄업을 소멸함과 동시에 팔십

억 겁의 수승한 공덕을 성취한다.

(心則緣佛境界憶持不忘 口則稱名佛號分明不亂 如是心口相應一念一聲 則能滅八

十億劫生死之罪 成就八十億劫殊勝功德)〈淸虛堂集〉

ⓔ 육조혜능 스님(六祖慧能 638~713) : 중국 당나라 스님. 선종(禪宗) 제6조.

오직 아미타불 지니고

다른 생각 없으면

손 튀길 수고도 없이

서방 극락 가리라.

(一句彌陀無別念 不勞彈指到西方)〈禪淨雙修集要〉

ⓜ 영명연수 스님(永明延壽 904~975) : 중국 북송 스님. 법안종(法眼宗)의 제삼조

(三祖).

선정과 정토가 같이 있으면,

마치 뿔 난 호랑이 같이

이승에는 남의 스승이 되고

다음 생엔 부처와 조사가 되리.

선정이 없고 정토만 있어도

만(萬) 사람 닦아서 만 사람 가니

다만 아미타불만 뵈옵게 되면

깨닫지 못할 걱정 어찌 있을까.

선정만 있고 정토 없으면

열 사람에 아홉이 미끄러지고

중음(中陰) 경계가 나투게 되면

별안간 그를 따라가고 말며,

선정과 정토가 모두 없으면

무쇠 평상과 구리 기둥의 지옥

일만 겁과 일천 생에

믿고 의지할 데 하나도 없네.

(有禪有淨土 猶如戴角虎

現世爲人師 來生作佛祖

無禪有淨土 萬修萬人去

但得見彌陀 何愁不開悟

有禪無淨土 十人九蹉路

陰境若現前 瞥爾隨他去

無禪無淨土 鐵床並銅柱

萬劫與千生 沒箇人依怙。

(ㅂ) 천여유칙 스님(天如惟則 1300년 경)∶ 중국 원(元)나라 임제종(臨濟宗) 스님.

염불과 참선이 같지 않다고 의심하는 이가 있는데 그것은 참선이란 다만 마음을 알고 성품을 보려 함이요, 염불은 자기 성품이 미타(彌陀)요 마음이 곧 정토(淨土)임을 모르는 데서 오는 것이니, 어찌 그 이치에 둘이 있으랴.

경에 말씀하시기를, 「부처님을 생각하고 염불을 하면 현세나 다음 생에 반드시

부처님을 뵈오리라」 하셨으니, 이미 현세에서 부처님을 뵈옴이 어찌, 참선을 하

여 도(道)를 깨닫는 것과 다름이 있을 것인가.

아미타불 넉자를 화두삼아 자나 깨나 분명히 들어 쉬지 않고 한 생각의 분별도

나지 않는 데 이르르면, 차서를 밟지 않고 바로 부처님의 경지에 뛰어오르리라.

(有自疑念佛與參禪不同 不知參禪 只圖識心見性 念佛者 悟自性彌陀 唯心淨土 豈

有二理、 經云 憶佛念佛 現前當來 必定見佛 旣曰現前見佛 則與參禪悟道 有何異哉

但將阿彌陀佛四字 做箇話頭 二六時中 直下提撕 至於一念不生 不涉階梯 徑超佛地)

〈天如則禪師普說〉

해제 끝

제一 무량수경(無量壽經) 상·하권

無量壽經　上卷

曹魏　天竺三藏　康僧鎧　譯

第一章　序分

第一節　證信序

如是我聞　一時　佛　住王舍城者闍崛山中　與大比丘衆萬二千人俱

一切大聖神通已達　其名曰尊者了本際・尊者正願・尊者正語・尊者大號・尊者仁賢・尊者離垢・尊者名聞・尊者善實・尊者具足・尊者牛王・尊者優樓頻螺迦葉・

무량수경　상권

제一장　서　분(序分)

제一절　경문의 증명

이와 같이 내가 들었다. 어느 때 부처님께서는 마갈타국의 서울 왕사성 근처의 기사굴산 중에 계셨는데 덕망이 높은 비구들 일만이천 명이 함께 모시고 있었다.

그런데 그이들은 이미 신통지혜가 통달한 대성인들로서, 그 이름은 요본제존자・정원존자・정어존자・대호존자・인현존자・이구존자・명문존자・선실존자・구족존자・우왕존자・우루빈라가섭존자・가야섭존자・나제가섭존자・마하가섭존자・사리불존자・대목건련존자・겁빈나존자・대주존자・대정지존자・

尊者伽耶迦葉・尊者那提迦葉・尊者摩訶迦葉・尊者舍利弗・尊者大目犍連・尊者劫賓那・尊者大住・尊者大淨志・尊者摩訶周那・尊者滿願子・尊者離障・尊者流灌・尊者堅伏・尊者面王・尊者異乘・尊者仁性・尊者喜樂・尊者善來・尊者羅云・尊者阿難 皆如斯等 上首者也

又與 大乘衆菩薩 俱 普賢菩薩・妙德菩薩・慈氏菩薩 等 此賢劫中 一切菩薩 又賢護等 十六正士 善思議菩薩・信慧菩薩・空無菩薩・

마하주나존자・만원자존자・이장존자・유관존자・견복존자・면왕존자・이승존자・희락존자・선래존자・라운존자・아난존자・등 모두 이와 같은 뛰어난 제자들이었다.

또한 대승의 여러 보살들도 함께 있었는데, 보현보살・묘덕보살・자씨보살 등이 현겁(賢劫) 중의 일체 보살들과, 십육보살인 현호보살・선사의보살・신혜보살・공무보살・신통화보살・광영보살・혜상보살・지당보살・적근보살・원혜보살・향상보살・보영보살・

神通華菩薩・光英菩薩・慧
上菩薩・智幢菩薩・寂根菩
薩・願慧菩薩・香象菩薩・
寶英菩薩・中住菩薩・制行
菩薩・解脫菩薩・皆遵普賢
大士之德 具諸菩薩 無量行
願 安住一切 功德之法 遊
步十方 行權方便 入佛法藏
究竟彼岸 於無量世界 現成
等覺
處兜率天 弘宣正法 捨彼天
宮 降神母胎 從右脇生 現
行七步 光明顯曜 普照十方
無量佛土 六種震動

중주보살・제행보살・해탈보살 등 다 위대한 성인들이었다.

그이들은 모두 한결같이 보현보살의 덕을 좇아서 모든 보살의 서원과 수행을 갖추고, 일체의 공덕법에 머물러 시방세계에 노닐며 중생을 위하여 갖은 방편을 베푼다. 그리고 불법을 깊이 통달하여 영원한 피안을 밝히고, 무량한 세계에 나투어서 등각(等覺)을 성취한다.

그 보살들이 등각을 성취하는 인연을 밝힌다면, 먼저 도솔천에서 정법(正法)을 널리 베풀다가 그 천상을 버리고 왕궁에 내려와 어머니의 모태(母胎)에 강신(降神)한다. 그래서 달이 차면·어머니의 오른편 옆구리에서 태어나 사방으로 일곱걸음을 걸을 때, 광명

擧聲自稱 吾當於世 爲無上

尊 釋梵奉侍 天人歸仰

示現算計 文藝射御 博綜道

術 貫練群籍 遊於後園 講

武試藝 現處宮中 色味之間

見老病死 悟世非常 棄國財

位 入山學道

服乘白馬 寶冠瓔珞 遣之令

還 捨珍妙衣 而著法服 鬚

除鬚髮 端坐樹下 勤苦六年

이 찬란하여 시방세계의 불국토를 두루 비추니 천지는 여섯 가지로 진동한다.

그때 스스로 소리 높여 「나는 마땅히 세상에서 위없는 성인이 되리라」고 외치면 제석천과 범천이 받들어 모시고 모든 천인들도 다 우러러 받든다.

장성(長成)함에 따라 수리(數理)와 문학과 활쏘기와 말타기 등을 익히며, 널리 신선의 도술에 달하고 모든 학문에도 통달한다. 또한 후원에 노닐 때는 무예을 수련하며, 궁중에 있을 때는 세속 생활을 즐기기도 한다. 그러나 인간은 누구나 늙고 병들고 죽는다는 사실을 보고는 세상의 무상함을 깨달아 왕위를 버리고 산에 들어가 도(道)를 배우기로 작정한다.

그래서 백마(白馬)를 타고 왕궁을 빠져나와 출가한다. 그리고 보배관과 영락 목걸이를 돌려 보내고는 화려한 옷을 허술한 법복으로 갈아입고, 머리와 수염

行如所應。

現五濁刹　隨順群生　示有塵
垢　沐浴金流　天按樹枝　得
攀出池　靈禽翼從　往詣道場
吉祥感徵　表章功祚　哀受施
草　敷佛樹下　跏趺而坐
奮大光明　使魔知之　魔率官
屬　而來逼試　制以智力　皆
令降伏　得微妙法　成最正
覺

을 깎는다. 그리하여 보리수 그늘 아래 단정히 앉아 육년간의 괴롭고 처절한 수행을 정법(正法)에 따라 감행한다.

이렇듯 오탁(五濁)의 국토에 태어나서 중생의 인연에 따르므로, 먼지와 때가 끼어 시냇물에 목욕하고 천인(天人)이 드리운 나뭇가지를 더위잡고 강 언덕에 올라오면, 그때 아름다운 새들은 보리수 아래 도량(道場)에까지 따라 나서고, 길상동자가 성불의 상서(祥瑞)를 의미하는 길상초(吉祥草)를 바치자 그를 불쌍히 여겨 이를 받아 보리수 밑에 깔고 단정히 가부좌(跏趺坐)를 하고 깊은 삼매(三昧)에 잠긴다.

그리하여 대광명을 떨치니 마왕이 이를 알고 놀라서 곧 권속을 거느리고 와서 핍박하고 시험한다. 그러나 지혜의 위력으로 이를 모조리 항복받고 깊고 미묘한 법을 얻어 위없는 바른 깨달음을 성취하고 마침

步 佛吼而吼

釋梵祈勸　請轉法輪　以佛遊

雨演法施　常以法音　覺諸
世間

扣法鼓　吹法螺　執法劍　建
法幢　震法雷　曜法電　澍法

光明普照　無量佛土　一切世
界六種震動　總攝魔界動魔
宮殿　衆魔慴怖莫不歸伏

摑裂邪網　消滅諸見　散諸塵
勞　壞諸欲塹　嚴護法城　開

내 부처님이 되신다.

그때 제석천과 범천이 와서 정법(正法)을 전하기를
청하여 빌면 부처님은 자재로이 유행(遊行)하사 사자
후의 설법을 하신다.

그래서 법(法 진리)의 북을 치고 법의 소라를 불며
법의 칼을 휘두르고 법의 깃대를 세우며 법의 우뢰를
떨치고 법의 번개를 번득이며 법의 비를 내리고 법의
보시를 베푸는 등 한결같이 오직 법음(法音 진리의 소
리)으로써 모든 세계를 깨우치신다.

그 광명은 무량한 불국토를 두루 비추니 온 세계는
여섯 가지로 진동하고, 모든 마(魔)의 세계는 그 궁
전이 동요하여 마군의 무리들은 겁내고 두려워 복종
하지 않을 수 없게 된다.

그리고 삿된 법을 쳐부수어 없애고 망녕된 소견을
소멸하여 번뇌의 티끌을 털어버리며, 탐욕의 구렁을

闡法門 洗濯垢汚 顯明淸白

光融佛法 宣流正化

入國分衛 獲諸豊饍 貯功德

示福田 欲宣法 現欣笑 以

諸法樂 救療三苦 顯現道意

無量功德 授菩薩記 成等正

覺。

示現滅度 拯濟無極 消除諸

漏 植衆德本 具足功德 微

妙難量

허물어 엄정한 정법을 지키고 불법을 빛내며, 더러움을 씻고 청백(淸白)한 불법의 광명으로 진정한 교화를 베푸신다.

그래서 여러 나라에 들어가서 걸식하실 제, 가지가지의 풍요한 공양을 받으시어 그들이 공덕을 짓고 복을 받도록 하시며, 법을 베풀고자 하실 때는 인자하신 미소를 나투시어 모든 법의 약으로써 중생의 삼고(三苦)를 구제하사 무량공덕의 도심(道心)을 나타내게 하시고, 그들에게 장차 성불하리라는 대승보살의 수기(授記)를 주시어 위없는 바른 깨달음을 성취케 하신다.

그리하여 멸도(滅度 죽음)를 나투어 보이시나, 부처님의 실상인 법신(法身)은 영생하여 중생을 제도함에 제한이 없으시니, 그들에게 온갖 선근(善根)을 심게 하사 미묘하고 헤아릴 수 없는 공덕을 갖추게 하신다.

遊諸佛國　普現道教　其所修
行　清淨無穢　譬如幻師　現
衆異像　爲男爲女　無所不變
本學明了　在意所爲

此諸菩薩　亦復如是　學一切
法　貫綜縷練　所住安諦　靡
不致化　無數佛土　皆悉普現
未曾慢恣　愍傷衆生

如是之法　一切具足　菩薩經
典　究暢要妙　名稱普至　導
御十方　無量諸佛　咸共護念

이와 같이 모든 불국토에 노니시어 두루 불사(佛事)를 베푸시나 행하시는 대행(大行)이 원만하고 청정하사 막히고 걸림이 없으시니, 비유하면 마치 능란한 요술사가 마음대로 갖가지 형상을 나타내어 혹은 남자로 혹은 여자로 자재로이 변현하는 것과 같다.

그런데 여기 모인 여러 보살들도 또한 위에 말한 바 보현보살의 거룩한 공덕과 같아서, 일체 모든 법을 다 배우고 통달하여 매양 마음이 평온하고 무수한 불국토에 몸을 나투어 중생을 교화하되 여태껏 교만하고 방자하지 않았으며, 못내 중생을 가엾고 불쌍하게 생각하여 마지 않는다.

이와 같이 보살들은 온갖 공덕을 다 갖추었으며, 또한 대승경전의 묘법을 밝히고, 그 명망은 시방세계에 두루하여 모든 중생을 제도하니 헤아릴 수 없는 여러 부처님이 그들을 기억하여 보호하신다.

佛所住者　皆已得住　大聖所

立　而皆已立　如來導化　各

能宣布　爲諸菩薩　而作大師

以甚深禪慧　開導衆人　通諸

法性　達衆生相　明了諸國。

供養諸佛　化現其身　猶如電

光　善學無畏之網　曉了幻化

之法　壞裂魔網　解諸纏縛

超越聲聞　緣覺之地　得空無

相無願三昧

善立方便　顯示三乘　於此中

下　而現滅度　亦無所作　亦

無所有　不起不滅　得平等法

또한 이 보살들은 부처님이 지니신 공덕을 이미 갖추었으며, 대성인들이 행한 바를 모두 실행하고, 부처님의 교화를 능히 선양하여 다른 보살들을 위한 큰 스승이 되고, 깊은 선정과 지혜로써 중생을 인도하며, 모든 법의 체성에 통달하여 일체 중생의 사정과 모든 국토의 형세를 분명히 알고 있다.

그리고 모든 부처님을 공양할 때, 그 몸을 나투기를 번개와 같이 하고, 능히 두려움이 없는 일체 지혜를 배워서 인연법을 깨달아 집착이 없으며, 사마외도와 일체 번뇌를 무너뜨리고 성문 연각 등의 낮은 경계를 초월하여 공(空) 무상(無相) 무원(無願)※ 의 삼삼매(三三昧)※ 를 성취하였다.

그래서 능히 방편을 세워서 중생의 근기에 따라 성문(聲聞)·연각(緣覺)·보살(菩薩)의 삼승법(三乘法)을 구별하여 밝히고, 성문·연각·이승(二乘)인 중

具足成就 無量總持 百千三
昧 諸根智慧

廣普寂定 深入菩薩法藏 得

佛華嚴三昧 宣揚演說 一切

經典 住深定門 悉覩現在

無量諸佛 一念之頃 無不周

遍.

濟諸劇難 諸閑不閑 分別顯

示 眞實之際 得諸如來 辯

才之智 入衆言音 開化一切

(中) 하(下)의 경계에 따라 멸도(滅度)를 보이나, 본
래 지은 바도 없고 얻은 바도 없으며 일어나지도 않
고 멸하지도 않는 신통지혜와, 백천가지의 수많은 삼매
와, 중생의 근기를 살피는 지혜를 다 갖추어 성취하
였다.

그리고 법계를 두루 관찰하는 깊은 선정으로 보살
의 대승 법문을 통달하여 부처님의 화엄삼매를 얻고,
능히 일체의 경전을 연설하고 선양한다. 또한 매양
깊은 선정에 머물러, 무량한 모든 부처님을 친견함이
다만 한 생각 동안에 두루 다하지 않음이 없다.

그리고 지옥·아귀·축생의 삼악도에 수고하는 중
생이나 또는 수행할 틈이 있는 이나 틈이 없는 이의
근기를 따라 진실한 도리를 분별하여 가르치며, 모든
부처님의 변재지혜(辯才智慧)를 얻고 일체 언어에 통

超過世間　諸所有法　心常諦
住度世之道　於一切萬物而
隨意自在　爲諸庶類　作不請
之友　荷負群生　爲之重擔
受持如來　甚深法藏　護佛種
性　常使不絶　興大悲　愍衆
生　演慈辯　授法眼　杜三趣
開善門　以不請之法　施諸黎
庶　如純孝之子　愛敬父母

於諸衆生　視若自己　一切善

달하여 무량중생을 교화한다.

또한 세상의 모든 번뇌를 초월하고 마음은 항상 해
탈의 도리에 안주하여 일체 만사에 자유자재하며, 모
든 중생을 위하여 불청우(不請友)가 되어 중생제도를
자기가 책임지는 무거운 부담으로 여긴다.

그래서 심심미묘한 불법을 받들어 간직하고, 한껏
중생의 불종자(佛種子)를 보존하여 끊어지지 않게 하
며, 또한 대비심을 일으켜 중생을 불쌍히 여기고 자
비한 변재로 올바른 지혜를 가르치며, 지옥과 아귀와
축생 등 삼악도(三惡道)의 길을 막고 아수라와 인간
과 천상 등 삼선도(三善道)의 길을 연다. 그리하여
중생이 청하지 아니하건만 불법으로써 모든 중생에게
베푸는 것이 마치 지극한 효자가 부모를 사랑하고 공
경함과 같다.

그리고 모든 중생을 자기와 한 가지로 여기며, 일체

本 皆度彼岸 悉獲諸佛 無
量功德 智慧聖明 不可思議

如是之等 菩薩大士 不可稱
計一時來會。

第二節　發起序

爾時世尊 諸根悅豫 姿色清
淨光顏巍巍
尊者阿難 承佛聖旨 即從座
起 偏袒右肩 長跪合掌 而
白佛言
今日世尊 諸根悅豫 姿色清

의 선근을 심게 하여 모두 다 영생의 피안에 이르게 한다. 이렇듯 모든 부처님의 무량공덕을 갖추고 지혜는 거룩하고 밝아서 그 불가사의한 위덕은 가히 헤아릴 수 없다.

이와 같이 지혜와 복덕이 원만한, 수많은 보살들이 일시에 와서 모이게 되었다.

제二절　설법의 인연

그때 부처님께서는 온 몸에 기쁨이 넘치시고 기색이 청정하시어 빛나는 얼굴은 거룩하고 엄숙하셨다.

아난은 부처님의 거룩하신 깊은 뜻을 짐작하고 곧 자리에서 일어나, 오른 어깨를 벗어 무릎을 꿇고 합장 공경하여 부처님께 사뢰었다.

『오늘 세존(世尊)께서는 온몸에 기쁨이 넘치시고

淨光顔巍巍　如明淨鏡影

光顔巍巍　如明淨鏡影

暢表裏　威容顯曜　超絶無量

未曾瞻睹　殊妙如今　唯然大

聖　我心念言　今日世尊　住

奇特法　今日世眼　住諸佛所

住　今日世雄　住導師行　今

日世英　住最勝道　今日天尊

行如來德　去來現在　佛佛相

念　得無今佛　念諸佛耶　何

故　威神光光乃爾。

기색이 청정하시며 빛나는 얼굴이 거룩하고 엄숙하심

이 마치 맑은 수정이 투명함과 같사오며, 한없이 위

엄이 넘치시고 빛나시온데, 저는 일찍기 지금과 같이

신묘하신 모습을 뵈옵지 못하였습니다. 제가 생각하

옵건대, 세존이시여, 온 세계의 어른이시고 세계의

영웅이시며, 또한 세계의 안목이시고 세계의 지혜이

신 세존께서는 오늘 위없는 법에 머무르시고, 모든

부처님의 경계에 머무르시며, 또한 대도사(大導師)의

대행(大行)에 머무르시고, 가장 수승한 도(道)에 머

무르시며, 모든 여래(如來)※의 덕을 행하심을 뵈올 수

있습니다. 과거·현재·미래의 모든 부처님은 서로

상통한다 하시는데, 오늘 세존께서도 모든 부처님을

생각하고 계시지 않으십니까? 왜냐하면 위엄이 넘치

시고 신비하신 광명이 이렇듯 희유(希有)※하시기 때문

입니다.』

於是世尊　告阿難曰

云何阿難　諸天教汝　來問佛

耶　自以慧見　問威顏乎。

阿難白佛

無有諸天　來教我者　自以所

見　問斯義耳。

佛言

善哉阿難　所問甚快　發深智

慧　眞妙辯才　愍念衆生　問

斯慧義。

如來　以無蓋大悲　矜哀三界

所以出興於世　光闡道教　欲

拯群萌　惠以眞實之利　無量

億劫　難値難見　猶靈瑞華

이에 세존께서 아난에게 말씀하셨다.

『어찌된 셈이냐? 아난아, 모든 천신들이 너를 가르쳐서 네가 묻느냐, 또는 네 스스로의 지혜로써 묻는 것이냐?』

아난이 부처님께 사뢰기를,

『천신들이 제게 와서 가르친 것이 아니옵고 제 소견으로써 여쭐 뿐이옵니다』

부처님께서 말씀하셨다.

『착하도다 아난아, 참으로 기특한 질문이니라. 너의 깊은 지혜와 묘한 변재로써 중생을 불쌍히 여겨 이러한 지혜로운 질문을 하는구나.

여래(如來)※는 언제나 최상의 대자대비(大慈大悲)로 욕계·색계·무색계의 삼계를 가엾이 여기는 것이니, 여래가 세상에 나타나는 까닭은 진정한 가르침을 널리 밝혀서 중생을 건지고 진실한 이익을 베풀고자 함

時時乃出 今所問者 多所饒
益 開化一切 諸天人民。

阿難當知 如來正覺 其智難
量 多所導御 慧見無碍 無
能遏絶 以一飡之力 能住壽
命 億百千劫 無數無量 復
過於此 諸根悅豫 不以毀損
姿色不變 光顔無異 所以者
何 如來定慧 究暢無極 於
一切法 而得自在 阿難諦聽
今爲汝說。
對曰唯然 願樂欲聞

이니라。 무량억겁의 세월을 두고 여래(부처님)를 만나보기 어려움이 마치 우담바라꽃이 삼천년 만에 한※ 번 피는 것과 같으니라。 이제 그대가 묻는 바는 모든 천상과 중생들을 크게 이익되게 할 것이니라。

아난아 분명히 알아라, 여래의 바른 깨달음은 그 지혜가 헤아릴 수 없고 중생을 제도함이 한이 없으며, 걸림없는 신통지혜는 한 끼니의 식사로도 능히 억천만겁의 무량한 수명을 머물게 하느니라。 그리고 온몸이 매양 기쁨에 넘쳐서 흐려지지 않으며 거룩한 모습과 빛나는 얼굴은 변하지 않나니, 그 까닭은 여래는 언제나 선정(禪定)과 지혜가 지극하여 일체법에 자재를 얻었기 때문이니라。 아난아 명심하여 들어라 이제 그대를 위하여 귀중한 법문을 말할 것이니라』

아난이 여쭈었다。『세존이시여, 원하옵건대 즐거운 마음으로 듣고자 하나이다』

제二장　정종분(正宗分)

제一절　극락정토를 세운 원인

1. 법장비구의 사십팔원(四十八願)

부처님께서 아난존자에게 말씀하셨다.

『일찌기 헤아릴 수 없는 머언 옛날에 정광여래부처님이 세상에 나타나셨는데 무량한 중생을 교화하고 제도하시어 모두 바른 길을 얻게 하시고 열반에 들으셨느니라.

그리고 그 다음을 이어서 여러 부처님들이 계셨는데 그 이름은 광원불(佛)·월광불·전단향불·선산왕불·수미천관불·수미등요불·월색불·정념불·이구불·무착불·용천불·야광불·안명정불·부동지불·유리묘화불·유리금색불·금장불·염광불·염근불·지동불·월상불·일음불·해탈화불·장엄광명불·해

第二章　正宗分

第一節　如來淨土因

佛告阿難

乃往過去　久遠無量　不可思
議　無央數劫　錠光如來　興
出於世　教化度脫　無量衆生
皆令得道　乃取滅度

次有如來　名曰光遠　次名月
光　次名栴檀香　次名善山王
次名須彌天冠　次名須彌等
曜　次名月色　次名正念　次
名離垢　次名無著　次名龍天
次名夜光　次名安明頂　次名

不動地　次名瑠璃妙華　次名
瑠璃金色　次名金藏　次名燄
光　次名燄根　次名地動　次
名月像　次名燄　次名日音
華　次名莊嚴光明　次名解脫
神通　次名水光　次名大香
次名離塵垢　次名捨厭意　次
名寶燄　次名妙頂　次名勇立
次名功德持慧　次名蔽日月
光　次名日月瑠璃光　次名無
上瑠璃光　次名最上首　次名
菩提華　次名月明　次名日光
次名華色王　次名水月光　次
名除痴瞑　次名度蓋行　次名
淨信　次名善宿　次名威神

각신통불・수광불・대향불・이진구불・사염의불・보
염불・묘정불・용립불・공덕지혜불・폐일월광불・일
월유리광불・무상유리광불・최상수불・보리화불・월
명불・일광불・화색왕불・수월광불・제치명불・도개
행불・정신불・선숙불・위신불・법혜불・난음불・사
자음불・용음불・처세불 등의 여러 부처님들이 나타
나셨느니라.

次名法慧　次名鸞音　次名獅
子音　次名龍音　次名處世
如此諸佛　皆悉已過
爾時次有佛　名世自在王　如
來應供　等正覺　明行足　善
逝世間解　無上士　調御丈
夫　天人師　佛　世尊。
時有國王　聞佛說法　心懷悅
豫　尋發無上　正眞道意　棄
國捐王　行作沙門　號曰法藏
高才勇哲　與世超異
詣世自在王如來所　稽首佛
足　右繞三帀　長跪合掌　以
頌讚曰

그리고 다음에 세자재왕불이란 부처님이 계셨는데

부처님의 공덕에 따른 이름을 또한 여래·응공·등정
각·명행족·선서·세간해·일체무상사·조어장부·
천인사·불(佛)·세존(世尊)이라 하느니라.

그 무렵 국왕이 있었는데 부처님의 설법을 듣고는
깊은 환희심을 품고 바로 위없는 바른 길을 구하는
뜻을 내었느니라. 그래서 나라와 왕위를 버리고 출가
하여 법장(法藏)이라고 이름하였는데, 그의 재주와
용맹은 세상에 뛰어났었느니라.

그는 세자재왕부처님의 처소에 나아가서 부처님의
발에 머리를 조아리고 부처님의 오른편으로 세 번 돌
고 나서, 무릎을 꿇고 합장하며 노래로써 부처님의

光顔巍巍　威神無極
如是燄明　無與等者
日月摩尼　珠光燄耀
皆悉隱蔽　猶如聚墨
如來容顔　超世無倫
正覺大音　響流十方
戒聞精進　三昧智慧
威德無侶　殊勝希有

「빛나신 얼굴은 우뚝하시고
위엄과 신통은 그지없으니
이처럼 빛나고 밝은 광명을
뉘라서 감히 닮으리이까.
햇빛 달빛과 마니보주(摩尼寶珠)의
광명이 빛나고 찬란하여도
모두 가리워져 숨어버리고
검은 먹덩어리 되고 맙니다.
부처님의 얼굴 뛰어나시어
이 세상에 다시 견줄 이 없고
바르게 깨달은 크신 음성은
시방세계에 두루 넘치네.
청정한 계율과 지식과 정진
그윽한 삼매와 밝은 지혜와

深諦善念　諸佛法海
窮深盡奧　究其涯底
人雄師子　神德無量
無明欲怒　世尊永無
功勳廣大　智慧深妙
光明威相　震動大千。
願我作佛　齊聖法王

거룩한 위덕은 짝할 이 없어
한없이 수승하고 희유(希有)합니다.
모든 부처님의 광대한 법을
자세히 생각하고 깊이 살피어
끝까지 밝히고 속에 사무쳐
끝과 바닥에 두루 미쳤네.
어두운 무명과 탐욕과 성냄을
부처님은 영원히 여의시나니
사자와 같은 위대한 이의
신묘한 공덕을 헤아릴 수 없네.
위없는 도덕과 넓은 공적
밝으신 지혜는 깊고 묘하며
광명에 빛나는 거룩한 상호는
대천세계에 두루 떨치네.
원하옵건대 나도 부처님 되어

過度生死　靡不解脫

如是三昧　智慧爲上

布施調意　戒忍精進

一切恐懼　爲作大安

吾誓得佛　普行此願

無量大聖　數如恒沙

假使有佛　百千億萬

거룩한 공덕 저 법왕처럼

생사(生死)하는 중생을 모두 건지고

빠짐없이 고해에서 벗어지이다.

보시를 베풀어 뜻을 고르고

계율을 지니며 분한 일 참고

끊임없는 정진을 거듭하면서

삼매와 지혜로 으뜸 삼으리.

나도 맹세코 부처님 되어

이러한 서원을 모두 행하고

두려워 시달리는 중생 위하여

편안한 의지가 되어 보리라.

가사, 많은 부처님 계시어

그 수요는 백천억만이 되고

헤아릴 수 없는 큰 성인들

항하의 모래보다 많을지라도,

供養一切　斯等諸佛

不如求道　堅正不却

譬如恒沙　諸佛世界

復不可計　無數刹土

光明悉照　遍此諸國

如是精進　威神難量

令我作佛　國土第一

其衆奇妙　道場超絶

이렇듯 많은 부처님들을

받들어 섬겨 공양을 한들

올바른 대도(大道)를 한껏 구하여

물러나지 않는 것만 같지 못하리.

항하의 모래 수효와 같은

많고 많은 모든 부처님 세계

수가 너무 많아서 셀 수도 없는

그처럼 많은 세계국토를

부처님의 광명이 널리 비치어

모든 국토를 두루하거늘

이러한 정진과 위신력을

무슨 재주로 해아려보리요.

만약에 내가 부처님 되면

국토의 장엄은 으뜸이 되고

중생들 한결같이 훌륭히 되며

國如泥洹 而無等雙
我當哀愍 度脫一切

十方來生 心悅淸淨
已致我國 快樂安穩。

幸佛信明 是我眞證
發願於彼 力精所欲

十方世尊 智慧無碍
常令此尊 知我心行

도량은 가장 수승하오리.

그 나라는 영원히 행복하여서

세상에서 견줄만한 짝이 없거늘

온갖 중생을 가엾이 여겨

내가 마땅히 제도하리라.

시방세계에서 오는 중생들

마음이 즐겁고 청정하리니

그 나라에 와서 살게 되면

상쾌하고 즐거워 안온하리라.

원컨대 부처님 굽어 살피사

저의 참 뜻을 증명하소서

저 국토에서 원력을 세워

하려는 일들을 애써 하리라.

시방세계의 모든 부처님

밝으신 지혜는 걸림없으니

覺 拔諸生死 勤苦之本。

無量妙土 令我於世 速成正

當修行 攝取佛國 清淨莊嚴

心 願佛爲我 廣宣經法 我

唯然世尊 我發無上 正覺之

言

法藏比丘 說此頌已 而白佛

佛告阿難

我行精進 忍終不悔。

假令身止 諸苦毒中

저의 마음과 저의 수행을

부처님들께서 살펴주소서.

만일 이 몸이 어찌하다가

모든 고난에 빠진다 한들

제가 수행하는 바른 정진을

참아내지 못하고 후회하리까

부처님께서 아난에게 말씀하셨다.

『아난아 법장비구는 저 세자재왕부처님 앞에서 이

와같은 게송(偈頌)※으로 부처님을 찬탄한 다음 이렇게

어쭈었느니라.

「세존이시여, 저는 위없는 바른 진리를 깨닫고자

결심하였습니다. 원하옵건대 부처님께서는 저에게 거

룩하신 교법을 자세히 말씀하여 주옵소서. 저는 마땅

히 가르침대로 수행하여 불국토를 이룩하고 청정미묘

한 국토로 장엄하겠사오니, 저로 하여금 금생에 빨리

佛語阿難　時　世饒王佛　告

法藏比丘

如所修行　莊嚴佛土　汝自當

知。

比丘白佛

斯義弘深　非我境界　唯願世

尊　廣爲敷演　諸佛如來　淨

土之行　我聞此已　當　如說

修行　成滿所願。

爾時　世自在王佛　知其高明

志願深廣　卽爲法藏比丘　而

바른 깨달음을 성취하고 모든 생사(生死) 고난의 근

원을 없애게 하여 주옵소서」

그때 세자재왕 부처님이 법장비구에게 말씀하셨느

니라.

「그대가 수행하고자 하는 바와, 훌륭한 불국토를

장엄하는 일은 그대 스스로 마땅히 알고 있을 것이

아닌가?」

법장비구가 부처님께 사뢰기를,

「부처님이시여, 그와 같은 뜻은 너무나 크고 깊어

서 제가 알 수 있는 경계가 아니옵니다. 원하옵건대

모든 부처님들께서 불국토를 이룩하신 수행법을 자세

히 말씀하여 주십시오. 저는 부처님의 가르침대로 수

행하여 소원을 원만히 성취하겠나이다」

그래서 세자재왕부처님은 법장비구의 그 뜻과 소원

이 고결하며 깊고 넓음을 살피시고, 바로 법장비구에

說經言
譬如大海　一人升量　經歷劫
數　尚可窮底　得其妙寶　人
有至心　精進求道不止　會當
剋果　何願不得

於是　世自在王佛　卽爲廣說
二百一十億　諸佛刹土　天人
之善惡　國土之麤妙　應其心
願　悉現與之。

時　彼比丘　聞佛所說　嚴淨
國土　皆悉覩見　超發無上
殊勝之願　其心寂靜　志無所
著　一切世間　無能及者　具

게 법을 가르쳐 주시기로 여기시어 말씀하시기를

「비유하건대 비록 큰 바닷물이라도 억겁의 오랜 세월을 두고 쉬지 않고 품어내면 마침내 그 바닥을 다 하여 그 가운데 있는 진귀한 보배를 얻을 수 있듯이, 만약 사람이 지성으로 정진하여 도(道)를 구하면 마땅히 원하는 결과를 얻고 마는 것이니, 어떠한 소원인들 성취 안 될 리가 없느니라」 하시고

세자재왕부처님은 곧 법장비구를 위하여 이백 십억의 여러 불국토와 그 천상 사람들의 선악(善惡)과 국토의 거칠고 묘함을 널리 말씀하시고, 법장비구의 소원대로 이를 낱낱이 나타내 보여 주셨느니라.

이에 법장비구는 부처님이 말씀하신 장엄하고 청정한 나라들을 모조리 보고 나서, 위없이 갸륵하고 가장 뛰어난 서원을 세웠느니라. 그때 그의 마음은 맑고 고요하여 집착하는 바가 없었으니, 일체 세간의

足五劫　思惟攝取　莊嚴佛國
清淨之行。

阿難白佛

彼佛國土　壽量幾何

佛言

其佛壽命　四十二劫。

時　法藏比丘　攝取二百一十
億　諸佛妙土　淸淨之行　如
是修已　詣彼佛所　稽首禮足
遶佛三帀　合掌而住　白佛言

世尊　我已攝取　莊嚴佛土
淸淨之行。

어느 누구도 따르지 못하였느니라. 그리하여 오겁(五劫)의 오랜 세월을 두고 깊은 선정(禪定)에 들어, 불국토를 건설하고 장엄하기 위한 청정한 수행에 온 마음을 다하였느니라』

아난이 부처님께 여쭈었다.

『세자재왕 부처님의 수명은 얼마나 되나이까?』

부처님께서 말씀하셨다.

『그 부처님의 수명은 사십이겁(四十二劫)이니라.

그때 법장비구는 이백 십억 불국토의 청정한 수행법을 선택하여 그와 같이 수행하고 나서 다시 세자재왕부처님 처소에 나아가 부처님의 발 아래 머리를 조아리고 부처님을 세번 돌고 합장하며 부처님께 사뢰었느니라.

『세존이시여, 저는 이미 불국토를 장엄할 청정한 수행을 갖추어 지녔습니다』

佛告比丘

汝今可說　宜知是時　發起悅
可　一切大衆　菩薩聞已　修
行此法　緣致滿足　無量大願

比丘白佛

唯垂聽察　如我所願　當具說
之。

設我得佛　國有地獄　餓鬼畜
生者　不取正覺

設我得佛　國中人天　壽終之
後　復更三惡道者　不取正
覺。

세자재왕부처님이 법장비구에게 이르시기를,

「법장비구여, 이제 그대가 대중들에게 그대의 서원과 수행을 널리 알려서 그들로 하여금 보리심을 일으키게 하고 그들의 마음을 기쁘게 할 좋은 기회이니라. 그래서 보살들은 이를 듣고 불국토를 이룩할 무량한 큰 원행(願行)을 성취하게 될 것이니라」

법장비구는 다시 부처님께 사뢰기를,

「세존이시여, 들어 주십시오. 제가 세운바 四十八의 서원을 자세히 아뢰어 말씀하겠습니다.

一, 제가 부처가 될 적에, 그 나라에 지옥과 아귀와 축생의 삼악도(三惡道)가 있다면 저는 차라리 부처가 되지 않겠나이다.

二, 제가 부처가 될 적에, 그 나라의 중생들이 수명이 다한 뒤에 다시 삼악도에 떨어지는 일이 있다면, 저는 차라리 부처가 되지 않겠나이다.

設我得佛　國中人天　不悉眞
金色者　不取正覺

設我得佛　國中人天　形色不
同　有好醜者　不取正覺

設我得佛　國中人天　不識宿
命　下至不知　百千億那由他
諸劫事者　不取正覺

設我得佛　國中人天　不得天
眼　下至不見　百千億那由他
諸佛國者　不取正覺

設我得佛　國中人天　不得天
耳　下至不聞　百千億那由他

三, 제가 부처가 될 적에, 그 나라 중생들의 몸에서, 찬란한 금색 광명이 빛나지 않는다면, 저는 차라리 부처가 되지 않겠나이다.

四, 제가 부처가 될 적에, 그 나라 중생들의 모양이 한결같이 훌륭하지 않고, 잘나고 못난이가 따로 있다면, 저는 차라리 부처가 되지 않겠나이다.

五, 제가 부처가 될 적에, 그 나라의 중생들이 숙명통(宿命通)을 얻어 백천억 나유타겁(劫)의 옛일들을 알지 못 한다면, 저는 차라리 부처가 되지 않겠나이다.

六, 제가 부처가 될 적에, 그 나라의 중생들이 천안통(天眼通)을 얻어 백천억 나유타의 모든 세계를 볼 수 없다면, 저는 차라리 부처가 되지 않겠나이다.

七, 제가 부처가 될 적에, 그 나라의 중생들이 천이통(天耳通)을 얻어 백천억 나유타의 많은 부처님들

諸佛所說　不悉受持者　不取

正覺

設我得佛　國中人天　不得見

他心智　下至不知　百千億那

由他　諸佛國中　衆生心念者

不取正覺

設我得佛　國中人天　不得神

足　於一念頃　下至不能　超

過百千億那由他　諸佛國者

不取正覺

設我得佛　國中人天　若起想

念　貪計身者　不取正覺

設我得佛　國中人天　不住定

의 설법을 듣고, 그 모두를 간직할 수 없다면, 저는

차라리 부처가 되지 않겠나이다.

八、제가 부처가 될 적에, 그 나라의 중생들이 타
심통(他心通)을 얻어 백천억 나유타의 모든 국토에
있는 중생들의 마음을 알지 못한다면, 저는 차라리
부처가 되지 않겠나이다.

九、제가 부처가 될 적에, 그 나라의 중생들이 신
족통(神足通)을 얻어 순식간에 백천억 나유타의 모든
나라들을 지나가지 못한다면, 저는 차라리 부처가 되
지 않겠나이다.

一〇、제가 부처가 될 적에, 그 나라의 중생들이
모든 번뇌를 여의는 누진통(漏盡通)을 얻지 못하고
망상을 일으켜 자신에 집착하는 분별이 있다면, 저는
차라리 부처가 되지 않겠나이다.

一一、제가 부처가 될 적에, 그 나라의 중생들이

聚　必至滅度者　不取正覺

設我得佛　光明有能限量　下
至不照　百千億那由他　諸佛
國者　不取正覺

設我得佛　壽命有能限量　下
至百千億那由他劫者　不取
正覺

設我得佛　國中聲聞　有能計
量　乃至三千大千世界　聲聞
緣覺　於百千劫　悉共計校
知其數者　不取正覺

設我得佛　國中人天　壽命無
能限量　除其本願　修短自在

만약, 성불하는 정정취(正定聚)※에 머물지 못하고, 필
경에 열반(涅槃)※을 얻지 못한다면, 저는 차라리 부처
가 되지 않겠나이다.

一二、제가 부처가 될 적에, 저의 광명이 한량이
있어서 백천억 나유타의 모든 불국토를 비출 수가 없
다면, 저는 차라리 부처가 되지 않겠나이다.

一三、제가 부처가 될 적에, 저의 수명이 한정이
있어서 백천억 나유타겁 동안만 살 수 있다면, 저는
차라리 부처가 되지 않겠나이다.

一四、제가 부처가 될 적에, 그 나라 성문(聲聞)※들
의 수효가 한량이 있어서, 삼천대천세계※의 성문과 연
각(緣覺)※들이 백천겁 동안 세어서 그 수를 알수 있는
정도라면, 저는 차라리 부처가 되지 않겠나이다.

一五、제가 부처가 될 적에 그 나라 중생들의 수명
은 한량이 없으오리니, 다만 그들이 중생 제도의 서

若不爾者 不取正覺

設我得佛 國中人天 乃至聞

有 不善名者 不取正覺

設我得佛 十方世界 無量諸

佛 不悉諮嗟 稱我名者 不

取正覺

設我得佛 十方衆生 至心信

樂 欲生我國 乃至十念 若

不生者 不取正覺 唯除五逆

誹謗正法

設我得佛 十方衆生 發菩提

心 修諸功德 至心發願 欲

원에 따라 수명의 길고 짧음을 자재로 할 수는 있을 지언정, 만약 그 수명에 한량이 있다면 저는 차라리 부처가 되지 않겠나이다.

一六. 제가 부처가 될 적에, 그 나라의 중생들이 좋지 않은 일은 물론이요, 나쁜 이름이라도 있다면, 저는 차라리 부처가 되지 않겠나이다.

一七. 제가 부처가 될 적에, 시방세계의 헤아릴 수 없는 모든 부처님들이 저의 이름(아미타불)을 찬양하지 않는다면, 저는 차라리 부처가 되지 않겠나이다.

一八. 제가 부처가 될 적에, 시방세계의 중생들이 저의 나라에 태어나고자 신심과 환희심을 내어 제 이름(아미타불)을 다만 열 번만 불러도 제 나라에 태어날 수 없다면, 저는 차라리 부처가 되지 않겠나이다.

一九. 제가 부처가 될 적에, 시방세계의 중생들이 보리심(菩提心)을 일으켜 모든 공덕을 쌓고, 지성으

生我國　臨壽終時　假令不與
大衆圍遶　現其人前者　不取
正覺
設我得佛　十方衆生　聞我名
號　係念我國　植諸德本　至
心廻向　欲生我國　不果遂者
不取正覺

設我得佛　國中人天　不悉成
滿　三十二大人相者　不取正
覺

設我得佛　他方佛土　諸菩薩
衆　來生我國　究竟必至　一

로 저의 불국토에 태어나고자 원을 세울 제, 그들의 임종시에 제가 대중들과 함께 가서 그들을 마중할 수 없다면, 저는 차라리 부처가 되지 않겠나이다.

二〇. 제가 부처가 될 적에 시방세계의 중생들이 제 이름(아미타불)을 듣고 저의 불국토(극락세계)를 흠모하여 많은 선근공덕을 쌓고, 지성으로 저의 나라에 태어나고자 마음을 회향(廻向)할 제,※ 그 목적을 이루지 못한다면, 저는 차라리 부처가 되지 않겠나이다.

二一. 제가 부처가 될 적에, 그 나라의 중생들이 모두 삼십이 대인상(大人相)의 훌륭한 상호(相好:몸※매)를 갖추지 못한다면, 저는 차라리 부처가 되지 않겠나이다.

二二. 제가 부처가 될 적에, 다른 불국토의 보살들이제 나라에 와서 태어난다면, 필경에 그들은 한생

生補處 除其本願 自在所化

爲衆生故 被弘誓鎧 積累德

本 度脫一切 遊諸佛國 修

菩薩行 供養十方 諸佛如來

開化恒沙 無量衆生 使立無

上 正眞之道 超出常倫 諸

地之行 現前修習 普賢之德

若不爾者 不取正覺

設我得佛 國中菩薩 承佛神

力 供養諸佛 一食之頃 不

能遍至 無數無量 那由他

諸 佛國者 不取正覺

（一生）만 지나면 반드시 부처가 되는 일생보처(一生

補處)의 자리에 이르게 되오리다. 다만 그들의 소원

에 따라, 중생을 위하여 큰 서원을 세우고 선근공덕

을 쌓아 일체중생을 제도하고, 또는 모든 불국토에

다니며 보살의 행을 닦아 시방세계의 여러 부처님을

공양하고, 또한 한량없는 중생을 교화하여 위없이 바

르고 참다운 가르침을 세우고자 예사로운 순탄한 수

행을 초월하여 짐짓, 보현보살의 공덕을 닦으려 하는

이들은 자재로 그 원행(願行)에 따를 것이오나, 다른

보살들이 일생보처에 이르지 못한다면, 저는 차라리

부처가 되지 않겠나이다.

二三, 제가 부처가 될 적에, 그 나라의 보살들이

부처님의 신통력을 입고, 모든 부처님을 공양하기 위

하여 한참 동안에 헤아릴 수 없는 모든 불국토에 두

루 이를 수가 없다면, 저는 차라리 부처가 되지 않겠

設我得佛　國中菩薩　在諸佛
前　現其德本　諸所欲求　供
養之具　若不如意者　不取正
覺

設我得佛　國中菩薩　不能演
說一切智者　不取正覺

設我得佛　國中菩薩　不得金
剛那羅延身者　不取正覺

設我得佛　國中人天　一切萬
物　嚴淨光麗　形色殊特　窮
微極妙　無能稱量　其諸衆生

나이다.

二四, 제가 부처가 될 적에, 그 나라의 보살들이 모든 부처님에게 공양드리는 공덕을 세우려 할제, 그들이 바라는 모든 공양하는 물건들을 마음대로 얻을 수 없다면, 저는 차라리 부처가 되지 않겠나이다.

二五, 제가 부처가 될 적에, 그 나라의 보살들이 부처님의 일체지혜를 연설할 수 없다면, 저는 차라리 부처가 되지 않겠나이다.

二六, 제가 부처가 될 적에, 그 나라의 보살들이 천상에 금강역사(金剛力士)인 나라연(那羅延)과 같은 견고한 몸을 얻지 못한다면, 저는 차라리 부처가 되지 않겠나이다.

二七, 제가 부처가 될 적에, 그 나라의 중생들과 일체 만물은 정결하고 찬란하게 빛나며, 그 모양이 빼어나고 지극히 미묘함을 능히 칭량할 수 없으리

乃至 逮得天眼 有能明了

辨其名數者 不取正覺

設我得佛 國中菩薩 乃至

少功德者 不能知見 其道場

樹 無量光色 高四百萬里者

不取正覺

智慧者 不取正覺

經法 諷誦持說 而不得辯才

設我得佛 國中菩薩 若受讀

才 若可限量者 不取正覺

設我得佛 國中菩薩 智慧辯

設我得佛 國土清淨 皆悉照

니, 만약 천안통을 얻은 이가 그 이름과 수효를 헤아릴 수 있다면, 저는 차라리 부처가 되지 않겠나이다.

二八、제가 부처가 될 적에, 그 나라의 보살들을 비롯하여 공덕이 적은 이들까지도, 그 나라의 보리수 나무가 한없이 빛나고 그 높이가 사백만리나 되는 것을 알아보지 못한다면, 저는 차라리 부처가 되지 않겠나이다.

二九、제가 부처가 될 적에, 그 나라의 보살들이 스스로 경을 읽고 외우며 또한 남에게 설법하는 변재와 지혜를 얻을 수 없다면, 저는 차라리 부처가 되지 않겠나이다.

三〇、제가 부처가 될 적에, 그 나라 보살들의 지혜와 변재가 한량이 있다면 저는 차라리 부처가 되지 않겠나이다.

三一、제가 부처가 될 적에, 그 불국토가 한없이

見 十方一切 無量無數 不
可思議 諸佛世界 猶如明鏡
觀其面像 若不爾者 不取正
覺

設我得佛 自地已上 至于虛
空 宮殿樓觀 池流華樹 國
中所有 一切萬物 皆以無量
雜寶 百千種香 而共合成
嚴飾奇妙 超諸人天 其香普
薰 十方世界 菩薩聞者 皆
修佛行 若不如是者 不取正
覺

設我得佛 十方無量 不可思
議 諸佛世界 眾生之類 蒙

청정하여, 시방일체의 무량무수한 모든 부처가 세계를 모두 낱낱이 비쳐봄이 마치 맑은 거울로 얼굴을 비쳐보는 것과 같지 않다면, 저는 차라리 부처가 되지 않겠나이다.

三一、제가 부처가 될 적에, 지상이나 허공에 있는 모든 궁전이나 누각이나 흐르는 물이나 꽃과 나무나, 나라 안에 있는 일체 만물은 모두 헤아릴 수 없는 보배와 백천가지의 향으로 이루어지고, 그 장엄하고 기묘함이 인간계나 천상계에서는 비교할 수 없으며, 그 미묘한 향기가 시방세계에 두루 풍기면, 보살들은 그 향기를 맡고 모두 부처님의 행을 닦게 되리니, 만약 그러지 않다면, 저는 차라리 부처가 되지 않겠나이다.

三二、제가 부처가 될 적에, 시방세계의 한량없고 불가사의한 모든 불국토의 중생들로서, 저의 광명이

我光明 觸其身者 身心柔軟

超過人天 若不爾者 不取正

覺

設我得佛 十方無量 不可思

議 諸佛世界 衆生之類 聞

我名字 不得菩薩 無生法忍

諸深總持者 不取正覺

設我得佛 十方無量 不可思

議 諸佛世界 其有女人 聞

我名字 歡喜信樂 發菩提心

厭惡女身 壽終之後 復爲女

像者 不取正覺

設我得佛 十方無量 不可思

그들의 몸에 비치어 접촉한 이는 그 몸과 마음이 부드럽고 상냥하여 인간과 천상을 초월하오리니, 만약 그러지 않는다면, 저는 차라리 부처가 되지 않겠나이다.

三四, 제가 부처가 될 적에, 시방세계의 헤아릴 수 없고 불가사의한 모든 부처님 세계의 중생들이 제 이름(아미타불)을 듣고, 보살의 무생법인(無生法忍)과 깊은 지혜 공덕인 다라니 법문을 얻을 수 없다면, 저는 차라리 부처가 되지 않겠나이다.

三五, 제가 부처가 될 적에, 시방세계의 헤아릴 수 없고 불가사의한 부처님 세계의 여인들이 제 이름(아미타불)을 듣고 환희심을 내어 보리심을 일으키고 여자의 몸을 싫어한 이가 목숨을 마친 후에 다시금 여인이 된다면, 저는 차라리 부처가 되지 않겠나이다.

三六, 제가 부처가 될 적에, 시방세계의 헤아릴 수

議　諸佛世界　諸菩薩衆　聞

我名字　壽終之後　常修梵行

至成佛道　若不爾者　不取正

覺

設我得佛　十方無量　不可思

議　諸佛世界　諸天人民　聞

我名字　五體投地　稽首作禮

歡喜信樂　修菩薩行　諸天世

人　莫不致敬　若不爾者　不

取正覺

設我得佛　國中人天　欲得衣

服　隨念即至　如佛所讚　應

法妙服　自然在身　若有裁縫

擣染浣濯者　不取正覺

없고 불가사의한 모든 부처님 세계의 보살들이 제 이

름(아미타불)을 듣고 수명이 다한 후에도 만약 청정

한 수행을 할 수 없고, 필경에 성불하지 못한다면,

저는 차라리 부처가 되지 않겠나이다.

三七, 제가 부처가 될 적에, 시방세계의 헤아릴 수

없고 불가사의한 모든 부처님 세계의 중생들이 제 이

름(아미타불)을 듣고 땅에 엎드려 부처님을 예배하며

환희심과 신심을 내어 보살행을 닦을제, 모든 천신

(天神)과 인간들이 그들을 공경하지 않는다면, 저는

차라리 부처가 되지 않겠나이다.

三八, 제가 부처가 될 적에, 그 나라의 중생들이

의 복을 얻고자 하면 생각하는 대로 바로 훌륭한 옷이

저절로 입혀지게 되는 것이, 마치 부처님이 찬탄하시

는 가사가 자연히 비구들이 몸에 입혀지는 것과 같으

오리니, 만약 그러지 않고 바느질이나 다듬이질이나

設我得佛 國中人天 所受快
樂 不如漏盡比丘者 不取正
覺

設我得佛 國中菩薩 隨意欲
見 十方無量 嚴淨佛土 應
時如願 於寶樹中 皆悉照見
猶如明鏡 觀其面像 若不爾
者 不取正覺

設我得佛 他方國土 諸菩薩
衆 聞我名字 至于得佛 諸
根缺陋 不具足者 不取正覺

물들이거나 빨래할 필요가 있다면, 저는 차라리 부처가 되지 않겠나이다.

三九、 제가 부처가 될 적에, 그 나라의 중생들이 누리는 상쾌한 즐거움이 일체 번뇌를 모두 여읜 비구와 같지 않다면, 저는 차라리 부처가 되지 않겠나이다.

四〇、 제가 부처가 될 적에, 그 나라의 보살들이 시방세계의 헤아릴 수 없는 청정한 불국토를 보고자 하면, 그 소원대로 보배나무에서 모두 낱낱이 비쳐 보는 것이 마치 맑은 거울에 그 얼굴을 비쳐 보는 것과 같으오리니 만일 그러지 않다면, 저는 차라리 부처가 되지 않겠나이다.

四一、 제가 부처가 될 적에, 다른 세계의 여러 보살들이 제 이름(아미타불)을 듣고 부처님이 될 때까지 육근(六根)[※]이 원만하여 불구자가 되는 일이 없으

菩薩行　具足德本　若不爾者

設我得佛　他方國土　諸菩薩
衆　聞我名字　歡喜踊躍　修

設我得佛　他方國土　諸菩薩
衆　聞我名字　壽終之後　生
尊貴家　若不爾者　不取正覺

爾者　不取正覺

設我得佛　他方國土　諸菩薩
衆　聞我名字　皆悉逮得　清
淨解脫三昧　住是三昧　一發
意頃　供養無量　不可思議
諸佛世尊　而不失定意　若不

오리니 만약 그러지 않다면, 저는 차라리 부처가 되
지 않겠나이다.

四二, 제가 부처가 될 적에, 다른 세계의 보살들이
제 이름(아미타불)을 들은 이는 모두 청정한 해탈삼 ※
매를 얻을 것이며, 매양 이 삼매에 머물어 한생각 동
안에 헤아릴 수 없고 불가사의한 모든 부처님을 공양
하고도 오히려 삼매를 잃지 않으리니, 만일 그러지
않다면, 저는 차라리 부처가 되지 않겠나이다.

四三, 제가 부처가 될 적에, 다른 세계의 보살들이
제 이름(아미타불)을 듣고도 수명이 다한 후에 존귀
한 집에 태어나지 않는다면, 저는 차라리 부처가 되
지 않겠나이다.

四四, 제가 부처가 될 적에, 다른 세계의 보살들
이, 제 이름(아미타불)을 듣고 한없이 기뻐하며 보살
행을 닦아서 모든 공덕을 갖추오리니, 만일 그러지

不取正覺

設我得佛　他方國土　諸菩薩

衆　聞我名字　皆悉逮得　普

等三昧　住是三昧　至于成佛

常見無量　不可思議　一切諸

佛　若不爾者　不取正覺

設我得佛　國中菩薩　隨其志

願　所欲聞法　自然得聞　若

不爾者　不取正覺

設我得佛　他方國土　諸菩薩

衆　聞我名字　不卽得至　不

退轉者　不取正覺

않다면 저는 차라리 부처가 되지 않겠나이다.

四五, 제가 부처가 될 적에, 다른 세계의 보살들이

제 이름(아미타불)을 들으면, 그들은 모든 부처님을

두루 뵈올 수 있는 삼매를 얻을 것이며, 매양 이 삼

매에 머물러 성불하기까지 언제나 불가사의한 일체

모든 부처님을 뵈올 수 있으오리니, 만일 그러지 않

다면 저는 차라리 부처가 되지 않겠나이다.

四六, 제가 부처가 될 적에, 그 나라의 보살들은

듣고자 하는 법문을 소원대로 자연히 들을 수 있으

리니, 만약 그러지 않다면 저는 차라리 부처가 되지

않겠나이다.

四七, 제가 부처가 될 적에, 다른 세계의 보살들이

제 이름(아미타불)을 듣고나서 일체 공덕이 물러나지

않는 불퇴전의 자리에 이를 수 없다면, 저는 차라리

부처가 되지 않겠나이다.

設我得佛　他方國土　諸菩薩
衆　聞我名字　不卽得至　第
一第二　第三法忍　於諸佛法
不能卽得　不退轉者　不取正
覺

佛告阿難　爾時　法藏比丘
說此願已　而說頌曰

我建超世願　必至無上道
斯願不滿足　誓不成正覺

我於無量劫　不爲大施主

四八、 제가 부처가 될 적에, 다른 세계의 보살들이 제 이름(아미타불)만 듣고도 바로, 설법을 듣고 깨닫는 음향인(音響忍)과 진리에 수순하는 유순인(柔順忍)과 나지도 죽지도 않는 도리를 깨닫는 무생법인(無生法忍)을 성취하지 못하고, 모든 불법에서 물러나지 않는 불퇴전의 자리를 얻을 수 없다면, 저는 차라리 부처가 되지 않겠나이다」

아난아, 법장비구는 세자재왕부처님 앞에서 이와 같이 사십팔의 서원을 낱낱이 아뢰고 나서, 다시 게송으로써 거듭 서원을 밝혔느니라.

「내가 세운 서원은 세상에 없는 일
위없는 바른 길 가고야 말리
이 원을 원만히 성취 못하면
맹세코 부처는 되지 않으리.

한량없는 오랜 겁(劫)의 세월을 두고

普濟諸貧窮　誓不成正覺

我至成佛道　名聲超十方

究竟靡所聞　誓不成正覺

離欲深正念　淨慧修梵行

志求無上道　爲諸天人師

神力演大光　普照無際土

消除三垢冥　廣濟衆厄難

내가 만일 큰 시주가 되지 못하여

가난한 고해 중생 제도 못하면

맹세코 부처는 되지 않으리.

내가 만일 위없는 부처가 되어

그 이름 온 누리에 떨쳐 넘칠 때

못 들은 누구라도 있을 적에는

맹세코 부처는 되지 않으리.

욕심 여읜 바른 길 깊이 지니고

청정한 지혜로 도를 닦아서

위없는 진리를 모두 갖추어

천상과 인간의 스승이 되리.

신통력과 빛나는 광명 나투고

끝없는 모든 세계 두루 비추어

탐진치(貪嗔痴)의 검은 때를 녹여 버리고

중생의 온갖 재난 구제하리라.

開彼智慧眼　滅此昏盲闇
閉塞諸惡道　通達善趣門

功祚成滿足　威曜朗十方
日月戢重暉　天光隱不現

爲衆開法藏　廣施功德寶
常於大衆中　說法獅子吼

願慧悉成滿　得爲三界雄
供養一切佛　具足衆德本

그네들의 지혜 눈 밝게 열어서
이 세상 어두운 이 눈뜨게 하며

여러 가지 나쁜 길 막아 버리고
좋은 세상 가는 길 활짝 열리라.

지혜와 공덕을 두루 갖추고
거룩한 광명은 시방에 넘쳐

해와 달이 밝은 빛 내지 못하고
천상의 광명도 숨어 버리네.

중생을 위하여 진리 밝히고
공덕의 보배를 널리 베풀며

언제나 많은 대중 모인 가운데
사자의 외침으로 법을 설하네.

온 세계 부처님께 공양 올리며
한량없는 공덕을 두루 갖추고

서원과 지혜를 모두 이루어

覺。

空中讚言　決定必成　無上正

雨妙華　以散其上　自然音樂

已　應時普地　六種震動　天

佛告阿難　法藏比丘　說此頌

盧空諸天人　當雨珍妙華

斯願若剋果　大千應感動

願我功慧力　等此最勝尊

如佛無碍智　通達靡不照

삼계의 영웅인 부처 되리라.

부처님의 걸림없는 지혜와 같이

모든 것 통달하여 두루 비치니

바라건대 내 공덕 밝은 지혜가

세자재왕부처님과 같을 지이다.

정녕 이 서원이 이루어지면

삼천대천 세계가 감동을 하고

허공 중에 가득한 하늘 사람들

신묘한 꽃비를 뿌려 주리라

법장비구가 이 게송을 읊고 나자 바로 대지는 여섯

가지로 진동하고 하늘에서는 신묘한 꽃이 비오듯이

흩날리며, 난데없이 천연한 음악이 은은하게 울리는

데 허공 중에서,

「법장비구여, 그대는 결정코 반드시 위없는 대도를

성취하여 부처가 되리라」고 찬탄하는 소리가 들려

菩薩　無量德行。

於不可思議　兆載永劫　積植

獨妙　建立常然　無衰無變

所修佛國　恢廓廣大　超勝

向專志　莊嚴妙土

中　發斯弘誓　建此願已　一

諸天魔梵　龍神八部　大眾之

阿難　時彼比丘　於其佛所

間　深樂寂滅

如是大願　誠諦不虛　超出世

於是　法藏比丘　具足修滿

왔느니라.

이 때 법장비구는 이와 같은 큰 서원을 원만히 성취하려는 진실한 마음이 추호도 흩어지지 않고 모든 세상일을 초월하여 간절히 열반(영생)의 경계를 흠모하여 마지 않았느니라.

2. 영겁(永劫)의 수행

아난아, 이렇듯 법장비구는 세자재왕부처님 앞에서 범천과 마왕과 용신 등의 팔부대중과 그밖에 많은 대중들이 지켜보는 가운데 이러한 사십팔의 큰 서원을 세우고 한결같이 뜻을 오로지 하여 불국정토를 건설하고자 굳은 결심을 하였느니라.

그런데 그가 세우려는 불국토는 한없이 넓고 청정 미묘하여 비할 데가 없으며, 또한 그 나라는 영원불멸하여 모든 것이 변하지 않고 쇠미하지 않는 극락의 정토이니, 법장비구는 이러한 청정하고 장엄한 정토

不生欲覺 瞋覺害覺 不起欲想 瞋想害想 不著色聲香味觸法 忍力成就 不計衆苦 少欲知足 無染恚痴 三昧常寂 智慧無碍 無有虛僞 詔曲之心 和顏愛語 先意承問 勇猛精進 志願無倦 專求清白之法 以惠

를 세우기 위하여 불가사의한 오래고 오랜 영겁의 세월을 두고 보살의 헤아릴 수 없는 수행공덕을 쌓았느니라.

그는 탐욕과 성냄과 남을 해치는 생각은 아예 나지도 않고 일으키지도 않았으며, 또는 감관(感官)의 대상인 모든 형상이나 소리나 향기나 맛이나 촉감이나 분별하는 생각에 대해서도 집착하지 않았고, 어려움을 참아내는 인욕(忍辱)의 행을 닦아서 어떠한 고통에도 마음이 움직이지 않았으며, 매양 만족함을 알아서 탐욕과 성냄과 어리석음의 삼독(三毒) 번뇌에 물들지 않고, 항시 삼매에 잠겨서 밝은 지혜는 어디에도 걸림이 없었느니라.

그리고 남을 대할 때는 거짓과 아첨하는 마음이 없이 언제나 온화한 얼굴과 인자한 말로써 미리 중생의 뜻을 보살펴 그들을 기쁘게 하였으며, 또한 애써 용

利群生

恭敬三寶　奉事師長　以大莊

嚴　具足衆行　令諸衆生　功

德成就

起　觀法如化。

住空無相　無願之法　無作無

遠離麁言　自害害彼　彼此俱

害　修習善語　自利利人　人

맹정진하여 그 뜻을 호리도 굽히지 않고, 청정 결백한 진리를 구하여 모든 중생에게 은혜를 베풀었느니라.

그리고 그는 불(佛)·법(法)·승(僧) 삼보(三寶)를 공경하고 스승과 어른을 받들어 섬겼으며, 온갖 수행을 쌓고 복과 지혜의 큰 장엄을 갖추어 모든 중생들로 하여금 공덕을 성취하게 하였느니라.

그는 또, 일체 모든 현상의 실상은 본래 비어 있으나, 변하지 않는 모양(相)이 없고 바랄 것(願)도 없다는 삼매에 머물러 아예 차별심을 일으키지 않았으며, 모든 것은 다만 인연이 화합하여 이루어졌으니, 허깨비와 같고 뜬 구름같이 허망함을 관조(觀照)하였느니라.

그리고 그는 자기를 그르치고 남을 해치는 부질없는 말을 멀리 여의고, 자기와 남에게 한결같이 유익

我兼利　棄國捐王　絶法財色

自行六波羅蜜　教人令行、無

央數劫　積功累德。

隨其生處　在意所欲　無量寶

藏　自然發應　教化安立　無

數衆生　住於無上正眞之道

或爲　長者居士　豪姓尊貴

或爲　刹利國君　轉輪聖帝

或爲　六欲天主　乃至梵王

常以四事　供養恭敬　一切諸

하고 공덕이 되는 청정한 수행을 닦았느니라. 그래서

그는 나라와 왕위와 재물과 보배와 처자의 인연까지

도 끊어 버리고, 몸소 보시와 계율과 인욕과 정진과

선정과 지혜 등 육바라밀[※]의 보살행을 수행하였으며,

또한 남에게도 이를 가르쳐 수행하도록 하였으니, 이

렇듯, 그는 이루 헤아릴 수 없는 오랜 세월을 두고

무수한 공덕을 쌓았느니라.

그래서 법장비구가 태어나는 처소는 마음대로 자유

자재하였으며 한량없는 법문이 저절로 우러나와 수없

이 많은 중생을 교화하여 안온하게 하고 위없는 바른

진리를 깨닫게 하였느니라.

그는 때로는 부귀하고 덕있는 장자로 태어나기도

하고, 혹은 거사로, 혹은 높은 벼슬아치로, 혹은 국

왕, 혹은 전륜성왕, 혹은 육욕천으로부터 범천왕에

이르기까지 소원대로 태어나서, 매양 음식과 의복과

佛 如是功德 不可稱說 口
氣香潔 如優鉢羅華 身諸毛
孔 出栴檀香 其香普熏 無
量世界 容色端正 相好殊妙
其手常出 無量之寶 衣服飲
食 珍妙華香 諸蓋幢幡 莊
嚴之具 如是等事 超諸天人
於一切法 而得自在。

第二節　如來淨土果

阿難白佛

침구와 약품 등으로써 모든 부처님을 공양하고 공경
하였나니, 이러한 공덕은 이루 헤아릴 수 없었으니
그래서 법장비구의 입에서는 청결한 향기가 마치
우담발라화 꽃 향기와 같았고, 몸의 모든 털구멍에서
는 전단향의 그윽한 향기를 내어 그 향훈이 두루 한
량없는 세계에 풍겼느니라. 그 모습은 단정하고 상호
(相好)는 원만하며, 손에서는 항시 무량한 보배가 소
원대로 나왔는데 그 의복과 음식과 진귀하고 미묘한
꽃과 향이며, 갖가지의 비단일산과 깃대 등 아름다운
장식물들이 모두가 천상보다도 한결 뛰어나게 훌륭하
였으니, 이와 같이 그는 일체 모든 것을 자유자재로
할 수 있었느니라.』

제二절　미타성불과 극락정토의 장엄

아난이 부처님께 여쭈었다.

法藏菩薩 爲已成佛 而取滅
度 爲未成佛 爲今現在。

佛告阿難

法藏菩薩 今已成佛 現在西
方 去此十萬億刹 其佛世界
名曰安樂。

阿難又問

其佛成道已來 爲徑幾時。

佛言

成佛已來 凡歷十劫。

其佛國土 自然七寶 金銀瑠

『법장보살은 이미 성불하시어 영원히 안온한 열반※의 경계에 드셨습니까? 그렇지 않으면 아직 성불하지 못하셨습니까? 혹은 성불하시어 현재 계시옵니까?』

부처님께서 아난에게 말씀하셨다.

『법장보살은 이미 성불하여 서쪽 나라에 계시는데, 그 부처님의 이름을 〈아미타불〉 혹은 〈무량수불〉이라 하며, 그 나라는 십만억의 나라를 지난 머언 나라로서 극락세계라 하느니라』

아난이 또 여쭈어 묻기를,

『세존이시여, 그러면 그 부처님께서 성불하신 지는 얼마나 되옵니까?』

부처님께서 말씀하셨다.

『그 부처님이 성불하신 이래 벌써 십겁(十劫)※이 지났느니라. 그런데 그 불국토는 금·은·유리·산호·

璃　珊瑚琥珀　硨磲碼磋　合
成爲地　恢廓曠蕩　不可限極
悉相難厠　轉相入間　光赫焜
耀　微妙奇麗　清淨莊嚴　超
踰十方　一切世界　衆寶中精
其寶猶如　第六天寶。
又其國土　無須彌山　及金剛
鐵圍　一切諸山　亦無大海小
海　溪渠井谷　佛神力故　欲
見則現　亦無地獄　餓鬼畜生
諸難之趣　亦無四時　春秋冬
夏　不寒不熱　常和調適。
爾時阿難　白佛言
世尊　若彼國土　無須彌山

호박·자거·마노 등 칠보로 땅이 이루어지고, 그 넓이는 광대하여 끝이 없으며, 그곳 온갖 보배들은 서로 빛나서 한량없이 찬란하고 미묘 청정하게 장엄되어, 시방세계의 어느 세계보다도 뛰어나게 훌륭하니 그것들은 모든 보배 중의 으뜸으로서, 마치 타화자재천(他化自在天)의 보배와도 같으니라.

또한 그 국토에는 수미산과 금강철위산 등 일체 산이 없고, 바다나 강이나 시내나 골짜기 우물 등도 없으나, 보고싶어 할 때는 부처님의 신통력으로 바로 나타나느니라. 그리고 지옥과 아귀와 축생 등의 괴로운 경계도 없고, 봄 여름 가을 겨울의 사계절도 없으니, 춥지도 더웁지도 않아서 항시 온화하고 상쾌하느니라.』

그때 아난이 부처님께 여쭈었다.

『세존이시여, 만약 그 불국토에 수미산이 없다면

其四天王　及忉利天　依何而
住。
佛語阿難
第三欲天　乃至色究竟天　皆
依何住。
阿難白佛
行業果報　不可思議。
佛語阿難
行業果報　不可思議　諸佛世
界　亦不可思議　其諸眾生
功德善力　住行業之地　故能
爾耳。

그 산에 있을 사천왕과 도리천은 어디에 의지하여 살

수 있나이까?』

부처님께서 말씀하시기를,

『아난아, 그러면 그대는 야마천(夜摩天)으로부터

색구경천(色究竟天)까지의 모든 천상들은 모두 어디

에 의지하여 머무를 수 있다고 생각하느냐?』

아난이 사뢰었다.

『세존이시여, 그들은 각기 지은 바 업력의 불가사

의한 과보의 힘에 의하여 자기에게 합당한 천계(天

界)에 머물고 있나이다』

부처님께서 말씀하셨다.

『업력의 과보가 불가사의하여 그러한 천상계가 있

을 수 있다면, 모든 부처님의 세계도 또한 불가사의

하여, 그 불국토에 사는 모든 중생들도 그들이 이미

지은 바 공덕과 선업의 힘에 의하여 나타난 땅에 머

阿難白佛

我不疑此法　但爲將來衆生
欲除其疑惑　故問斯義。

佛告阿難　無量壽佛　威神光
明　最尊第一　諸佛光明　所

不能及　或有佛光　照百億世
界　或千佛世界　取要言之

乃照東方　恒沙佛刹　南西北

方　四維上下　亦復如是

或有佛光　照于七尺　或照一

由旬　二三四五由旬　如是轉

倍　乃至照於　一佛刹土

물러 살 뿐이니라. 그러니 수미산이 없더라도 아무런
불편이 없느니라.』

아난이 부처님께 사뢰었다.

『저는 그러한 법을 의심하지 않사오나 다만 미래의
중생들을 위하여 그들의 의혹을 풀어 주고자 하옵기
에, 짐짓 이러한 뜻을 여쭈어 보았나이다.』

부처님께서 다시 아난에게 이르시기를,

『아난아, 이 무량수불(아미타불)의 위신력과 밝은
광명은 가장 높고 뛰어나서 모든 부처님의 광명이 능
히 미치지 못하며, 백천만억의 불국토 뿐만 아니라
항하모래 수와 같은 헤아릴 수 없는 시방세계의 모든
불국토를 두루 비추느니라.

그리고 때에 따라 부처님의 광명은 일곱자를 비추
기도 하고, 혹은 사십리를, 혹은 팔십리를, 혹은 일
백이십리를 자유자재로 비추는데, 점점 더하여 드디

是故 無量壽佛　號無量光佛

無邊光佛　無碍光佛　無對光

佛　燄王光佛　清淨光佛　歡

喜光佛　智慧光佛　不斷光佛

難思光佛　無稱光佛　超日月

光佛。

其有衆生　遇斯光者　三垢消

滅　身意柔軟　歡喜踊躍　善

心生焉　若在三途　勤苦之處

見此光明　皆得休息　無復苦

惱　壽終之後　皆蒙解脫。

어는 일체 부처님 세계를 모조리 비추기도 하느니라.

그러므로 무량수불(아미타불)을 달리 십이광불(十二光佛)이라 이름하여 무량광불(無量光佛)·무변광불(無邊光佛)·무애광불(無碍光佛)·무대광불(無對光佛)·염왕광불(燄王光佛)·청정광불(淸淨光佛)·환희광불(歡喜光佛)·지혜광불(智慧光佛)·부단광불(不斷光佛)·난사광불(難思光佛)·무칭광불(無稱光佛)·초일월광불(超日月光佛)이라 찬탄하느니라.

그런데 만약 중생들이 이러한 광명을 만나게 되면, 탐욕과 성냄과 어리석음이 자연히 소멸하고 몸과 마음이 부드럽고 상냥하여 기쁨이 가슴에 넘치며, 진리를 구하는 착한 마음이 솟음쳐 일어나느니라. 그리고 지옥과 아귀와 축생 등의 괴로운 삼악도에서도 이 광명을 만나게 되면, 모두 평온한 휴식을 얻어 다시는 고뇌가 없으며, 수명이 다한 뒤에는 해탈을 얻게 되

無量壽佛 光明顯赫 照耀十
方 諸佛國土 莫不聞焉 不
但我今 稱其光明 一切諸佛
聲聞 緣覺 諸菩薩衆 咸共
歡譽 亦復如是

若有衆生 聞其光明 威神功
德 日夜稱說 至心不斷 隨
意所願 得生其國 爲諸菩薩
聲聞大衆 所共歡譽 稱其功
德 至其然後 得佛道時 普
爲十方 諸佛菩薩 歎其光明
亦如今也
佛言我說 無量壽佛 光明威

느니라.

이와 같이 무량수불(아미타불)의 광명은 너무도 찬란하게 빛나서, 시방세계의 모든 불국토를 비추어 미치지 않은 데가 없고, 그 명성이 떨치지 않은 곳이 없나니, 그래서 나만이 그 광명을 찬탄하는 것이 아니고, 모든 부처님과 성문·연각·보살들도 또한 다 한결같이 찬탄하느니라.

그리고 만약 중생들이 그 광명의 위신력과 공덕을 듣고 밤낮으로 찬탄하는 지성한 마음이 끊이지 않는다면 그는 소원대로 그 부처님의 나라에 태어나게 되어 모든 보살과 성문들이 그 공덕을 찬양할 것이며, 또한 장차 불도를 성취했을 때에는 시방세계의 모든 부처님과 보살들이 지금 무량수불(아미타불)을 공경함과 같이 그의 광명을 찬탄하게 될 것이니라.

아난아, 진실로 무량수불(아미타불)의 광명과 위신

神巍巍殊妙 晝夜一劫 尙
未能盡。

佛語阿難 又無量壽佛 壽命
長久 不可稱計 汝寧知乎

假使十方世界 無量衆生 皆
得人身 悉令成就 聲聞緣覺
都共集會 禪思一心 竭其智
力 於百千萬劫 悉共推算
計其壽命 長遠之數 不能窮
盡 知其限極。

聲聞菩薩 天人之衆 壽命長
短 亦復如是 非算數譬喻
所能知也 又聲聞菩薩 其數
難量 不可稱說 神智洞達

력이 그지없이 위대하고 미묘함은 내가 일겁(一劫) 동안을 두고 밤낮을 가리지 않고 말한다 하여도 오히려 다할 수가 없을 것이니라』

부처님께서 다시 말씀을 계속하시어,

『아난아, 무량수불(아미타불)의 수명은 한량없이 길어서 이루 헤아릴 수 없나니, 어찌 그대가 알 수 있을까보냐. 가사 시방세계의 모든 중생이 다 성문이 되어 연각의 성인이 되어 다같이 한 자리에 모여서, 생각을 고요히 하고 오로지 한마음으로 그들의 지혜를 다하여 백천만겁 동안 세어본다 하더라도 능히 다할 수가 없고 그 한계를 알 수가 없느니라.

그리고 극락세계의 성문과 보살과 천인(天人)들의 수명도 또한 이와 같아서 산수와 비유로 능히 헤아릴 수 없고, 그들 성문과 보살들의 수 또한 한량없이 많은데, 그들은 모두 지혜와 신통이 통달하여 그 위력

威力自在　能於掌中　持一切
世界。

佛語阿難　彼佛初會　聲聞衆
數　不可稱計　菩薩亦然　如
今大目犍連　百千萬億　無量
無數　於阿僧祇　那由他劫
乃至滅度　悉共計挍　不能究
了　多少之數

譬如大海　深廣無量　假使有
人　析其一毛　以爲百分　以
一分毛　沾取一渧　於意云何
其所渧者　於彼大海　何所爲
多。

阿難白佛

이 자재하고 능히 손바닥 위에 일체 세계를 올려 놓을 수도 있느니라』

부처님께서 아난에게 다시 말씀하셨다.

『아난아, 무량수불(아미타불)이 성불하시고 나서 처음 설법하신 법회에 모인 성문과 보살들의 수도 또한 헤아릴 수 없이 무수하니, 지금 신통제일의 목건련 같은 이가 백천만 명이 모여서 한없는 겁(劫) 동안 그들의 수명이 다할 때까지 헤아린다 하더라도 그 수를 알 수는 없느니라.

비유하건대, 가령 어떤 사람이 가는 터럭 하나를 백으로 나누어 그 하나의 털끝으로 광대한 바닷물을 한번 적신다면 얼마나 되겠는냐? 그리고 그 털끝에 적신 물과 큰 바다의 물과는 어느 것이 더 많겠느냐?』

아난이 부처님께 대답하여 사뢰었다.

彼所渧水 比於大海 多少之
量 非巧曆算數 言辭譬類
所能知也。
佛語阿難
如目連等 於百千萬億 那由
他劫 計彼初會 聲聞菩薩
所知數者 猶如一渧 其所不
知 如大海水。

又其國土 七寶諸樹 周滿世
界 金樹銀樹 瑠璃樹 玻瓈
樹 珊瑚樹 碼碯樹 硨磲樹
或有二寶三寶 乃至七寶 轉
共合成。

『저 털끝에 적신 물과 큰 바닷물을 비교한다면 그 많고 적음을 어찌 산수나 말로써 능히 헤아릴 수 있겠나이까』

부처님께서 아난에게 말씀하셨다.

『아난아, 그와 같이 목건련 같은 이들이 수없이 모여 백천만억 나유타의 오랜 세월을 두고 헤아릴 수 있는 수는 오히려 털끝에 묻은 한방울의 물과 같고, 무량수불(아미타불)의 처음 법회에 모인 성문과 보살들의 수는 큰 바닷물과 같아서 헤아릴 수 없이 많으니라.

또한 무량수불(아미타불)의 불국토인 극락세계에는 칠보로 된 갖가지의 나무가 온 세계에 충만하여 금으로 된 나무, 은으로 된 나무, 유리나무·파려나무·산호나무·마노나무·자거나무들이 있는데, 혹은 두 가지 보배로 되고 혹은 세 가지 보배에서 일곱 가지

或有金樹　銀葉華果　或有銀
樹　金葉華果　或瑠璃樹　玻
瓈爲葉　華果亦然　或水精樹
瑠璃爲葉　華果亦然　或珊瑚
樹　碼碯爲葉　華果亦然　或
碼碯樹　瑠璃爲葉　華果亦然
或硨磲樹　衆寶爲葉　華果亦
然。
或有寶樹　紫金爲本　白銀爲
莖　瑠璃爲枝　水精爲條　珊
瑚爲葉　碼碯爲華　硨磲爲實
或有寶樹　白銀爲本　瑠璃爲
莖　水精爲枝　珊瑚爲條　碼
碯爲葉　硨磲爲華　紫金爲實

보배가 합하여 이루어졌느니라.

그리고 금나무에는 은으로 된 잎과 꽃과 열매가 열리기도 하고, 은 나무에는 금의 잎과 꽃과 열매가 달리고, 혹은 유리나무에 파려의 잎과 꽃과 열매가, 수정나무에 유리의 잎과 꽃과 열매가, 산호나무에는 마노의 잎과 꽃과 열매가, 마노나무에 유리의 잎과 꽃과 열매가 달리기도 하고, 혹은 자거나무에 잎과 꽃과 열매는 다른 여러 보배가 합하여 이루어지기도 하였느니라.

그리고 어느 보배나무는 자마금(紫磨金)의 뿌리에 백은의 줄기, 유리의 가지, 수정의 줄거리에 산호의 잎, 마노의 꽃, 자거의 열매가 열리고, 어느 보배나무는 백은을 뿌리로 하고 유리의 줄기, 수정의 가지, 산호의 줄거리에 마노의 잎, 자거의 꽃과 자마금의 열매가 달리고, 어느 보배나무는 유리를 뿌리로 하고

或有寶樹　瑠璃爲本　水精爲莖　珊瑚爲枝　碼碯爲條　硨磲爲葉　紫金爲華　白銀爲實

或有寶樹　水精爲本　珊瑚爲莖　碼碯爲枝　硨磲爲條　紫金爲葉　白銀爲華　瑠璃爲實

或有寶樹　珊瑚爲本　碼碯爲莖　硨磲爲枝　紫金爲條　白銀爲葉　瑠璃爲華　水精爲實

或有寶樹　碼碯爲本　硨磲爲莖　紫金爲枝　白銀爲條　瑠璃爲葉　水精爲華　珊瑚爲實

或有寶樹　硨磲爲本　紫金爲莖　白銀爲枝　瑠璃爲條　水精爲葉　珊瑚爲華　碼碯爲實

수정의 줄기, 산호의 가지, 마노의 줄거리에 자거의 잎, 자마금의 꽃과 백은의 열매로 되고, 어느 보배나무는 수정의 뿌리에 산호의 줄기 마노의 가지 자거의 줄거리에 자마금의 잎, 백은의 꽃과 유리의 열매로 되고 어느 보배나무는 산호의 뿌리에 마노의 줄기, 자거의 가지, 자마금의 줄거리에 백은의 잎, 유리의 꽃과 수정의 열매로 되고 어느 보배나무는 마노의 뿌리에 자거의 줄기, 자마금의 가지, 백은의 줄거리에 유리의 잎, 수정의 꽃과 산호의 열매로 되고 어느 보배나무는 자거를 뿌리로 하고 자마금의 줄기와 백은의 가지와 유리의 줄거리에 수정의 잎과 산호의 꽃과 마노의 열매로 되었나니, 이와 같이 칠보가 서로 번갈아 뿌리가 되고 줄기가 되고 가지와 잎과 꽃과 열매가 된 보배나무들이 극락세계에 가득하느니라.

此諸寶樹　行行相値　莖莖相
望　枝枝相準　葉葉相向　華
華相順　實實相當　榮色光耀
不可勝視　清風時發　出五音
聲　微妙宮商　自然相和。

又　無量壽佛　其道場樹　高
四百萬里　其本周圍　五十由
旬　枝葉四布　二十萬里　一
切衆寶　自然合成　以月光摩
尼　持海輪寶　衆寶之王　而
莊嚴之
周帀條間　垂寶瓔珞　百千萬
色　種種異變　無量光燄　照

그리고 이러한 보배나무들은 가지런히 줄지어 있는
데, 줄기는 줄기끼리 마주보고, 가지는 가지끼리, 잎
과 잎, 꽃과 꽃 열매와 열매가 서로 바라고 서로 따
르고 하여 그 찬란한 광채는 눈이 부시어 바라볼 수
없으며, 맑은 바람이 보배나무에 살랑거리면 다섯 가
지 소리가 미묘하게 울리며 자연히 아름다운 조화를
이루느니라.

또한 무량수불(아미타불)이 계시는 극락세계에 있
는 보리수는 그 높이가 사백만리이고 그 밑둥의 둘레
는 오십유순이며 그 가지와 잎은 사방으로 이십만리
나 퍼졌는데, 이 보리수는 온갖 보배로 이루어지고,
더욱 모든 보배의 으뜸인 월광마니(月光摩尼)와 지해
윤보(持海輪寶)로 자연스럽게 꾸며져 있느니라.

그리고 이 보리수의 가지와 가지 사이에는 보배로
된 영락을 드리웠는데, 그 빛깔은 백천만가지로 변화

耀無極　珍妙寶網　羅覆其上
一切莊嚴　隨應而現　微風徐
動　吹諸枝葉　演出無量　妙
法音聲　其聲流布　遍諸佛
國。

其聞音者　得深法忍　住不退
轉　至成佛道　耳根清徹　不
遭苦患　目觀其色　耳聞其音
鼻知其香　舌嘗其味　身觸其
光　心以法緣　一切皆得　甚
深法忍　住不退轉　至成佛道
六根清徹　無諸惱患。
阿難　若彼國人天　見此樹者

하여 그 광명은 한없이 비치어 다함이 없고, 나무 위에는 그지없이 귀하고 묘한 보배로 된 그물이 덮였나니, 이와 같이 일체의 아름다운 장엄들이 바라는 대로 저절로 나타나느니라. 가벼운 산들바람이 보배나무 가지에 살랑거리면, 한량없는 묘법(妙法)의 음악을 아뢰고, 그 소리가 울려퍼져 모든 부처님 나라에 두루하느니라.

그래서 그 아름다운 소리를 듣거나, 그 향기를 맡거나, 맛을 보거나, 그 광명이 몸에 비치거나, 마음으로 그러한 장엄들을 생각하는 중생들은 모두 생사(生死)를 깨닫는 무생법인(無生法忍)을 얻고 다시 물러나지 않는 불퇴전(不退轉)의 자리에 머물러, 성불할 때까지 육근(六根)이 청정하여 아예 번뇌와 시름이 있을 수 없느니라.

아난아, 극락세계에 있는 인간이나 천신들이 이 보

得三法忍 一者音響忍 二者
柔順忍 三者無生法忍

此皆無量壽佛 威神力故 本
願力故 滿足願故 明了願故
堅固願故 究竟願故.

佛告阿難 世間帝王 有百千
音樂 自轉輪聖王 乃至第六
天上 伎樂音聲 展轉相勝
千億萬倍 第六天上 萬種樂
音 不如無量壽國 諸七寶樹

리수 나무를 보면 삼법인(三法忍)을 얻게 되는데, 첫째는 가르침을 듣고 깨달아 마음이 안온한 음향인(音※響忍)이요, 둘째는 진리에 순종하여 법대로 행하는 유순인(柔順忍)이며, 세째는 모든 법의 실상을 깨닫※는 무생법인(無生法忍)이니라.

그런데, 이러한 모든 장엄과 공덕들은 무량수불(아미타불)의 위신력에 의한 것이며, 법장비구 때 세운※본원력 때문이며, 또한 원만하고 분명하고 견고한 원력 때문이며, 끝까지 성취하고자 하는 구경의 서원력때문이니라.』

부처님께서 아난에게 다시 말씀하셨다.

『아난아, 극락세계에 있는 보배나무에서 흘러나오는 아름다운 음악은 이세상 제왕들의 백천가지의 음악보다도 또는 전륜성왕(轉輪聖王)※의 음악보다도, 더나아가서 육욕천상의 모든 재주를 다한 음악보다도

一種音聲　千億倍也

亦有自然　萬種伎樂　又其樂
聲　無非法音　清揚哀亮　微
妙和雅　十方世界　音聲之中
最爲第一。

又講堂精舍　宮殿樓觀　皆七
寶莊嚴　自然化成　復以眞珠
明月摩尼衆寶　以爲交露　覆
蓋其上。

內外左右　有諸浴池　或有十
由旬　或二十三十　乃至百千
由旬　縱廣深淺　各皆一等
八功德水　湛然盈滿　淸淨香
潔　味如甘露

천억만배나 더 훌륭하니라.

또한 보배나무의 음악 외에도 자연히 울리는 천만 가지의 음악이 있는데, 그 음향은 모두가 진리를 아뢰는 신묘한 소리로서, 한량없이 맑고 애절하며 미묘하고 아늑하여 시방세계의 모든 음악 가운데 가장 으뜸이니라.

아난아, 저 극락세계의 강당과 절과 궁전과 누각들은 모두 칠보로 되어 있는데, 그것들은 저절로 변화하여 이루어졌으며, 진주와 명월마니주로 엮은 보배 그물로 그 위를 덮었느니라.

그리고 그 안팎과 좌우 양편에는 여기저기에 목욕하는 맑은 호수가 있는데, 그 크기는 십유순에서 혹은 이십유순·혹은 삼십유순·나아가서는 백천유순도 되며, 그 호수들은 각기 그 가로와 세로와 깊이가 다 같고 여덟가지 공덕이 있는 팔공덕수가 충만한데, 청

黃金池者 底白銀沙 白銀池

者 底黃金沙 水精池者 底

瑠璃沙 瑠璃池者 底水精沙

珊瑚池者 底琥珀沙 琥珀池

者 底珊瑚沙 硨磲池者 底

碼碯沙 碼碯池者 底硨磲沙

白玉池者 底紫金沙 紫金池

者 底白玉沙 或二寶三寶

乃至七寶 轉共合成。

其池岸上 有栴檀樹 華葉垂

布 香氣普熏 天優鉢羅華

鉢曇摩華 拘物頭華 分陀利

華 雜色光茂 彌覆水上。

정하고 향기로운 맛은 마치 감로수와 같으니라.

그리고 황금의 못에는 백은의 모래가 깔리고, 백은의 못에는 황금의 모래가 깔리고, 수정의 못에는 유리의 모래가, 유리의 못에는 수정의 모래가, 산호의 못에는 호박의 모래가, 호박의 못에는 산호의 모래가, 자거의 못에는 마노의 모래가, 마노의 못에는 자거의 모래가, 백옥의 못에는 자마금의 모래가, 자마금의 못에는 백옥의 모래가 깔려 있나니, 이렇듯 혹은 두 가지 보배로 혹은 세 가지 보배로 더러는 칠보가 합성하여 이루어졌느니라.

또한 못가 언덕에는 전단향나무의 꽃과 잎이 무성하게 드리웠는데 그 향기는 두루 천지에 풍기며, 물위에는 아름다운 청련화, 홍련화, 황련화·백련화 꽃들이 서로 어울려 찬란하게 빛나며 가득히 물 위를 덮었느니라.

彼諸菩薩 及聲聞衆 若入寶
池 意欲令水沒足 水卽沒足
欲令至膝 卽至于膝 欲令至
腰 水卽至腰 欲令至頸 水
卽至頸 欲令灌身 自然灌身
欲令還復 水輒還復 調和冷
煖 自然隨意

開神悅體 蕩除心垢 淸明澄
潔 淨如無形 寶沙映徹 無
深不照 微瀾廻流 轉相灌注
安詳徐逝 不遲不疾。

극락세계의 보살과 성문들이 보배 못에 들어가면
그들이 바라는 대로 물이 발까지 잠기기를 원하면 물
은 바로 발을 적시고, 만약 물이 무릎까지 이르기를
원하면 곧 무릎까지 적시며, 허리가지 적시기를 원하
면 물은 바로 허리까지 이르고, 목까지 적시기를 원
하면 이내 물은 목까지 차오르며, 온몸을 적시고자
하면 자연히 온몸을 적셔주는데, 물을 도로 물리고자
원하면 물은 바로 본자리로 물러가나니, 그 물은 또
한 차고 더웁기가 마음에 바라는대로 자연히 조절되
느니라.

그리고 그 연못에 목욕을 하면 정신이 열리고 몸이
상쾌하여 마음의 때가 말끔히 씻겨지느니라. 또한 그
물은 너무나 맑고 투명하여 물이 있는지 없는지 모를
정도로서, 못 바닥의 보배 모래가 환히 드러나 아무
리 깊은 데라도 비치지 않은 데가 없으며, 잔잔한 물

波揚無量　自然妙聲　隨其所
應　莫不聞者

或聞佛聲　或聞法聲　或聞僧
聲　或寂靜聲　空無我聲　大
慈悲聲　波羅蜜聲　或十力無
畏　不共法聲　諸通慧聲　無
所作聲　不起滅聲　無生忍聲
乃至甘露灌頂　衆妙法聲　如
是等聲　稱其所聞　歡喜無量

결은 빠르지 않고 더디지 않고 그지없이 아늑하게 출렁거리고 있느니라.

이와 같이 청정하게 굽이치는 잔물결은 한량이 없으며, 미묘하고 은은한 파도 소리는 자연히 울려나와 진리를 아뢰나니, 그래서 듣고자 하는 것은 그 무엇이나 다 들을 수 있느니라.

그 소리 가운데, 부처님의 음성을 들을 수도 있고, 혹은 법문의 소리를 들을 수도 있고, 스님네의 음성을 들을 수도 있으며, 또한 고요한 영생 열반의 소리 일체만법이 본래 공(空)하여 내가 없다는 소리 대자대비의 소리나, 해탈의 피안에 건너가는 육바라밀의 소리며, 혹은 열 가지 뛰어난 지혜인 십력(十力)과 네 가지 두려움 없는 사무소외(四無所畏)와 부처님만이 지니는 십팔불공법(十八不共法)의 소리 모든 신통지혜의 소리, 조작이 없는 평등한 이치

隨順清淨　離欲寂滅　眞實之

義　隨順三寶　力無所畏　不

共之法　隨順通慧　菩薩聲聞

所行之道

無有三塗　苦難之名　但有自

然　快樂之音　是故其國　名

曰安樂。

의 소리며, 나고(生) 멸함이 없는 진리에 안주하는 무생법인(無生法忍)의 소리며, 또한 보살이 그 수행을 마칠 때 부처님이 그 정수리에 감로수를 뿌리는 감로관정(甘露灌頂)의 소리 등 가지가지의 미묘한 진리의 소리가 마음에 바라는대로 들려와서 기쁘고 즐거운 마음은 한량이 없느니라.

그래서 이러한 소리를 듣는 이는 마음이 청정하여 모든 탐욕을 여의고, 생사를 초월한 참다운 영생의 진리에 따르게 되며, 불·법·승의 삼보와 사무소외와 십팔불공법을 따르게 되고, 모든 신통지혜를 통달하여 보살과 성문들이 수행하는 진리의 대도(大道)를 따르게 되느니라.

그리고 그 불국토에는 지옥과 아귀와 축생 등 삼악도의 이름마저도 들을 수 없으며, 다만 상쾌하고 즐거운 음악만이 자연히 들리나니, 그러므로 그 나라의

阿難 彼佛國土 諸往生者
具足如是 清淨色身 諸妙音
聲神通功德 所處宮殿 衣
服飲食 衆妙華香 莊嚴之具
猶第六天 自然之物

若欲食時 七寶鉢器 自然在
前 金銀 瑠璃 硨磲 碼碯
珊瑚 琥珀 明月眞珠 如是
諸鉢 隨意而至 百味飲食
自然盈滿

雖有此食 實無食者 但見色
聞香 意以爲食 自然飽足
身心柔軟 無所味著 事已化

이름을 극락세계(안락세계)라 부르느니라.

아난아, 극락세계에 태어나는 이는 누구나 그와 같은 청정한 몸과 아름다운 음성과 모든 신통력과 공덕을 갖추게 되며, 그들이 거처하는 궁전을 비롯하여 의복과 음식과 여러가지의 묘한 꽃과 향이며 장식물들이 마치 제육천(타화자재천)에 자연히 갖추어 있는 것들과 같으니라.

만약 음식이 먹고 싶을 때에는 바로, 금·은·유리·자거·마노·산호·호박 등 칠보나 명월주나 진주로 된 그릇들이 원하는대로 나타나는데, 거기에는 가지가지의 백미(百味) 음식이 자연히 가득 담겨 저절로 앞에 와서 놓이게 되느니라.

그러나 이와 같은 풍족한 음식이 있더라도 실지로 먹는 것이 아니며, 다만 그 색깔을 보고 향기만을 맡으면 먹었다는 생각이 들어 자연히 배부르게 되느니

去 時至復現.

彼佛國土 淸淨安穩 微妙快
樂 次於無爲 泥洹之道 其

諸聲聞 菩薩人天 智慧高明
神通洞達 咸同一類 形無異

狀 但因順餘方故 有人天之
名 顔貌端正 超世希有 容

色微妙 非天非人 皆受自然
虛無之身 無極之體.

佛告阿難 譬如世間 貧窮乞

라. 그리고 몸도 마음도 부드럽고 상쾌하여 음식의
맛에 집착하지 않으며, 이러한 식사를 마치면 그릇과
음식은 자연히 사라지고, 바라는 때가 되면 다시금
나타나느니라.

또한 극락세계는 ※청정하고 안온하며 미묘하고 상쾌
하여 영생안온한 열반의 경계와 같으니라. 그리고 그
곳에 있는 성문과 보살과 인간과 천신들은 지혜가 한
량없이 밝고 신통이 자재하여 모두 한결같은 모양으
로서 달리 생긴 형상이 없으나, 다만 다른 세계의 인
연에 수순(隨順)하여 인간과 천상의 이름이 있을 뿐
이며, 그 얼굴과 모습은 단정하고 미묘하여 세상에서
뛰어나 천상과 인간에 비교할 수 없나니, 그들은 모
두 허공과 같이 형상이 없는 몸이며, 그지없이 즐거
운 영생불멸의 몸을 가지고 있느니라』

부처님께서 아난에게 비유를 들어 말씀하시기를

人 在帝王邊 形貌容狀 寧
可類乎。
阿難白佛
假令此人 在帝王邊 羸陋醜
惡 無以爲喻 百千萬億 不
可計倍 所以然者 貧窮乞人
底極廝下 衣不蔽形 食趣支
命 飢寒困苦 人理殆盡 皆
坐前世 不植德本 積財不施
富有益慳 但欲唐得 貪求無
厭 不肯修善 犯惡山積
如是壽終 財寶消散 苦身聚
積 爲之憂惱 於己無益 徒
爲他有 無善可怙 無德可恃

『아난아, 가령 이 세상의 지극히 가난한 거지가 임금의 곁에 앉는다면 그 형상이 어떠하겠느냐?』

아난이 부처님께 대답하여 사뢰었다.

『세존이시여, 그 거지의 모양은 파리하고 추악하여 도저히 비교할 수 없나이다. 그 빈궁한 거지는 지극히 천하여 그 의복은 몸을 제대로 가리지 못하고 음식은 겨우 목숨을 부지할 정도로 매양 굶주리며 춥고 괴로워서 인정과 의리도 거의 끊어질 지경이오나, 이는 모두가 과거 전생에 공덕은 짓지 않고 재물을 모으기만 하여 베풀지 않았으며, 있으면 있을수록 더욱 탐내고 구하여 조금도 선은 닦지 않고, 태산같이 악만 범한 데서 오는 과보이옵니다.

이와 같이 탐욕만 부리다가 수명이 다하면, 애써 고생하고 모아논 재물은 도리어 근심과 괴로움의 근본이 되고, 자기에게는 아무런 도움이 되지 못하고,

今得爲人 適生王家 自然尊
生 天上享玆福樂 積善餘慶
是以壽終 福應得昇 善道上
諍
仁愛兼濟 履信修善 無所違
由宿世 積德所致 慈惠博施
所以世間帝王 人中獨尊 皆
示同人類
畢得出 生爲下賤 愚鄙廝極
是故死墮惡趣 受此長苦 罪

필경 남의 것이 되어 흩어지고 마옵니다. 그래서 자기가 믿고 의지할 만한 선도 닦지 않고 덕도 쌓지 않았으므로 죽은 뒤에는 지옥이나 아귀나 축생 등의 악도에 떨어져 오랜 동안 괴로움을 받으며, 지은 바 죄의 과보를 겨우 마치고 빠져나와서는 다시 천하고 어리석고 추악한 인간의 모습으로 태어나게 되나이다.

그러나 세상의 임금이 인간 중에서 존귀한 까닭도 또한 모두가 과거 숙세(宿世)에 많은 공덕을 쌓은데서 오는 과보이옵니다. 그들은 자비한 마음이 깊어서 남에게 널리 베풀고, 어진 마음으로 많은 사람들을 구제하며, 매양 신용을 지키고 선을 닦아서 남과 다투고 싸우는 일이 없었나이다.

그러하옵기에 목숨을 마치면 닦은 바 공덕의 과보로 바로 천상에 태어나서 많은 복과 안락을 누리기도 하고, 인간이 되면 왕가에 태어나서 자연히 존엄하고

貴 儀容端正 衆所敬事 妙
衣珍饍 隨心服御 宿福所追
故能致此

佛告阿難

汝言是也 計如帝王 雖人中
尊貴 形色端正 比之轉輪聖
王 甚爲鄙陋 猶彼乞人 在
帝王邊也 轉輪聖王 威相殊
妙 天下第一 比之忉利天王
又復醜惡 不得相喩 萬億倍
也 假令天帝 比第六天王
百千億倍 不相類也 設第六
天王 比無量壽佛國 菩薩聲
聞 光顔容色 不相及逮 百

용모와 거동이 단정하여 많은 사람들의 공경을 받으며, 좋은 의복과 귀한 음식을 마음대로 받아 쓸 수 있사오니, 그것은 모두 과거 숙세에 지은 복덕의 인연으로 능히 그럴 수 있나이다.」

부처님께서 아난에게 말씀하셨다.

『아난아, 그대의 말이 옳으니라. 그러나 아무리 인간 중에서 가장 존귀하고 용모가 단정한 임금이라 하더라도, 이를 전륜성왕에 비한다면 그 천하고 볼품이 없음이, 마치 저 빈궁한 거지를 임금의 곁에 앉혀 놓은 것과 같으며, 비록 전륜성왕의 그 위엄이 늠름하고 빼어나서 천하에 제일이라 하지마는, 이를 도리천왕에 비교한다면 또한 천하고 추하기가 만억 배나 차이가 지며, 나아가서 도리천왕을 제육천의 타화자재천왕에 비한다면 또한 그 차이가 백천억배도 지나는데, 그 타화자재천왕을 저 무량수불(아미타불)의 극

千萬億 不可計倍。

佛告阿難

無量壽國 其諸天人 衣服飲

食 華香瓔珞 繪蓋幢幡 微

妙音聲 所居舍宅 宮殿樓閣

稱其形色 高下大小 或一寶

二寶 乃至無量衆寶 隨意所

欲 應念卽至

又以衆寶妙衣 遍布其地 一

切天人 踐之而行 無量寶網

彌覆佛土 皆以金縷眞珠 百

락세계에 있는 보살이나 성문들에게 견준다면, 그 빛

나는 얼굴과 단정한 용모의 차이는 백천만억 배나 되

어 이루 헤아릴 수도 없느니라』

부처님께서 다시 아난에게 말씀하셨다.

『아난아, 극락세계의 모든 천신과 인간들의 의복과

음식과 꽃과 향과 영락과 비단일산과 깃대와 미묘한

음악과 거처하는 저택·궁전·누각에 이르기까지 그

모든 것은 천신과 인간들의 모양과 처지에 따라서 그

높고 낮고 크고 작음이 잘 어울리도록 되어 있는데,

그것들은 한가지 보배로 되기도하고 혹은 두 가지 보

배로, 혹은 헤아릴 수 없는 여러 보배로 이루어져 그

들이 바라는대로 나타나느니라.

또한 가지각색의 보배로 수놓은 아름다운 비단이

두루 땅에 깔려 있는데, 천신과 인간들이 사뿐히 밟

고 거닐며, 한량없는 보배그물은 널리 온 불국토를

千雜寶 奇妙珍異 莊嚴交飾

周帀四面 垂以寶鈴 光色晃

耀 盡極嚴麗。

自然德風 徐起微動 其風調

和 不寒不暑 溫涼柔軟 不

遲不疾 吹諸羅網 及衆寶樹

演發無量 微妙法音 流布萬

種 溫雅德香 其有聞者 塵

勞垢習 自然不起 風觸其身

皆得快樂 譬如比丘 得滅盡

三昧

덮었는데, 그것은 금실과 진주와 백천가지의 기묘하

고 진귀한 보배로 장엄하게 꾸며졌으며, 사방에는 보

배방울이 드리워 미묘하게 울리나니, 그 찬란하고 청

정한 풍경은 이루 말할 수 없느니라.

　그리고 자연히 덕스러운 온화한 미풍이 일고 있는

데, 그 바람은 잘 조화되어 춥지 않고 더웁지 않고

서늘하고 따스하며 세지도 약하지도 않느니라. 이러

한 아늑한 바람이 보배그물과 보배나무에 살랑거리면

만가지의 상냥한 덕의 향기가 그윽히 풍기는데, 이러

한량없이 미묘한 진리의 소리가 유량하게 울리고, 천

한 소리를 듣고 향기를 맡으면, 모든 번뇌와 때문은

버릇들이 자연히 일어나지 않으며, 또한 그 바람이

몸에 닿으면 그지없이 상쾌함이 마치 수행자가 일체

번뇌와 모든 분별 시비를 모조리 끊어버리는 멸진삼

매(滅盡三昧)를 얻어서 안온한 고요를 즐기는 것과

又風吹散華　遍滿佛土　隨色
次第　而不雜亂　柔軟光澤
馨香芬烈　足履其上　陷下四
寸　隨擧足已　還復如故　華
用已訖　地輒開裂　以次化沒
清淨無遺　隨其時節　風吹散
華　如是六返。

又衆寶蓮華　周滿世界　一一
寶華　百千億葉　其華光明
無量種色　青色青光　白色白
光　玄黃朱紫　光色亦然　暐
曄煥爛　明曜日月

같으니라.

또한 맑은 바람은 미묘한 꽃잎을 불어와서 두루 불
국토에 뿌리는데, 꽃잎은 가지각색으로 어울리게 아
롱져 보드랍고 찬란하게 빛나고 그윽한 향기를 풍기
며, 꽃잎을 밟으면 네치나 들어가고 발을 들면 문득 다시
전과 같이 올라오며, 꽃잎의 쓸모가 다하면 땅
이 저절로 갈라져 땅속으로 쓸은듯이 사라지고 한송
이의 흔적도 없으며 꽃이 필요하게 되면 바람은 다시
금 꽃잎을 불어오는데, 이와 같이 밤낮 여섯 차례를
되풀이하느니라.

아난아, 또한 극락세계에는 여러 가지 보배로 된
아름다운 연꽃이 온 불국토에 가득 피었는데, 보배
꽃송이마다 백천억의 꽃잎이 있고 꽃에서 발하는 광
명은 한량없는 빛깔로 이루어졌느니라. 그리고 그 푸
른 빛깔에는 푸른 광명이 빛나고, 하얀 빛깔에는 하

一一華中　出三十六百千億
光一一光中　出三十六百千
億佛　身色紫金　相好殊特
一一諸佛

又放百千光明　普爲十方　說
微妙法　如是諸佛　各各安立
無量衆生　於佛正道。

佛說　無量壽經　卷上　終

안 광명이 빛나는데, 이와 같이 검은빛·노란빛·붉은빛·자주빛 등이 각기 광명을 발하여 그 찬란함은 해와 달보다도 한결 빛나고 밝으니라.

그리고 그 꽃송이마다 삼십육백천억의 헤아릴 수 없는 광명을 발하고, 그 하나하나의 광명 속에서는 또한 삼십육백천억의 부처님이 나투시는데, 몸은 자마금색(紫磨金色)으로 빛나고 그 상호는 뛰어나게 훌륭하시니라.

이 부처님들은 각기 헤아릴 수 없는 백천의 광명을 비추시고, 두루 시방계의 중생을 위하사 미묘한 법문을 설하시어, 이루 헤아릴 수 없는 무량한 중생들을 부처님의 바른 도리에 안온히 머물게 하시느니라.』

무량수경 상권 끝

無量壽經　卷下

第三節　衆生往生因

佛告阿難

其有衆生　生彼國者　皆悉住
於　正定之聚　所以者何　彼
佛國中　無諸邪聚　及不定
聚。

十方恒沙　諸佛如來　皆共讚
歎　無量壽佛　威神功德　不
可思議

諸有衆生　聞其名號　信心歡
喜　乃至一念　至心廻向　願

무량수경 하권

제三절　극락세계 왕생의 인행(因行)

부처님께서 아난에게 말씀하셨다.

『아난아, 저 극락세계에 왕생(往生)하는 중생들은 모두 반드시 성불할 수 있는 이들로서, 성불이 결정된 정정취(正定聚)에 머물게 되는데, 그 까닭은 극락 세계에는 성불하는데 잘못 결정된 사정취(邪定聚)나 아직 성불하기로 결정되지 않은 부정취(不定聚)는 없기 때문이니라.

그래서 항하 모래 수와 같이 무수한 시방세계의 여러 부처님들도 모두 한결같이 무량수불(아미타불)의 위신력과 공덕이 불가사의하심을 찬탄하시느니라.

그런데, 누구든지 무량수불(아미타불)의 명호(名號)를 듣고 기쁜 마음으로 신심을 내어 잠시라도 지

此等衆生 臨壽終時 無量壽
量壽佛 修諸功德 願生彼國
門 發菩提心 一向專念 無
其上輩者 捨家棄欲 而作沙

十方世界 諸天人民 其有至
心 願生彼國 凡有三輩。

佛告阿難

生彼國 卽得往生 住不退轉
唯除五逆 誹謗正法。

성으로 극락세계에 태어나기를 원하는 이는, 그 부처

님의 원력으로 바로 왕생(往生)하여 마음이 다시 물

러나지 않는 불퇴전의 자리에 머물게 되느니라. 그러

나, 오역죄를 범한 자와 정법(正法)을 비방한 자는

그럴 수 없느니라.』

부처님께서는 다시 아난에게 말씀하셨다.

『아난아, 시방세계의 모든 천신과 인간들이 지극한

마음으로 저 극락세계에 태어나고자 하는 이들은 그

근기와 수행을 따라 상·중·하의 차별 곧 상배(上

輩)와 중배(中輩)와 하배(下輩) 등 삼배(三輩)의 구

별이 있느니라.

그 중에 상배자(上輩者)란 욕심을 버리고 출가하여

사문(沙門:중)이 되고 보리심을 일으켜 오로지 한결

같은 마음으로 무량수불(아미타불)을 생각하며, 여러

가지의 선근 공덕을 쌓고, 저 극락세계에 왕생하고자

佛與諸大衆 現其人前 卽
隨彼佛 往生其國 便於七寶
華中 自然化生 住不退轉
智慧勇猛 神通自在 是故阿
難 其有衆生 欲於今世 見
無量壽佛 應發無上 菩提之
心 修行功德 願生彼國。

佛語阿難 其中輩者 十方世
界 諸天人民 其有至心 願
生彼國 雖不能行作沙門 大
修功德 當發無上 菩提之心
一向專念 無量壽佛 多少修

원을 세우는 이들을 말하느니라. 이러한 사람이 임종
할 때에는 무량수불(아미타불)이 여러 대중과 더불어
그의 앞에 나투시나니, 그러면 그는 그 부처님을 따
라서 극락세계에 왕생하는데, 바로 칠보 연꽃 가운데
자연히 화생(化生)하여 다시 물러나지 않는 불퇴전의
자리에 머물며, 지혜와 용맹을 갖추고 신통이 자재하
게 되느니라. 그러므로 아난아 이세상에서 아미타불
을 뵈옵고자 하는 사람은 마땅히 위없는 보리심을 발
하여 많은 공덕을 쌓고 저 극락세계에 태어나기를 원
해야 하느니라.

그리고 중배자(中輩者)란, 시방세계의 여러 천신과
인간들 중에서 그들의 정성을 다하여 극락세계에 태
어나고자 원을 세우고 비록, 출가한 사문이 되어 큰
공덕을 닦지는 못하더라도, 마땅히 위없는 보리심을
내어 오로지 일념으로 아미타불을 생각하며, 다소의

善奉持齋戒 起立塔像 飯
食沙門 懸繪燃燈 散華燒香
以此廻向 願生彼國 其人臨
終 無量壽佛 化現其身 光
明相好 具如眞佛 與諸大衆
現其人前 卽隨化佛 往生其
國 住不退轉 功德智慧 次
如上輩者也。

佛告阿難 其下輩者 十方世
界諸天人民 其有至心 欲
生彼國 假使不能 作諸功德

착한 일도 하고 계율을 받들어 지키며、 탑을 세우고
불상도 조성하고、 스님네에게 공양도 하며、 부처님
앞에 비단 일산을 바치고 등불을 밝히며 꽃을 뿌리고
향을 사르며、 이러한 공덕을 회향(廻向)하여 저 극락
세계에 태어나고자 원을 세우는 이들을 말하느니라。
이러한 사람이 임종할 때에는 아미타불이 화신(化身)
을 나투시는데、 그 상호와 광명이 찬란하여 실제 아
미타불과 같으시며、 여러 대중과 더불어 이 사람 앞
에 나타나시느니라。 그러면 그는 나투신 화신불을 따
라서 극락세계에 왕생하여 물러나지 않는 불퇴전의
자리에 머물게 되나니、 그 공덕과 지혜는 상배(上輩)
의 다음 가느니라。

아난아。 그 하배자(下輩者)라 하는 것은 시방세계
의 여러 천신과 인간들 중에서、 설령 그들이 여러 가
지 공덕을 쌓지는 못하더라도、 마땅히 위없는 보리심

當發無上　菩提之心　一向專
意　乃至十念　念無量壽佛
願生其國　若聞深法　歡喜信
樂　不生疑惑　乃至一念　念
於彼佛　以至誠心　願生其國
此人臨終　夢見彼佛　亦得往
生　功德智慧　次如中輩者
也。

佛告阿難
無量壽佛　威德無極　十方世
界　無量無邊　不可思議　諸
佛如來　莫不稱歎　於彼。

을 발하고 생각을 오로지하여 다만 열 번만이라도 아
미타불을 생각하고 그 명호를 외우면서 지극한 마음
으로 극락세계에 태어나고자 원을 세우는 이나, 혹은
심오한 법문을 듣고 즐거운 환희심으로 믿고 의지하
여 의혹을 일으키지 않고 다만 한 생각만이라도 아미
타불을 생각하고 그 명호를 외우며 지극한 마음으로
극락세계에 태어나고자 원을 세우는 이들을 말하느니
라. 이러한 사람이 임종할 때에는 꿈결에 아미타불
을 뵈옵고 극락세계에 왕생하는데, 그 공덕과 지혜는
중배(中輩)의 다음 가느니라』

부처님께서는 다시 아난에게 말씀하시기를,
『아난아, 아미타불의 위신력은 너무나 뛰어나서 한
량이 없으므로 시방세계의 헤아릴 수 없는 모든 부처
님들께서 아미타불을 찬탄하지 않으신 분이 없느니
라.

東方恒沙佛國　無量無數諸

菩薩衆　皆悉往詣　無量壽佛

所　恭敬供養　及諸菩薩聲

聞大衆　聽受經法　宣布道化

南西北方　四維上下　亦復如

是。

爾時世尊　而說頌曰

東方諸佛國　其數如恒沙

彼土菩薩衆　往觀無量覺

南西北四維　上下亦復然

彼土菩薩衆　往觀無量覺

그리고 동방의 무량무수한 여러 보살들도 모두 아

미타불이 계신 극락세계에 나아가서 아미타불과 보살

들과 성문들을 공경 공양하느니라. 그래서 진리의 교

법을 듣고 널리 중생들을 교화하느니라. 그리고 남방

과 서방과 북방과 사유(四維)[※]와 상방·하방의 모든

불국토의 보살들도 또한 그와 같이 공경하고 공양하

느니라.』

이 때에 부처님께서는 무량수불(아미타불)의 공덕

을 다시 게송으로써 밝히셨다.

『동방의 여러 불국토는

항하의 모래알 같이 많은데

그 많은 나라 보살들이

극락에 나아가 아미타불을 뵈옵네.

남방과 서방 북방과 사유(四維)[※]와

상방 하방도 또한 같아서

一切諸菩薩　各齎天妙華
寶香無價衣　供養無量覺
歌歎最勝尊　供養無量覺
咸然奏天樂　暢發和雅音
究達神通慧　遊入深法門
具足功德藏　妙智無等倫
慧日照世間　消除生死雲

수많은 불국토의 보살 대중이
극락에 나아가 아미타불을 뵈옵네.
시방세계의 모든 보살들이
아름다운 하늘 꽃과 향과 보배와
한량없는 하늘 옷을 가지고 와서
아미타 부처님께 공양 올리고.
모두들 미묘한 하늘 음악 아뢸 때
맑고 밝은 평화로운 노래를 불러
가장 높은 부처님 찬탄을 하며
아미타 부처님께 공양 올리네
신통과 지혜를 통달하시어
모든 깊은 법문 다 알으시고
한량없는 공덕을 두루 갖추니
미묘한 밝은 지혜 짝할 이 없네.
이 세상을 비추는 밝은 지혜는

恭敬繞三帀　稽首無上尊

因發無上心　願我國亦然

見彼嚴淨土　微妙難思議

應時無量尊　動容發欣笑

口出無數光　遍照十方國

迴光圍繞身　三帀從頂入

一切天人衆　踊躍皆歡喜

생사의 먹구름을 지우시나니

보살들은 공경하여 세 번을 돌고

위없는 부처님께 예배드리네.

장엄하고 청정한 극락을 보니

그지없이 미묘하고 부사의하여

보는 사람 위없는 보리심 내고

우리 국토 그와 같이 되어지이다.

그 때에 아미타 부처님께서

입에서 눈부신 광명이 나와

시방세계를 두루 비추네.

기쁜 얼굴로 미소하시니

그 광명을 되돌려 몸을 둘러 싸

세 번 돌고 정수리로 들어가나니

온세계 천상 인간 모든 대중들

환희심에 뛰놀며 즐거워 하네.

大士觀世音　整服稽首問
白佛何緣笑　唯然願說意
當授菩薩記　今說仁諦聽
梵聲猶雷震　八音暢妙響
十方來正士　吾悉知彼願
志求嚴淨土　受決當作佛
覺了一切法　猶如夢幻響
滿足諸妙願　必成如是刹

그 때에 관음보살 웃깃 여미고
머리를 조아리며 사뢰는 말씀
부처님 무슨 일로 웃으시온지
바라오니 그 뜻을 일러 주소서.

우뢰처럼 우렁찬 맑은 음성은
여덟 가지 미묘한 소리를 내어
이제 보살들께 수기(授記) 주리니※
자세히 명심하여 들을지니라.

시방세계에서 모인 보살들
그대들 지닌 소원 내가 아노니
지성으로 장엄한 국토 원하면
반드시 수기(授記) 받아 성불하리라.

모든 법은 꿈 같고 요술 같으며
메아리 같은 줄을 훤히 깨달아
미묘한 모든 서원 이루게 되면

知法如雷影　究竟菩薩道

具諸功德本　受決當作佛

專求淨佛土　必成如是刹

通達諸法性　一切空無我

諸佛告菩薩　令觀安養佛

聞法樂受行　疾得淸淨處

至彼嚴淨國　便速得神通

必於無量尊　受記成正覺

이러한 극락세계 이룩하리랑.

제법이 번개나 그림자 같음을 알고

보살도를 끝까지 두루 닦아서

여러 가지 공덕을 모두 갖추면

반드시 수기받아 부처되리라.[※]

일체법의 성품은 본래 공(空)하고

나도 없는 무아(無我)임을 통달하고서

청정한 불국토를 힘써 구하면

반드시 극락정토 성취하리랑.

부처님들 보살들께 이르신 말씀

극락세계 아미타불 가서 뵈오라

법문 듣고 기꺼이 받아 행하면

청정한 극락세계 빨리 얻으리.

청정한 그 나라에 가기만 하면

불현듯 신통 지혜 두루 갖추고

其佛本願力　聞名欲往生

皆悉到彼國　自致不退轉

普念度一切　名顯達十方

菩薩興至願　願己國無異

奉事億如來　飛化遍諸剎

恭敬歡喜去　還到安養國

若人無善本　不得聞此經

아미타 부처님께 ※수기를 받아

위없는 깨달음을 성취하리라.

저 부처님 본래에 세우신 원력

그 이름(아미타불)을 듣고서 극락 원하면

누구나 그 나라에 왕생을 하여

저절로 불퇴전에 이르게 되리.

보살들아 지극한 서원을 세워

자기 국토 극락과 같이 하려고

모든 중생 제도하는 다짐을 하면

그 이름은 시방세계 두루 떨치리.

억만의 부처님을 섬길 적에는

두루 모든 세계 날아다니며

정성껏 기쁨으로 공양올리고

다시금 극락세계 돌아오리라.

전생에 착한 공덕 못쌓은 이는

淸淨有戒者　乃獲聞正法

曾更見世尊　則能信此事

謙敬聞奉行　踊躍大歡喜

憍慢弊懈怠　難以信此法

宿世見諸佛　樂聽如是敎

譬如從生盲　欲行開導人

聲聞或菩薩　莫能究聖心

이 경전 말씀을 들을 길 없고
청정한 계행을 지킨 이라야
부처님의 바른 법문 받아 들으리.

일찌기 부처님을 뵈온 사람은
의심없이 이런 일을 믿을 것이니
공경하고 겸손하게 듣고 행하여
환희심에 뛰놀며 기뻐하리라.

교만하고 삿되고 게으른 사람
이 법문을 믿기가 심히 어렵고
숙세에 부처님을 뵈온 이라야
이러한 가르침을 즐겨 들으리.

성문이나 혹은 보살이라도
부처님의 크신 마음 알길 없네
비유하면 날때부터 눈먼 사람이
가는 길 인도하려 함과 같도다.

如來智慧海　深廣無涯底
二乘非所測　唯佛獨明了

淨慧知本空　億劫思佛智

假使一切人　具足皆得道

窮力極講說　盡壽猶不知

佛慧無邊際　如是致淸淨

壽命甚難得　佛世亦難値
人有信慧難　若聞精進求

부처님의 거룩하신 지혜 바다는

깊고 넓어서 끝 간데 없어

성문이나 보살로는 측량 못하고

오직 홀로 부처님만 밝게 아시네.

가령 이 세상 모든 사람이

원만하게 모두 다 도를 이루어

맑은 지혜로 공(空)을 깨닫고

억겁 동안 부처 지혜 생각하고서

있는 힘을 기울여 해설을 하고

한평생 다하여도 알지 못하니

부처님의 지혜는 한량이 없어

이렇듯 지극히 청정하니라.

목숨은 오래 살기 어려운 일

부처님 만나 뵙기 더욱 어렵고

믿음과 지혜 갖긴 또한 어려워

聞法能不忘　見敬得大慶

則我善親友　是故當發意

會當成佛道　廣度生死流。

設滿世界火　必過要聞法

第四節　衆生往生果

佛告阿難

彼國菩薩　皆當究竟　一生補

處　除其本願　爲衆生故　以

바른 법 들었을 때 힘써 닦으라.

법문 듣고 능히 잊지 않으며

뵈옵고 공경하면 큰 경사 되니

그는 바로 나의 착한 친구라

그러므로 마땅히 발심할지니.

온 세계에 불길이 가득하여도

반드시 뚫고 나가 불법을 듣고

모두 다 마땅히 부처가 되어

생사에 헤매는 이 구제하여라.

제四절　극락세계 왕생의 과보(果報)

부처님께서 아난에게 다음과 같이 말씀하셨다.

『아난아, 극락세계의 보살들은 모두 보살의 가장

높은 자리인 일생보처(一生補處)에 이르게 되느니라.

脫　一切衆生。

弘誓功德 而自莊嚴 普欲度

阿難 彼佛國中 諸聲聞衆

身光一尋 菩薩光明 照百由

旬 有二菩薩 最尊第一 威

神光明 普照三千大千世界。

阿難白佛

彼二菩薩 其號云何。

佛言

一名觀世音 二名大勢至 是

二菩薩 於此國土 修菩薩行

命終轉化 生彼佛國

그러나 그 원력에 따라서, 중생을 위한 큰 서원의 공덕으로 스스로를 장엄하고 두루 일체중생을 제도하여는 일생보처에 머물지 않느니라.

해탈시키고자 하는 보살들은 다음 생에는 부처가 되는 일생보처에 머물지 않느니라.

아난아, 극락세계의 모든 성문(聲聞)들은 그 몸에서 발하는 광명이 한 길이며, 보살들의 광명은 일백 유순(由旬)을 비추느니라. 그런데 그 보살들 가운데 가장 존귀한 두 보살이 있는데, 뛰어나고 불가사의한 신광명은 두루 삼천대천 세계를 비추느니라.」

아난이 부처님께 여쭈어 물었다.

「그 두 보살의 이름은 무엇이옵니까?」

부처님께서 말씀하시기를,

「한 분은 관세음(觀世音)이라 하고 또 한 분은 대세지(大勢至)라 하느니라. 이 두 보살은 일찍기 이 사바세계에서 보살행을 닦다가 수명이 다하자 홀연히

阿難 其有衆生 生彼國者
皆悉具足 三十二相 智慧成
滿 深入諸法 究暢要妙 神
通無碍 諸根明利 其鈍根者
成就二忍 其利根者 得不可
計 無生法忍

又彼菩薩 乃至成佛 不更惡
趣 神通自在 常識宿命 除
生他方 五濁惡世 示現同彼
如我國也。

몸이 바꾸어, 저 극락세계에 태어나게 되었느니라.

아난아, 누구든지 극락세계에 태어난 중생들은 모두 삼십이상(相)을 갖추었고, 지혜가 충만하여 모든 법의 이치를 깊이 깨달아 묘법을 밝히고 신통이 자재하며, 눈·코 등 육근이 청정하고 밝으니라. 그리고 그 중에서 가장 둔한 사람이라도 법문을 듣고 깨닫는 음향인(音響忍)과, 진리에 수순하는 유순인(柔順忍)의 이인(二忍)을 얻게 되고, 근기가 수승한 사람은 본래 생멸이 없는 실상을 깨닫는 무생법인(無生法忍)을 얻느니라.

또한 저 극락세계의 보살들은 성불할 때까지 지옥·아귀·축생 등의 악도에 떨어지지 않고, 신통이 자재하며 과거를 사무쳐 아는 숙명통을 얻느니라. 그러나 자신의 서원이, 흐리고 악한 오탁악세(五濁惡世)의 말세 중생들을 제도하려는 이는 마치, 내가 일

佛告阿難 彼國菩薩 承佛威
神 一食之頃 往詣十方 無
量世界 恭敬供養 諸佛世尊
隨心所念 華香伎樂 繒蓋幢
幡 無數無量 供養之具 自
然化生 應念卽至 珍妙殊特
非世所有
輒以奉散 諸佛菩薩 聲聞大
衆 在虛空中 化成華蓋 光
色昱爍 香氣普熏 其華周圓
四百里者 如是轉倍 乃覆三
千大千世界 隨其前後 以次
化沒

부러 사바세계에 태어나듯이 자재로이 다른 국토에도 태어나느니라.

아난아, 극락세계의 보살들은 아미타불의 위신력으[※]로 한식경(一食頃) 동안에 시방세계의 헤아릴 수 없는 많은 국토를 돌아다니면서 여러 부처님들을 공경하고 공양하느니라. 그런데 마음으로 생각만 하면 바로 꽃과 향과 음악과 일산과 깃발 등 모든 공양거리가 자연히 나타나는데, 이 세상에서는 볼 수 없는 한량없이 진귀하고 미묘한 보물들이니라.

보살들은 그러한 귀중한 공양거리로 여러 부처님과 보살과 성문 대중에게 받들어 뿌리면 그 공양거리는 이내 허공 중에서 아름다운 꽃 일산으로 변화하는데, 그 광명은 찬란하게 빛나고 향기는 한없이 온 세계에 풍기느니라. 그런데 그 꽃 일산은 둘레가 사백리나 되는 것으로부터 삼천대천세계를 뒤덮는 것까지도 있

其諸菩薩　僉然欣悅　於虛空
中　共奏天樂　以微妙音　歌
歎佛德　聽受經法　歡喜無量
供養佛已　未食之前　忽然輕
擧還其本國。

佛語阿難

無量壽佛　爲諸聲聞　菩薩大
衆　班宣法時　都悉集會　七
寶講堂　廣宣道敎　演暢妙法
莫不歡喜　心解得道。

는데, 그것들은 공양하는 일이 끝나면 앞 뒤의 차례
대로 자연히 사라져가느니라.

그때 모든 보살들은 한없이 기뻐하여 다 함께 미묘
한 하늘의 음악을 연주하고 아름다운 음성으로 부처
님의 공덕을 찬탄하며 법문을 듣고 환희하여 마지않
느니라. 이렇듯 공양을 올리고나서 보살들은 미처 한
식경이 지나기도 전에, 홀연히 가볍게 날아서 극락세
계에 돌아오느니라.

부처님께서 다시 아난에게 말씀하셨다.

『아난아, 아미타불께서 여러 성문과 보살들을 위하
여 법문을 하실 때에는 모두 다 칠보로 된 강당에 모
이게 하여 자세히 성불하는 가르침을 말씀하시며 미
묘한 진리를 밝히시느니라. 법문을 들은 대중들은 환
희에 넘치며 마음이 열리고 진리를 깨닫지 않은 이가
없느니라.

即時四方 自然風起 普吹寶

樹 出五音聲 雨無量妙華

隨風周遍

自然供養 如是不絶 一切諸

天 皆齋天上 百千華香 萬

種伎樂 供養其佛 及諸菩薩

聲聞大衆 普散華香 奏諸音

樂 前後來往 更相開避 當

斯之時 熙怡快樂 不可勝

言。

佛語阿難 生彼佛國 諸菩薩

等 所可講說 常宣正法 隨

順智慧 無違無失 於其國土

所有萬物 無我所心 無染着

이때 사방에서 자연히 미풍이 불어와서 보배나무에 살랑거리면 다섯 가지의 미묘한 음악이 울려퍼지고, 헤아릴 수 없는 천상의 꽃들이 바람에 불려와서 비오듯이 온 세계에 흩날려 춤을 추느니라.

이와 같이 자연의 공양이 끊임이 없는데, 모든 천신들도 백천 가지의 꽃과 향과 천만 가지의 음악으로 아미타불과 여러 성문과 보살들을 공양하고 꽃과 향을 뿌리며 갖가지 음악을 연주하면서 서로 앞뒤를 연달아 오고가고 하는데 이때 대중들의 즐거움은 말로는 다할 수 없느니라.

아난아, 극락세계에 태어난 보살들은 법을 설할 때에는 언제나 바른 진리만을 말하고 부처님의 지혜에 수순(隨順)하여 그릇됨이 없고 모자람도 없느니라.

그리고 그 불국토에 있는 모든 물건에 대하여 내 것

心 去來進止 情無所係 隨
意自在 無所適莫 無彼無我
無競無訟 於諸衆生 得大慈
悲 饒益之心 柔軟調伏 無
忿恨心

離蓋淸淨 無厭怠之心 等心
勝心 深心定心 愛法樂法
法喜之心 滅諸煩惱 離惡趣
心。

究竟一切 菩薩所行 具足成

이라는 욕심이 없으니 그것들에 집착하는 마음도 없나니 그래서 가고 오고 머무는 데에 조금도 마음에 걸림이 없고, 마음 내키는대로 자재로우니라. 또한 친하고 스스러운 간격이 없고 너와 나의 차별심이 없으니 서로 시새우고 시비를 다투는 마음이 나지 않으니 매양 상냥하고 부드러워 분하고 한스러운 마음이 없느니라.

그래서 모든 마음의 번뇌를 여의고 청정하여 중생 제도에 싫어하고 게으른 마음이 없느니라. 또한 보살에게는 평등하고 고결한 마음과 깊은 자비심과 평온한 마음으로 오직 진리만을 사랑하는 기쁘고 즐거운 환희심 뿐이니, 모든 번뇌를 소멸하고 지옥·아귀·축생 등 삼악도의 마음을 멀리 여의었느니라.

며 다만 모든 중생을 사랑하는 큰 자비심만 가득하

그리고 보살들은 모든 보살행을 닦아서 한량없는

就 無量功德 得深禪定 諸

通明慧 遊志七覺 修心佛法

肉眼清徹 靡不分了 天眼通

達 無量無限 法眼觀察 究

竟諸道 慧眼見眞 能度彼岸

佛眼具足 覺了法性。

공덕을 성취하였느니라. 그들은 깊은 선정과 바른 지
혜의 힘으로 마음의 작용과 몸의 동작이 자유자재한
삼명(三明)과 육신통(六神通)을 얻고, 마음은 언제나
참과 거짓을 가려 닦는 칠각지(七覺支)에 머물게 하
여 오로지 불법을 닦는데 전념하느니라.

그래서 보살들은 오안(五眼)을 원만히 갖추고 있는
데, 형상을 보는 육안(肉眼)은 맑고 밝아서 모든 사
물을 분명히 알아보지 못함이 없고, 천안(天眼)을 통
달하여 시방세계와 과거·현재·미래의 삼세 등 무한
한 시간·공간을 꿰뚫어 보는데 걸림이 없으며, 법안
(法眼)을 통달하여 일체 만유의 차별상을 관찰하고
가지가지의 가르침을 밝히며, 혜안(慧眼)을 통달하
여, 심오한 진리를 깨달아 능히 영생의 피안에 이르
며, 또한 위에 말한 네 가지 지혜의 안목을 원만히
갖춘 불안(佛眼)으로 일체 만법의 근본 실상을 사무

以無碍智 爲人演說 等觀三
界 空無所有 志求佛法 具
諸辯才 除滅衆生 煩惱之患
從如來生 解法如如 善知習
滅 音聲方便 不欣世語 樂
在正論。

修諸善本 志崇佛道 知一切

처 깨달았느니라.

그리고 보살들은 걸림없는 지혜로 중생을 위하여
불법을 연설하며, 욕계(欲界)·색계(色界)·무색계
(無色界) 등 삼계가 본래 공(空)하여 집착하고 취할
바가 없음을 관찰하여 오로지 불법만을 받들어 행하
고, 모든 변재를 갖추어 중생의 번뇌병을 없이 하느
니라.

보살은 본래 진여(眞如)[※]에서 태어났기 때문에 모든
법이 진여와 같이 생멸이 없이 여여(如如)[※]함을 깨달
았으나, 중생을 구제하기 위하여 고(苦)·집(集)·멸
(滅)·도(道)의 사체(四諦)[※] 등 능히 사악(邪惡)을 멸
하는 방편의 가르침을 베풀며, 또한 세속의 속된 말
을 좋아하지 않고, 매양 정법(正法)의 진리만을 즐겨
말하느니라.

또한 보살들은 모든 선근(善根)을 닦고 그 뜻은 항

法　皆悉寂滅　生身煩惱　二
餘俱盡　聞甚深法　心不疑懼
常能修行。

其大悲者　深遠微妙　靡不覆
載　究竟一乘　至于彼岸　決
斷疑網　慧由心出　於佛教法
該羅無外。

智慧如大海　三昧如山王　慧
光明淨　超踰日月　清白之法
具足圓滿

시 불도를 숭상하며, 일체 만법의 본질이 생멸을 여

원 적멸(寂滅)임을 깨달아 생사(生死)와 번뇌를 다
여의었느니라. 그래서 심오한 불법을 들어도 마음은
추호도 의혹과 두려움이 없이 한결같이 올바르게 수
행하느니라.

그리고 그 보살들의 대자대비는 모든 중생을 다 감
싸고 거두지 않음이 없으며, 마침내 모든 중생이 성
불하는 일승법(一乘法)을 밝히고 일체 중생을 영생의
피안에 인도하느니라. 이렇듯 보살들은 이미 의혹의
그물을 끊었으니 지혜는 저절로 마음에서 우러나서
부처님의 가르침을 온전히 갖추어 남음이 없느니라.

또한, 보살들의 지혜는 한량이 없어 바다와 같고,
삼매(三昧)는 수미산과 같이 고요하여 동요가 없으
며, 해와 달보다도 더 밝은 지혜 광명은 청정하고 결
백한 불법을 원만히 갖추었느니라.

猶如雪山　照諸功德　等一淨
故　猶如大地　淨穢好惡　無
異心故　猶如淨水　洗除塵勞
諸垢染故　猶如火王　燒滅一
切煩惱薪故　猶如大風　行
諸世界　無障碍故　猶如虛空
於一切有　無所着故　猶如蓮
華　於諸世間　無汚染故。
猶如大乘　運載群萌　出生死
故　猶如重雲　震大法雷　覺
未覺故　猶如大雨　雨甘露法
潤衆生故　如金剛山　衆魔外
道　不能動故　如梵天王　於

그래서 보살들의 고결한 마음은 하얀 눈을 이고 있는 설산(雪山)과 같아서 모든 공덕을 평등하게 갖추어 치우침이 없고, 또한 대지와 같아서 정결하고 더럽고, 좋고 궂은 차별심이 없으며, 또한 모든 번뇌의 때를 말끔히 씻는 청정한 물과 같고, 마치 타오르는 불길과 같이 일체 번뇌의 숲을 태워 없애며, 폭풍과 같이 모든 장애를 무너뜨리며, 허공과 같아서 일체 모든 것에 대하여 집착이 없고, 또한 진흙 속에서 피어나는 연꽃과도 같이 세속에 처하여도 오염되지 않느니라.

그리고 또한 보살들의 마음은 마치 큰 수레와 같아서 모든 중생들을 태우고 생사(生死)의 불바다를 빠져나오게 하며, 우렁찬 불법의 뇌성으로 중생들을 깨우치는 것은 짙은 구름과 같고, 감로수 같은 법문으로 중생들의 마음을 흐뭇하게 하는 것은 산천을 흠뻑

諸善法　最上首故　如拘類樹

普覆一切故　如優曇鉢華　希

有難遇故

如金翅鳥　威伏外道故　如衆

遊禽　無所藏積故　猶如牛王

無能勝故　猶如象王　善調伏

故　如師子王　無所畏故　曠

若虛空　大慈等故

적시는 단비와 같고, 마군의 무리와 외도들의 핍박에 도움직이지 않는 것은 견고한 금강산과 같고, 또한 저 범천왕과 같아서 모든 착한 일에는 언제나 으뜸이 되며, 또한 가장 높이 우거져 다른 나무들을 뒤덮는 니구류나무와 같이 두루 일체 중생을 감싸는 자비의 그늘이 되나니, 참으로 이러한 보살들은 삼천년만에 한 번 피는 우담바라 꽃과도 같이 드물고 고귀하여 만나보기 어렵느니라.

또한 보살들은 새들의 왕인 금시조와 같아서 위신력으로써 외도들을 항복 받으며, 또한 마음이 담백하여 저장하고 쌓아 놓지 않고 욕심이 없는 것은 떼를 지어 자유롭게 날아다니는 새와 같으며, 또한 황소와 같이 한사코 모든 번뇌를 이기며, 거대한 코끼리와 같이 능히 삿된 무리들을 항복 받으며, 또한 용맹무쌍한 사자왕과도 같이 일체 모든 것에 두려움이 없으

摧滅嫉心　不忌勝故　專樂求

法　心無厭足　常欲廣說　志

無疲倦

擊法鼓　建法幢　曜慧日　除

痴闇　修六和敬　常行法施

志勇精進　心不退弱

爲世燈明　最勝福田　常爲導

師　等無憎愛　唯樂正道　無

며, 또한 저 광대무변한 허공과도 같아서 넓고 평등

한 대자대비로 모든 중생을 제도하느니라.

아난아, 보살들은 또한 질투심을 모조리 끊어버렸

기 때문에 남을 이기려 하거나 시새우지 않고 오로지

불법만을 즐겨 닦아서 싫고 만족하는 일이 없으며,

항상 중생을 위하여 널리 설법함을 좋아하고 아예 피

로하고 게으른 마음이 없느니라.

그래서 보살들은 매양 진리의 북을 치고, 법의 깃

발을 세우고, 지혜의 광명을 비추어 중생의 어두운

어리석음을 없애며, 항시 육화경(六和敬)을 닦아서

모든 중생과 화합하며, 언제나 진리를 베푸는 법시

(法施)를 행함에 더욱 세차게 정진하여 호리도 물러

서는 마음이 없느니라.

또한 보살들은 세상의 등불이 되어 가장 수승한 복

밭(福田)이 되고, 항상 중생을 평등하게 인도하는 도

力一切具足。
法調伏 諸衆生之力 如是等
力 正念正觀 諸通明力 如
施戒忍辱 精進禪定 智慧之
力善力 定力慧力 多聞之力
力 意力願力 方便之力 常
滅三垢障 遊諸神通 因力緣

功慧殊勝 莫不尊敬

餘欣戚 拔諸欲刺 以安群生

사가 되어 사랑하고 미워하는 차별이 없으며, 오직

바른 진리만을 즐기고 다른 기쁨과 시름이 없느니라.

또한 모든 중생의 탐욕의 가시를 뽑아내어 그들의 마

음을 안온하게 하는 등 보살들의 모든 공덕은 참으로

존경하지 않을 수 없느니라.

　그리고 보살들은 탐심과 진심과 치심 등 삼독(三

毒)의 장애를 없애고 온갖 신통에 자재하며, 모든 인

연의 힘과 의지의 힘과 서원(誓願)의 힘과 또는 방

편의 힘과 끝내 변심하지 않는 힘·선의 힘·선정의

힘·지혜의 힘·법문을 많이 들은 힘과, 보살이 수행

하는 육바라밀의 힘과, 바르게 생각하고 바르게 관찰

하는 힘과, 삼명·육통의 힘과, 모든 중생을 불법으

로 다스려 조복을 받는 힘 등, 이루 헤아릴 수 없는

위신력을 모두 갖추어 자재롭게 중생을 제도하느니

라.

身色相好　功德辯才　具足莊
嚴　無與等者　恭敬供養　無
量諸佛　常爲諸佛　所共稱歎
究竟菩薩　諸波羅蜜　修空無
相　無願三昧　不生不滅　諸
三昧門　遠離聲聞　緣覺之地

阿難　彼諸菩薩　成就如是
無量功德　我但爲汝　略說之
耳　若廣說者　百千萬劫　不
能窮盡。

그래서 극락세계의 보살들은 그 몸의 상호와 공덕
과 변재를 원만하고 장엄하게 갖추어 어느 누구와도
비교할 수 없으며, 이 보살들은 헤아릴 수 없는 모든
부처님을 공경하고 공양하며, 또한 항상 모든 부처님
들께서도 보살들을 칭찬하시어 마지않느니라. 그리고
보살들은 성불하는 모든 바라밀(波羅蜜)을 끝까지 밝
히고, 공·무상·무원삼매(空無相無願三昧)와 불생불
멸한 모든 삼매를 닦아서 성문과 연각 등 소승의 경
계를 멀리 여의었느니라.

아난아, 저 극락세계의 보살들은 이와같이 한량없
는 공덕을 성취하였느니라. 나는 지금 그대를 위하여
그 대강만을 간략히 말했을 뿐이며, 만약 그 공덕을
자세히 말한다면 백천만겁의 오랜 세월을 두고도 다
할 수 없느니라.」

第五節 釋尊勤誡

佛告彌勒菩薩 諸天人等

無量壽國 聲聞菩薩 功德智
慧 不可稱說 又其國土 微
妙安樂 清淨若此 何不力爲
善 念道之自然 著於無上下
洞達無邊際

宜各勤精進 努力自求之 必
得超絶去 往生安養國 橫截
五惡趣 惡趣自然閉 昇道無

제五절 부처님의 권유와 경계(勸誡)

1. 삼독(三毒)을 경계함

부처님께서 미륵보살과 천신과 인간 등 여러 대중들에게 말씀하셨다.

『극락세계의 성문과 보살들의 공덕과 지혜는 이루 다 말할 수 없으며 또한 극락세계는 한량없이 미묘하고 안락하며 청정하고 장엄함은 지금까지 말한바와 같으니라. 그러니 어찌하여 중생들은 힘써 선을 닦고 천연한 대도(大道)에 순응하여 상하 귀천의 차별이 없이 평등하고 한없이 자유로운 보람을 얻지 않을까 보냐?

모름지기 다 각기 부지런히 노력하고 정진하여 극락세계에 왕생하는 공덕을 닦을지니라. 그러면 반드시 생사의 바다를 뛰어넘어 극락세계에 왕생하여, 지

窮極

易往而無人 其國不逆違 自

然之所牽 何不棄世事 勤行

求道德 可獲極長生 壽樂無

有極。

然世人薄俗 共諍不急之事

於此劇惡 極苦之中 勤身營

옥과 아귀와 축생과 수라와 인간 등 오악취(五惡趣)
의 인연을 여의고 공덕이 한량없는 성불의 길에 오르
게 되느니라.

참으로 극락세계에 가는 길은 쉽건마는 가는 사람
이 없구나! 저 아미타불의 정토인 극락세계는 어느
누구도 방해하지 않으며, 아미타불의 원력을 의심없
이 믿기만 하면 부처님의 위신력으로 자연히 이끌려
극락세계에 왕생하게 될터인데, 어찌하여 세상 일을
뒤로 미루고 부지런히 수행하여 성불의 공덕을 구하
지 않을 것인가! 극락세계에 태어나면 영원히 불멸
한 한량없는 수명을 얻고 지극한 즐거움이 한이 없느
니라.

2. 탐욕의 고통

그러나, 세상 사람들은 마음이 저속하여 급히 닦아
야 할 성불의 길은 뒤로 미루고, 하잘 것 없는 세속

務以自給濟　無尊無卑　無
貧無富　少長男女　共憂錢財
有無同然　憂思適等　屏營愁
苦　累念積慮　爲心走使　無
有安時。

有田憂田　有宅憂宅　牛馬六
畜　奴婢錢財　衣食什物　復
共憂之　重思累息　憂念愁怖

일에 골몰하여 서로 다투느니라. 그들은 세상의 모진 죄악과 심난한 고통 속에서 다만 자신을 위하여 생활에 허덕이고 있느니라. 그래서 그 신분이 귀하거나 천하거나 가난하거나 부자이거나 남녀 노소를 가릴 것 없이, 모두 한결같이 재물에만 눈이 어두워 애를 쓰니, 있는 이나 없는 이나 그 시름은 마찬가지니라. 그리하여 매양 서둘고 걱정하고 괴로워하며, 얽히고 쌓인 욕심과 근심으로 사뭇 쫓기고 싸대야 하나니, 잠시도 마음 편할 사이가 없느니라.

그래서 논밭이 있으면 논밭 때문에 걱정하고, 집이 있으면 집 때문에 걱정 하며, 소나 말 등의 가축이나 노비나 금전·의복·음식 등 세간살이에 이르기까지 여러가지 재산을 가진 사람은 또한 그것 때문에 근심과 걱정을 거듭하여 시름과 두려움이 끊이지 않느니라.

橫爲非常　水火盜賊　怨家債
主　焚漂劫奪　消散磨滅　憂
毒忪忪　無有解時　結憤心中
不離憂惱　心堅意固　適無縱
捨

或生摧碎　身亡命終　棄捐之
去　莫誰隨者　尊貴豪富　亦
有斯患　憂懼萬端　勤苦若此
結衆寒熱　與通共居。

貧窮下劣　困乏常無　無田亦
憂　欲有田　無宅亦憂　欲有
宅　無牛馬六畜　奴婢錢財

그런데 뜻밖에 수재나 화재를 만나서 불에 태우고 물에 떠날리기도 하며, 도적이나 원한이 있는 이나 빚장이들한테 빼앗기기도 하여 재물이 흩어지고 없어지면 마음은 답답하고 분한 괴로움에서 풀릴 날이 없으며, 옹졸하고 굳어진 마음에서 헤어날 수 없느니라.

그래서 마음이 멍들고 몸이 허물어져 목숨이 다하게 되면 모든 것을 버리고 떠나지 않을 수 없건만, 그 아무것도 따르는 것이 없나니, 이러한 서글픔은 존귀한 이나 부자나 매 한가지니라. 이와같이 갖가지 근심과 두려움과 애타는 괴로움은 끝이 없으니 마치 어둠 속이나 불 속의 괴로움과 같으니라.

그런데 가난하고 천한 사람은 매양 군색하고 불만한 마음이 그치지 않으며 논밭이 없으면 논밭을 가지려고 애쓰고, 집이 없으면 또한 그것을 가지려고 애

衣食什物 亦憂欲有之

適有一復少一 有是少是 思

有齊等 適欲具有 便復靡散

如是憂苦 當復求索 不能時

得 思想無益 身心俱勞 坐

起不安

憂念相隨 勤苦若此 亦 結衆

寒熱 與痛共居 或時坐之

終身夭命 不肯爲善 行道進

德 壽終身死 當獨遠去 有

所趣向 善惡之道 莫能知

쓰며, 마소 등의 가축이나 종들이나 금전·의복·음식 등의 재산이 없으면 이를 가지려고 사뭇 안달하며 괴로워하느니라.

그래서 한 가지가 있으면 다른 것이 부족하고, 이것이 있으면 저것이 부족하여, 애써 이것 저것을 다 함께 가지려 하며, 어쩌다가 모두 갖추어 가졌다 할 지라도 오래가지 못하고 어느덧 없어지고 마느니라.

그래서 근심하고 괴로워하여 다시금 구하려 찾아 헤 매이나 얻을 수 없으면 부질없이 마음만 태우고 몸도 마음도 지치고 피곤하여 안절부절 못하게 되느니라.

그리하여 매양 근심과 괴로움이 끊이지 않고 마치 얼음을 안고 불을 품고 있는 것과 같으니라. 그리고 그러한 괴로움과 근심 때문에 몸을 상하고 목숨을 잃 기도 하나니, 평소에 착한 일을 하지 않고 진리를 닦 거나 공덕을 쌓지도 못한 채 몸을 버리고 허무히 홀

者。

世間人民　父子兄弟　夫婦家
室　中外親屬　當相敬愛　無
相憎嫉　有無相通　無得貪惜
言色常和　莫相違戾。

或時心諍　有所恚怒　今世恨
意微相憎嫉　後世轉劇　至
成大怨　所以者何　世間之事
更相患害　雖不卽時　應急相
破　然含毒蓄怒　結憤精神

로 돌아가게 되느니라. 그래서 악업에 이끌려 악도
(惡道)에 태어날 수 밖에 없지마는 그 선악의 길 마
저도 모르고 가느니라.

3. 진심(瞋心)의 고통

그러니, 세상 사람들이여, 그대들은 부자나 형제나
부부·가족·일가 친척간에는 마땅히 서로 공경하고
사랑해야 하며 결코 미워하고 시새우지 말지니, 있는
것 없는 것을 서로 상통하여 탐내거나 인색하지 말
며, 매양 상냥한 말과 부드럽고 화평한 얼굴로 상대
하여 아예 다투지 말아야 하느니라.

혹시 다투게 되어 분한 마음이 남게 되면 비록 이
세상의 원한은 적다고 할지라도 그 쌓이고 쌓인 미워
하는 마음으로 다음 세상에서는 큰 원수가 되고 마느
니라. 어찌하여 그런가 하면 이 세상 일이란 서로서
로 미워하고 괴롭히고 하여도 그것이 바로 드러나서

自然剋識　不得相離　皆當對
生　更相報復。

待　當獨趣入
善惡變化　殃福異處　宿豫嚴
樂之地　身自當之　無有代者
死　獨去獨來　當行至趣　苦
人在世間　愛欲之中　獨生獨

遠到他所　莫能見者　善惡自

크게 벌어지지는 않지마는, 서로 마음 속으로 독을 품고 노여움을 쌓고 분함을 맺어서 풀지 않으면 자연히 마음 속에 깊이 새겨지고 자라서 사라지지 않는 것이니, 그래서 필경에는 다같이 한 세상에 태어나서 서로 앙갚음을 하게 되느니라.

인간은 이 세상 애욕의 바다에서 홀로 태어나서 홀로 죽는 것이며, 어떠한 고락(苦樂)의 처소에도 자기가 지은 선악의 행위에 대한 과보는 스스로 받고 스스로 감당해야 하며, 어느 누구도 대신할 수는 없느니라. 그래서 착한 일을 행한 사람은 몸을 바꿀 때 행복한 처소에 태어나고, 악한 일을 한 사람은 재앙이 많은 처소로, 각기 태어날 곳을 달리하여 이미 업에 따라 엄연히 정해진 처소로 어김없이 나아가야 하느니라.

그래서 멀리 떨어진 다른 처소에 태어나게 되면 이

然　追行所生　窈窈冥冥　別
離久長　道路不同　會見無期
甚難甚難　復得相値。

何不棄衆事　各曼強健時　努
力勤修善　精進願度世　可得
極長生　如何不求道　安所須
待　欲何樂哉。

승에서 아무리 친밀한 사이라도 서로 만나볼 수 없나니, 이와 같이 금생에 지은 선악의 행위와 내세에서 받는 고락의 과보는, 변함 없는 자연의 도리로서, 각기 지은 바 소행에 따라서 태어날 뿐이니라. 그리하여 가는 길은 멀고도 어두워 서로 오랜 이별을 하지 않을 수 없으며, 또한 가는 길이 다르기 때문에 다시 만나볼 기약이 없으니, 서글프고 아득하여 다시금 만나기는 참으로 어려운 일이 아닐 수 없느니라.

그러한데도 세상 사람들은 어찌하여 덧없고 너절한 세상 일을 뒤로 미루지 않고, 몸이 젊고 건강할 때에 힘을 다하여 선을 닦고 더욱 정진하여 고해를 벗어나려 하지를 않는가? 어찌하여 영원한 생명을 얻을 수 있는 진리의 대도를 구하려 하지 않는 것인가? 도대체 이 세상에서 그 무엇을 기대하고 그 어떠한 즐거움을 바라고 있는 것일까?

如是世人 不信作善得善 爲
道得道 不信人死更生 惠施
得福 善惡之事 都不信之
謂之不然 終無有是。

但坐此故 且自見之 更相瞻
視 先後同然 轉相承受 父
餘教令

先人祖父 素不爲善 不識道
德 身愚神闇 心塞意閉 死

4. 우치(愚痴)의 고통

이와 같이 세상 사람들은 선을 행하여 안락을 얻고 진리를 닦으면 불도를 성취하는 도리를 믿지 않고, 또한 사람은 죽으면 다시 태어난다는 것과, 은혜를 베풀면 반드시 복을 받는다는 선악 인과의 엄연한 사실을 믿지도 않으며, 세상 일이란 그렇지가 않다고 그릇 생각하고 끝내 바른 가르침을 믿으려 하지 않느니라.

그리고 이러한 그릇된 생각에 의지하여 더욱 이것을 옳다고 고집하여 우기는데, 늙은이나 젊은이나 다 한결같이 그러하니라. 그래서 인과의 도리를 부정하는 그릇된 생각을 대대로 이어받고 부모는 자식에게 그것을 도리어 교훈으로 끼치게 되느니라.

따라서 선배나 조상들도 아예 선을 닦지 않고 도덕을 모르기 때문에 깨달을 기회가 없으며, 그래서 그

生之趣 善惡之道 自不能見
無有語者 吉凶禍福 競各作
之 無一怪也。

生死常道 轉相嗣立 或父哭
子 或子哭父 兄弟夫婦 更
相哭泣 顚倒上下 無常根本

皆當過去 不可常保 教語開
導 信之者少 是以生死流轉

행동은 어리석고 정신은 더욱 어두워서 마음은 막히고 옹졸하게 되느니라. 그러기에 죽고 사는 생사의 이치와 선악 인과의 도리를 알 수도 없고, 또한 그에게 말하여 들려줄 사람도 없느니라. 그러나 정녕, 인간의 길흉화복은 인과의 도리에 의하여 어김없이 스스로 이를 받는 것이니, 추호도 다를 리가 없느니라.

인간이 죽고 사는 생사의 법칙은 언제나 변함없는 떳떳한 도리로서 영원히 이어나가고 있느니라. 혹은 부모는 자식을 잃고 슬퍼하고, 자식은 부모가 돌아가서 통곡하며 형제 간 부부 간에도 서로 죽음을 당하여 애통하지 않을 수 없느니라. 그런데 죽음에는 늙고 젊음의 차례를 예측할 수 없는 것이니, 그것은 무상(無常)한 인생의 실상이니라.

모든 것은 다 지나가고 마는 것, 항상 변하지 않고 그대로 있는 것은 아무것도 없느니라. 그런데 이러한

無有休止。

如此之人 曚冥抵突 不信經
法 心無遠慮 各欲快意 痴
惑於愛欲 不達於道德 迷沒
於瞋怒 貪狼於財色 坐之不
得道 當更惡趣苦 生死無窮
已 哀哉甚可傷。

或時室家父子 兄弟夫婦 一
死一生 更相哀愍

무상의 도리를 말하여 깨우치려하나, 이를 믿는 사람
은 너무나 적고, 그러기에 생사는 유전하여 잠시도
그칠 사이가 없느니라.

또한 이러한 사람은 마음이 어리석고 어두워 반항
적이기 때문에 성인의 말씀을 믿지 않고 멀리 앞을
내다보는 슬기가 없이 다만 각자의 쾌락만을 탐하여
惑於愛欲 애욕에 미혹되어 도덕을 깨달

마지않느니라. 그래서 애욕에 미혹되어 도덕을 깨닫
지 못하고, 매양 애착과 미움과 분노에 잠겨, 마치
이리와도 같이 다만 처자 권속과 재물만을 아끼고 탐
낼 뿐이니라. 그러기에 생사를 여의는 대도(大道)를
얻지 못하고 마침내 지옥이나 아귀나 축생 등 삼악도
에 떨어져서 생사윤회(生死輪廻)가 끝이 없나니, 참
으로 가련하고 불쌍하기 그지 없느니라.

세상살이란, 어떤 때는 한 가족이 부모 자식이나
형제나 부부 간에 누군가가 먼저 죽게 되면, 남은 사

恩愛思慕 憂念結縛 心意痛
著 迭相顧戀 窮日卒歲 無
有解已 教語道德 心不開明
思想恩好 不離情欲 昏矇閉
塞 愚惑所覆

何。

年壽終盡 不能得道 無可奈
精行道 決斷世事 便旋至竟
不能深思熟計 心自端正 專

總猥憒擾 皆貪愛欲 惑道者

람은 못내 슬퍼하고 못잊어 하여 마지 않느니라.

그래서 그 은혜와 사랑으로 마음이 얽매어 쓰라리고 그리운 심정은 가슴에 사무치고, 날이 가고 달이 바뀌어도 맺힌 마음은 풀릴 길이 없느니라. 그러기에

참된 도리를 말하여 일러주어도 그들의 마음은 열리지 않고, 먼저 가버린 사람과의 정리를 생각하면서

마음은 혼미하고 답답하여 더욱 어리석은 미망(迷妄)에 덮이게 되느니라.

그래서 깊이 생각하여 헤아릴 아량이 없고, 마음을 돌이켜 오로지 불도에 정진할 만한 결단이 없으며,

끝내 덧없고 너절한 세상 일을 단념할 수 없느니라.

그리하여 한세상 허둥지둥 헤매다가 죽음에 이르게 되나니, 이미 목숨이 다하면 진리의 길은 닦을 수도

얻을 수도 없고 참으로 어찌할 도리가 없느니라.

세상은 온통 혼탁하여 인심은 어리석고 어지러워

衆 悟之者寡 世間恩恩 無
可憐賴 尊卑上下 貧富貴賤
勤苦恩務 各懷殺毒 惡氣窈
冥 爲妄興事

違逆天地 不從人心 自然非
惡 先隨與之 恣聽所爲 待
其罪極 其壽未盡 便頓奪之
下入惡道 累世勤苦 展轉其
中 數千億劫 無有出期 痛
不可言 甚可哀愍。

거의 다 애욕만을 탐하고 있으니, 인생의 길을 헤매는 사람은 수없이 많고 진리를 깨달은 이는 지극히 드무니라. 그러니 세상 일이란 부질없이 바쁘고 어지럽기만 하여 믿고 의지할 아무것도 없느니라. 그리고 빈·부·귀·천이나 어른·아이 할것 없이 다 한결같이 애쓰고 싸대며 그러다가 서로 이해가 충돌하면 원수같이 미워하나니, 그 사납고 표독한 마음은 마침내 불행한 재앙을 일으키게 되느니라.

이렇듯 천지의 바른 도리를 거스르고 인간의 참다운 본심을 따르지 않기 때문에 저절로 그릇된 악업은 앞뒤를 다투어 거듭되고 그것이 쌓이고 쌓이면 다만 그 죄업의 결과만을 기다릴 뿐 달리 어찌할 수 없느니라. 그래서 미처 그 수명이 다하기도 전에 죄업의 힘은 별안간에 그의 목숨을 빼앗아 악도(惡道)에 떨어뜨리고 마는 것이니, 몇 생을 거듭하며 지독한 괴

佛告彌勒菩薩　諸天人等

我今語汝　世間之事　人用是
故　坐不得道　當熟思計　遠
離衆惡　擇其善者　勤而行之

부처님께서는 다시 미륵보살과 천신들과 여러 대중

제六절 미륵보살과 여러 대중에게 권유

을 향하여 말씀하셨다.

『나는 지금까지 그대들에게 어지러운 세상 일에 대
하여 말하였는데, 세상 사람들은 그러한 부질없는 세
상의 번뇌에 얽매어 살기 때문에 성불의 길을 닦지
못하게 되느니라. 그러니 마땅히 깊이 생각하고 잘
살펴서 모든 악업을 멀리 여의고 옳고 착한 일을 가
려서 노력을 아끼지 말아야 하느니라.

로움을 받지 않을 수 없느니라. 그리고 그 사나운 악
도 가운데서 돌고 돌며 몇천만 겁의 오랜 세월이 지나
도 나올 기약이 없고 그 고통은 이루 헤아릴 수 없나
니, 참으로 가련하고 불쌍한 일이니라』

愛欲榮華 不可常保 皆當別
離 無可樂者 曼佛在世 當
勤精進 其有至心 願生安樂
國者 可得智慧明達 功德殊
勝 勿得隨心所欲 虧負經戒
在人後也 儻有疑意 不解經
者 可具問佛 當爲說之。

彌勒菩薩 長跪白言

佛威神尊重 所說快善 聽佛

그런데, 인간의 애욕과 영화는 아침 이슬과 같아서 오래 보존하지 못하고 모두 덧없이 흩어지고 마는 것이며, 세속 일에는 참다운 즐거움이 있을 수 없느니라. 그러니 다행히 부처님의 법을 만났을 때 마땅히 부지런히 정진해야 하느니라. 그리고 정성을 다하여 극락세계에 태어나고자 서원을 세우는 이는 그 지혜가 밝게 통달하고 그 공덕 또한 한량이 없을 것이니, 모름지기 욕심 내키는대로 행하지 말고 부처님의 가르침에 거역하지 말며, 올바른 일에는 남에게 뒤지지 말도록 하여라. 그리고 만약 의심이 있거나 불법을 잘 모르는 이는 나에게 낱낱이 물을지니, 내 그대들을 위하여 자세히 말하여 주리라』

그때 미륵보살이 무릎을 꿇고 공손히 예배하고 나서 부처님께 사뢰었다.

『세존이시여, 부처님께서는 위신력이 고귀하시고

經語 貫心思之 世人實爾

如佛所言 今佛慈愍 顯示大

道 耳目開明 長得度脫 聞

佛所說 莫不歡喜

諸天人民 蠕動之類 皆蒙慈

恩 解脫憂苦 佛語教誡 甚

深甚善 智慧明見 八方上下

去來今事 莫不究暢

今我衆等 所以蒙得度脫 皆

말씀하신 법문은 참으로 거룩하시어 충심으로 감사할 뿐입니다. 부처님의 가르침을 듣고 깊이 생각할 때 세상 사람들은 참으로 천박하기 그지없으니, 부처님의 말씀과 호리도 다름이 없습니다. 이제 부처님께서 자비하신 마음으로 성불의 대도를 밝혀 주시니 저희는 눈과 귀가 뚫리고 미혹된 마음이 열려 영원한 구제를 얻게 되었습니다. 부처님의 거룩하신 가르침을 듣고 어찌 기뻐하지 않을 수 있겠습니까.

그리고 많은 천신이나 인간들이나 미물 곤충에 이르기까지도, 부처님의 자비하신 은혜를 입고 근심과 괴로움에서 벗어날 수 있게 되었습니다. 참으로 부처님의 교훈은 한없이 깊고 위없이 높으시며 지혜의 광명은 한량없이 밝으시어 시방삼세의 모든 일을 두루 살피시고 추호도 막힘이 없으십니다.

이제 저희들이 제도를 받게 된 것은 오로지 부처님

佛前世　求道之時　謙苦所致
恩德普覆　福祿巍巍　光明徹
照　達空無極　開入泥洹　教
授典攬　威制消化　感動十方
無窮無極

佛爲法王　尊超衆聖　普爲一
切　天人之師　隨心所願　皆
令得道　今得値物　復聞無量
壽佛聲　靡不歡喜　心得開
明。

께서 과거 전생에 진리를 구하시기 위하여 매양 겸허하시고 갖은 난행 고행을 다하신 덕분이며, 그 은혜는 천지를 뒤덮고도 남음이 있고, 그 복과 덕은 태산보다도 더 높으십니다. 그리고 부처님의 광명은 온 세계를 두루 비추시고, 일체 만법이 공(空)한 이치를 통달하시어 중생으로 하여금 영생의 열반에 들게 하십니다. 부처님께서는 때로는 경전으로 가르치시고, 혹은 위엄으로써 항복을 받아 교화하시는 등 그 은덕은 두루 시방세계를 감동케 하나이다.

참으로 부처님께서는 진리의 왕이시고 모든 성인보다 뛰어나게 높으시어, 일체 천신과 인간의 스승이 되시고 중생들의 근기를 따라서 모두 다 진리를 깨닫게 하십니다. 저희들은 이제 부처님을 만나뵈옵고, 또한 아미타불과 극락세계에 대한 말씀까지를 들었으니, 어찌 기뻐하지 않을 수가 있겠습니까! 저희들은

佛告彌勒菩薩

汝言是也　若有慈敬於佛者

實爲大善　天下久久　乃復有

佛　今我於此世作佛　演說經

法　宣布道敎　斷諸疑網　拔

愛欲之本　杜衆惡之源　遊步

三界　無所拘碍

典攬智慧　衆道之要　執持網

維　照然分明　開示五趣　度

未度者　決正生死　泥洹之

참으로 부처님의 은혜로 마음이 열리고 광명을 얻었습니다』

부처님께서 미륵보살에게 말씀하시기를,

『그대가 말한 것은 모두 옳으니라. 누구든지 부처님을 따르고 공경하게 되면 진실로 위대한 공덕이 되는 것이니, 부처님은 천상 천하를 통하여 오랜 세월을 두고도 출현하기는 지극히 드문 일인데, 지금 나투어 있기 때문이니라. 나는 이 세상에서 부처를 이루고 불법을 연설하여 온갖 의혹의 그물을 끊고 애욕의 뿌리를 뽑아서 모든 죄악의 근원을 막았으며, 욕계·색계·무색계의 삼계 중생을 제도하는데 걸림이 없느니라.

그리고 내가 이 경전에서 말하는 법문은 모든 진리의 정수로서, 가장 요긴한 지혜를 지니고 있으며 소상하고 분명하느니라. 내 이제, 이 법문을 지옥·아

道。

彌勒當知　汝從無數劫來　修

菩薩行　欲度衆生　其已久遠

從汝得道　至于泥洹　不可稱

數

汝及十方　諸天人民　一切四

衆　永劫已來　展轉五道　憂

畏勤苦　不可具言　乃至今世

生死不絶

與佛相値　聽受經法　又復得

귀·축생·인간·천상 등 오취(五趣)의 중생에게 베풀어, 아직 미혹한 이를 제도하여 생사 고해를 여의고 결정코 영생의 열반에 인도하고자 하느니라.

미륵이여, 잘 알아 두어라. 그대는 헤아릴 수 없는 오랜 과거로부터 보살행을 닦아서 중생을 제도하려고 힘써 왔느니라. 그래서 그대의 가르침에 따라서 진리를 깨닫고 영생의 열반에 이른 사람은 헤아릴 수 없이 많으니라.

그러나, 그런데도 그대를 비롯하여 시방세계의 모든 천신과 인간과 여러 중생들이 영겁에서 지금에 이르기까지 한량없는 세월을 두고, 지옥·아귀·축생·인간·천상 등 오도(五道)에 굴러 다니며 근심하고 두려워하고 고생함은 이루 말할 수 없나니, 그 덧없는 생사의 흐름은 금생까지도 계속되고 있느니라.

그런데 그대들은 이제 부처님을 만나서 생사를 벗

聞 無量壽佛 快哉甚善 吾
助爾喜。
汝今亦可 自厭生死 老病痛
苦 惡露不淨 無可樂者 宜
自決斷 端身正行 益作諸善
修己潔體 洗除心垢 言行忠
信 表裏相應 人能自度 轉
相拯濟 精明求願 積累善本
雖一世勤苦 須臾之間 後生

어나는 법문을 듣고 또한 다시 아미타불의 한량없는 공덕을 알게 되었으니, 어찌 통쾌하고 다행한 일이 아니겠는가. 나는 지금 그대들의 기쁨과 행복을 도와주고자 하느니라.

그러니, 그대들은 이제 한결 절실하게 생로병사의 괴로움을 싫어하는 마음을 자아내야 하느니라. 이 세상에는 언제나 죄악이 넘치고 부정하여 진정한 즐거움은 없는 것이니, 모름지기 몸을 단정히 하고 마음을 바르게 하여 더욱 더욱 많은 선행을 닦도록 하여라. 그래서 계율을 청정히 지키고 마음의 때를 없애며, 항시 말과 행동을 성실히 하여 표리가 없고, 자기만을 제도할 뿐만 아니라 남도 구제하며, 언제나 맑은 정신으로 성불의 서원을 굳게 세워 많은 공덕을 쌓도록 하여라.

한평생 애쓰고 수행하는 고생은 어느덧 지나고 마

無量壽佛國　快樂無極　長與

道德合明　永拔生死根本　無

復貪恚　愚痴苦惱之患

欲壽一劫　百劫千萬億劫　自

在隨意　皆可得之　無爲自然

次於泥洹之道

汝等宜各精進　求心所願

無得疑惑中悔　自爲過咎　生

彼邊地　七寶宮殿　五百歲中

受諸厄也。

는 것, 그러나 후세에는 아미타불의 극락세계에 태어

나서 안온한 즐거움은 한이 없으며, 공덕과 지혜는

더욱 쌓이고 밝아서 영원히 생사의 뿌리를 뽑고, 아

예 탐욕과 분노와 어리석은 고뇌가 있을 수 없느니

라.

그리고 그 수명은 일겁이든 백겁이든 천만겁 동안

이라도 마음대로 자재롭게 누릴 수가 있느니라.

또한 극락세계는 모든 것이 진리에 따라 자연히 이

루어진 실상의 세계로서 영원히 안락한 열반의 경지

와 같으니라.

그러니 그대들은 모름지기 각기 정진을 거듭하여

극락세계에 태어나는 서원을 실천하도록 하여라.

부질없이 의혹을 일으켜 가다가 그만 두면, 그것이

허물이 되어 저 극락의 변두리에 있는 칠보 궁전에

태어나 오백 년 동안이나 삼보를 만나지 못하고 지옥

彌勒白佛言

受佛重誨　專精修學　如教奉
行　不敢有疑。

佛告彌勒

汝等能於此世　端心正意　不
作衆惡　甚爲至德　十方世界
最無倫匹　所以者何　諸佛國
土　天人之類　自然作善　不
大爲惡　易可開化

令我於此　世間作佛　處於五

에 떨어져서는 여러가지 재난을 받아야만 하느니라』

미륵보살은 부처님의 말씀을 듣고 나서 사뢰었다.

『부처님의 간곡하신 가르침을 받자오니 오로지 정성을 다하여 불도를 닦아서 부처님의 가르침대로 받들어 행하고 추호도 의심하지 않겠사옵니다』

1. 오악(五惡)을 경계함

부처님께서는 다시 미륵보살에게 말씀하셨다.

『그대들이 이 세상에서 마음과 몸을 바르게 하고 악한 일을 범하지 않으면 참으로 훌륭한 공덕이 아닐 수 없느니라. 그리고 그것은 시방세계의 그 무엇에도 비교할 수 없는 수승한 일이 되나니, 어찌하여 그런가 하면 모든 국토의 천신과 인간들이 스스로 선을 행하고 악을 짓지 않으면, 그들을 교화하기가 지극히 쉽기 때문이니라.

이제 내가 이 세상에서 부처님이 되어, 다섯 가지

惡五痛　五燒之中　爲最劇苦

痛　令離五燒　降化其意　令五

教化群生　令捨五惡　令去五

泥洹之道

持五善　獲其福德　度世長壽

佛言　何等爲五惡　何等五痛

何等五燒　何等消化五惡　令

持五善　獲其福德　度世長壽

泥洹之道。

죄악인 살생·도둑질·음행·망어·음주 등의 오악(五惡)과, 그 오악으로 말미암은 현재의 다섯 가지 고통인 오통(五痛)과 미래에 받을 다섯 가지 죄보인 오소(五燒)의 소용돌이 속에서 지내는 것은, 지극히 괴로운 일이 아닐 수 없느니라.

그래서 중생들을 교화하여 다섯 가지 죄악을 버리게 하고, 다섯 가지 고통을 여의게 하며, 다섯 가지 죄보를 벗어나게 하고자 그들의 마음을 달래어 다섯 가지 선업을 닦아서 복덕과 구원과 장수(長壽)와 영생의 열반을 얻게하려 하느니라.

그러면 어떠한 것이 오악(五惡)이고 무엇이 오통(五痛)과 오소(五燒)이며, 또한 어떻게 하면 오악을 없애고 오선(五善)을 닦아서 그 공덕으로 생사고해를 여의고 한량없는 수명을 누리는 열반의 행복을 얻게 되는지를 자세히 말하리라.」

佛言

其一惡者　諸天人民　蠕動之
類　欲爲衆惡　莫不皆然　強
者伏弱　轉相剋賊　殘害殺戮
迭相吞噬　不知修善　惡逆無
道　後受殃罰　自然趣向

神明記識　犯者不赦　故有
貧窮下賤　乞匃孤獨　聾盲瘖
瘂　愚痴弊惡　至有尫狂　不
逮之屬　又有尊貴豪富　高才
明達　皆由宿世　慈孝修善

2. 첫째의 죄악

부처님께서 말씀하셨다.

『먼저 그 오악(五惡) 중에서 첫째의 죄악에 대하여 말하리라. 무릇 천신이나 인간을 비롯하여 곤충 등의 미물에 이르기까지 매양 갖가지 악한 행동을 하는데, 강한 자는 약한 자를 억누르고, 또한 서로 해치고 죽이고 하며, 잡아먹고 먹히고 하느니라. 그래서 착한 일을 할 줄 모르고 극악무도하여 그 과보로 재앙과 벌을 받게 되며, 필경에는 악도에 떨어져 한량없는 괴로움을 당하게 되는 것이니라.

천지 신명은 모든 중생의 소행을 기억하여 그 죄업을 용서하지 않는 것이니, 그러기에 가난한 사람과 천한 사람, 거지와 고독한 사람, 귀머거리, 소경, 벙어리, 바보 또는 포악한 자 미치광이 병신 등의 차별이 있는 것이니라. 그러나 한편 존귀한 사람이나

積德所致。

世有常道 王法牢獄 不肯畏

愼 爲惡入罪 受其殃罰 求

望解脫 難得免出 世間有此

目前見事。

壽終後世 尤深尤劇 入其幽

冥 轉生受身 譬如王法 痛

苦極刑 故有 自然三塗 無

量苦惱 轉貿其身 改形易道

所受壽命 或長或短 魂神精

識 自然趣之

부자나 지혜가 밝은 사람들이 있는데, 그들은 모두 과거세에 자비롭고 효순하여 선을 닦고 덕을 쌓은 과보이니라.

세상에는 영원히 변치 않는 인간의 떳떳한 도리가 있고, 나라에도 그 국법에 따른 감옥이 있어서, 죄를 삼가하지 않고 법을 두려워하지 않으면 그 악의 죄보로 감옥에 들어가게 되어, 벗어나려 하여도 면하기 어려운데, 이러한 일은 이 세상에서도 눈앞에 흔히 볼 수 있는 사실이니라.

그런데 수명을 마치고 후세에 받는 괴로움은 더욱 심각하고 험난하여 어두운 저승에 들어가서 다른 못된 몸으로 태어나서 받는 고통은, 마치 이 세상법에 지극히 무거운 형벌을 받는 것과 같으니라. 그래서 악업의 힘으로 피할 길 없이 삼악도(三惡道)의 한※량없는 고뇌를 받는 것이니, 이와 같이 그 업에 따라

當獨值向　相從共生　更相報
復　無有絶已　殃惡未盡　不
得相離　展轉其中　無有出期
難得解脫　痛不可言
天地之間　自然有是　雖不卽
時卒暴　應至善惡之道　會當
歸之　是爲一大惡　一痛一燒
勤苦如是　譬如大火　焚燒人
身。

몸을 바꾸고 태어나는 처소를 달리하여 그 수명은 혹은 길기도 하고 짧기도 한데, 정신은 자연히 그 몸에 따라 굴러가느니라.

그리고 태어날 때는 혼자이나, 전생에 원한이 있으면 서로 같은 곳에 태어나서 보복하여 마지않으며, 그 악업의 종자가 다하기 전에는 서로 떠날래야 떠날 수도 없느니라. 이와 같이 그러한 악도(惡道)에 굴러다니며 나올 기약이 없고 벗어날 도리가 없으니, 그 고통은 이루 말할 수 없느니라.

이렇듯, 천지에는 자연히 엄연한 인과의 도리가 있는 것이니, 비록 선과 악을 행하고 바로 즉시에 안락하고 괴로운 처소에 이르지는 않는다고 할지라도, 조만간에 반드시 그 죄보를 받지 않을 수는 없느니라. 그래서 이러한 것을 「첫째의 죄악」이라 하고, 그 과보로써 현세에 받는 괴로움을 「첫째의 고통」이라 하

人能於中 一心制意 端身正

行 獨作諸善 不爲衆惡者

身獨度脫 獲其福德 度世上

天 泥洹之道 是爲一大善

也。

佛言 其二惡者 世間人民

父子兄弟 室家夫婦 都無義

理 不順法度 奢婬憍縱 各

欲快意 任心自恣 更相欺惑

心口各異 言念無實

며, 후세에 받을 죄보를 「첫째의 불길」이라 하나니, 그 지독한 고통은 마치 타오르는 맹렬한 불로 그 몸을 태우는 것과 같으니라.

그러나, 이러한 혼탁한 세상에서도 능히 마음을 가다듬어 사악한 마음을 억제하고 행동을 바르게 하며, 힘써 선을 닦고 악을 범하지 않으면, 그는 죄보의 괴로움을 벗어날 뿐 아니라 그 복덕으로 필경에는 생사의 고해를 초월하여 영원한 열반의 길을 얻게 되나니, 이것을 「첫째의 큰 선」이라 하느니라.

3. 둘째의 죄악

이제 그 둘째의 죄악에 대하여 말하리라. 세상 사람들이 부모자식이나 형제간·부부·친구들 사이에 서로 의리가 없고 법도에 따르지 않으며, 사치하고 음란하고 교만 방종하여 각기 자기의 쾌락만을 추구하고, 마음 내키는 대로 행동하여 서로 속이며 마음

佞諂不忠　巧言諛媚　嫉賢謗
善　陷入怨枉　主上不明　任
用臣下　臣下自在　機僞多端
踐度能行　知其形勢　在位不
正　爲其所欺　妄損忠良　不
當天心

臣欺其君　子欺其父　兄弟夫
婦　中外智識　更相欺誑　各
懷貪欲　瞋恚愚痴　欲自厚己
欲貪多有　尊卑上下　心俱同

과 말은 같지 않고 아예 진실한 마음이 없느니라.

또는 한 나라의 임금과 신하 사이에도, 신하는 충성이 없고 간사하여 말과 겉만을 꾸며서 아첨하여, 어진 이를 시새우고 착한 이를 비방하여 부당하게 죄에 떨어뜨리며, 또한 임금은 밝은 안목이 없이 함부로 신하를 등용하므로 신하는 마음대로 삿된 짓을 하느니라. 더러는 충실한 신하가 있어서 나라의 법도를 잘 지키고 행위가 바르며, 능히 나라를 다스리는 경륜이 밝더라도, 위에 있는 자가 바르지 못하면 그는 모함을 당하여 필경에는 어진 신하를 잃고 마는 것이니, 이는 천지의 도리를 배반하는 일이니라.

이와 같이 신하는 그 임금을 속이고 자식은 그 부모를 속이며, 형제나 부부나 친한 벗들 사이에도 서로 속이고, 제각기 탐욕과 노여움과 사특한 마음을 품고 매양 자신만을 위하여 많이 가지려고만 탐착하

然　破家亡身　不顧前後　親

屬內外　坐之而滅

或時室家知識　鄉黨市里　愚

民野人　轉共從事　更相利害

忿成怨結　富有慳惜　不肯施

與　愛寶貪重　心勞身苦　如

是至竟　無所恃怙　獨來獨去

無一隨者

善惡禍福　追命所生　或在樂

處　或入苦毒　然後乃悔　當

느니라. 그리고 이러한 것은 귀한 자나 천한 자나 상·하 귀천이 다 그러하며, 그래서 드디어 집을 망하고 자신을 해치고 나아가서는 여러 친족이나 나라까지도 멸망하게 되느니라.

혹은 어떤 때에는 가족이나 벗들이나 마을 사람들이나 간에, 세상의 어리석은 사람들끼리 같이 일을 도모하는데 그 이해가 틀리면 서로 미워하고 원한을 맺게 되느니라. 또한 어떤 사람은 부자이면서도 인색하여 남에게 베풀줄을 모르며, 다만 재물만을 탐착하는 마음 때문에, 스스로 괴로워하다가 필경에는 의지할 데가 없느니라. 진정, 인간이란 빈손으로 왔다가 빈손으로 가는 것, 아무도 그를 따르는 사람은 없느니라.

그러나 선을 행하여 복을 받고 악을 범하여 재난을 당하는 엄연한 인과의 도리는 몸을 바꾸어도 떠나지

復何及

世間人民 心愚少智 見善憎
謗 不思慕及 但欲爲惡 妄
作非法 常懷盜心 悕望他利
消散麋盡 而復求索 邪心不
正 懼人有色 不豫思計 事
至乃悔。

않고 따라와서, 혹은 안락한 처소에 태어나고, 혹은 고통의 구렁에 들어가게 되나니, 뒤늦게 아무리 뉘우쳐도 돌이킬 수 없느니라.

세상 사람들은 어리석고 슬기가 없어서 착한 이를 도리어 미워하고 비방하여 그의 착함을 따르려 하지 않고, 다만 그릇된 일만을 좇아서 함부로 법도를 어기고 마느니라. 또한 어떤 사람은 매양 도둑 마음을 품고 남의 재물과 이익을 시새우고 부러워하며, 혹 재물을 얻을 때에는 부질없이 소비하여 흩어버리고는 다시 탐하여 마지 않느니라. 그와 같이 마음이 삿되고 바르지 않기 때문에 매양 남의 눈을 두려워하며, 미리 헤아리는 마음이 없이, 불행한 일을 당하고 나서야 비로소 후회하느니라.

今世現有 王法牢獄 隨罪趣

금생에는 나라의 법에 따른 감옥이 있어서 죄에 따

向 受其殃罰 因其前世 不

라 그 벌을 받아야 하고, 또한 전생에 도덕을 믿지

信道德 不修善本 今復爲惡

天神剋識 別其名籍 壽終神

逝 下入惡道 故有 自然三

塗 無量苦惱 展轉其中 世

世累劫 無有出期 難得解脫

痛不可言

是爲二大惡 二痛二燒 勤苦

如是 譬如大火 焚燒人身。

人能於中 一心制意 端心正

않고 선을 닦지 않았기 때문에 금생에 와서도 다시 죄를 짓게 되느니라. 천지 신명은 그 죄를 기억하고 인과의 명부에 기록하여 그 태어날 처소를 구별하게 되는 것이니, 그래서 수명이 다하면 영혼은 악도(惡道)에 떨어지고 업력에 의하여 자연히 지옥·아귀·축생 등의 한량없는 고뇌를 받게 되느니라. 그리고 그러한 삼악도에서 굴러다니며 몇천겁을 거듭하여도 나올 기약이 없고 풀려날 길이 없으니 그 고통은 이루 말할 수 없느니라.

이러한 것을 「둘째의 죄악」이라 하고 그 과보로써 현세에 받는 고통을 「둘째의 고통」이라 하며, 내세에 받을 죄보를 「둘째의 불길」이라 하는데, 이와 같은 지독한 괴로움은 마치 타오르는 맹렬한 불로 몸을 태우는 것과 같으니라.

그러나 이러한 혼탁한 세상에서도 능히 일심으로

行獨作諸善　不爲衆惡者

身獨度脫　獲其福德　度世上

天泥洹之道　是爲二大善

也。

佛言

其三惡者　世間人民　相因寄

生　共居天地之間　處年壽命

無能幾何　上有　賢明長者

尊貴豪富　下有　貧窮廝賤

尩劣愚夫　中有　不善之人

常懷邪惡　但念婬妷　煩滿胸

中　愛欲交亂　坐起不安　貪

意守惜　但欲唐得　睞眄細色

삿된 마음을 억제하고 몸가짐을 단정히 하여 애써 선을 행하고 악을 범하지 않으면 저절로 악도에서 벗어나, 그 복덕으로 구원을 얻어 천상에 태어나고 나아가 영생하는 열반의 행복을 얻을 수 있나니, 이러한 것을 「둘째의 큰 선(大善)」이라 하느니라」

4. 셋째의 죄악

부처님께서 말씀하셨다.

『이제 그 셋째의 죄악에 대하여 말하리라. 세상 사람들은 서로 의지하고 도우면서 서로 모여서 이 천지간에 살고 있는데, 그들이 누리는 수명은 별로 길지 못한 것이니라. 그리고 위로는 현명한 사람, 덕이 있는 사람, 존귀한 사람이나 부자 등이 있고, 아래로는 가난한 사람, 미천한 사람, 불구자나 어리석은 사람들이 있는데, 그 가운데서도 악한 자가 있어서 매양 삿된 마음을 품고 애욕의 번뇌로 가슴은

邪態外逸　自妻厭憎　私妄入
出　費損家財　事爲非法

交結聚會　興師相伐　功劫殺
戮　強奮不道　惡心在外　不
自修業　盜竊趣得　欲繫成事
恐熱迫脅　歸給妻子　恣心快
意　極身作樂　或於親屬　不
避尊卑　家室中外　患而苦
之。

답답하여 마음이 설레고 안절부절 못하여 다만 부질없이 이익만을 얻으려고 하느니라. 그리고 이성에 눈독을 올려 음란한 마음을 품고 자기 배우자를 싫어하고 미워하며, 남 모르게 다른 이성과 사귀면서 재산을 낭비하고 드디어 법도를 어기게 되느니라.

또한 어떤 때는 한 패거리가 모여서 싸움을 일으켜 서로 때리고 찌르고 하며 무도한 강탈을 감행하느니라. 또는 삿된 마음으로 항상 남의 재물에 탐을 내어 스스로 부지런히 일하지 않고, 도둑질이나 사기를 해서 얼마간의 이익이 있으면 욕심은 더욱 불타서 엉뚱한 큰일을 꾸미게 되느니라. 그리고 이러한 사람은 항상 겁내고 두려워하지마는 남에게는 협박 공갈을 일삼고 다만 자기 처자만을 위하느니라. 또한 마음에 절제가 없이 항시 쾌락만을 좇아서 즐기며, 친족이나 위아래를 가리지도 않고 매양 부질없는 짓을 하여 가

亦復不畏　王法禁令

如是之惡　著於人鬼　日月照

見　神明記識　故有　自然三

塗　無量苦惱　展轉其中　世

世累劫　無有出期　難得解脫

痛不可言

是爲三大惡　三痛三燒　勤苦

如是　譬如大火　焚燒人身。

족과 사회가 다 근심하고 괴로워하느니라.

이러한 사람들은 또한 나라의 법령을 두려워하지 않기 때문에 자연히 형벌을 받지 않을 수 없느니라.

이러한 악한 짓은 비단 사람에게만 알려질 뿐 아니라, 안 보이는 귀신에게도 알려지고, 해와 달도 비쳐 보며, 천지 신명도 이를 소상히 기억하게 되느니라.

그리하여 자연히 삼악도(三惡道)※의 무량한 고뇌를 받게 되고, 또한 그 가운데서 오랜 겁 동안 삶을 거듭하여 굴러다니면서 나올 기약이 없고 풀려날 도리가 없나니, 그 고통은 이루 말할 수 없느니라.

그래서 이러한 것을 「셋째의 죄악」이라하고 그 죄의 과보로 현세에 받는 고통을 「세째의 고통」이라 하며, 내세에 받을 죄보를 「셋째의 불길」이라 하는데, 지극한 괴로움이 한량이 없어서 마치 큰 불더미로 몸을 태우는 것과 같으니라.

人能於中 一心制意 端身正
行 獨作諸善 不爲衆惡者
身獨度脫 獲其福德 度世上
天 泥洹之道 是爲三大善
也。

佛言

其四惡者 世間人民 不念修
善 轉相教令 共爲衆惡 兩
舌惡口 妄言綺語 讒賊鬪亂
憎嫉善人 敗壞賢明 於傍快
喜 不孝二親 輕慢師長 朋
友無信 難得誠實

그런데, 이러한 중생들 가운데서도 일심으로 마음을 가다듬고 행동을 바르게 하여 모든 선을 닦고 악을 범하지 않으면, 이러한 사람은 비단 악도를 벗어날 뿐만 아니라 그 복덕으로 구원을 얻어 천상에 태어나고, 나아가서는 삼계를 뛰어넘어 영생하는 열반의 행복을 얻을 수 있나니, 이러한 것을 셋째의 큰 선(大善)이라 하느니라.

5. 넷째의 죄악

부처님께서 다시 이렇게 말씀하셨다.

『이제 그 넷째 죄악에 대하여 말하리라. 세상 사람들은 선을 닦으려 생각하지도 않고 서로 충동하여 나쁜 짓을 하며, 매양 이간질과 욕설과 거짓말과 음란한 말을 일삼고, 남을 참소하여 서로 원수가 되고, 서로 싸우고 소란을 피우며, 착한 이를 시새워 미워하고 현명한 사람을 헐어뜨리고 마느니라. 그리고 다

尊貴自大　謂己有道　橫行威
勢　侵易於人　不能自知　爲
惡無恥　自以强健　欲人敬難
不畏天地　神明日月　不肯作
善　難可降化　自用偃蹇　謂
可常爾　無所憂懼　常懷憍
慢。
如是衆惡　天神記識　賴其前

만 자기들 내외간만 즐기려 하고 부모에게 불효하며, 스승과 어른들을 소홀히 하고 친구 간에도 전혀 성실한 의리가 없느니라.

또한 존귀한 자리에 오르면 더욱 뽐내고 자기가 마치 천지의 도리를 아는 듯이 장담하며 함부로 위세를 부리고 남을 업수이 하느니라. 그러나 자기 분수를 모르기 때문에 악을 범하고도 부끄러운 줄을 모르며, 스스로 강함을 내세워 남의 공경과 두려움을 사려 하느니라. 그리고 천지 신명과 해와 달도 두려워하지 않고 선을 닦을 줄을 모르므로, 이를 항복받아 다스리기는 지극히 어려운 일이니라. 또한 어리석고 못났으면서도 자기 스스로는 잘나고 옳거니 생각하고, 근심과 두려움마저도 없이 항상 교만한 마음을 지니고 있느니라.

이러한 모든 악은 천지 신명이 기억하는 것이며,

世　頗作福德　小善扶接　營
護助之　今世爲惡　福德盡滅

諸善鬼神　各共離之　身獨空
立　無所復依　壽命終盡　諸
惡所歸　自然迫促　共趣頓之

又其名籍　記在神明　殃咎索

引　當往趣向　罪報自然　無
從捨離　但得前行　入於火鑊
身心摧碎　精神痛苦　當斯之
時　悔復何及

天道自然　不得蹉跌　故有

전생에 얼마간의 복덕을 쌓은 보람으로 금생에는 작
은 선(善)으로 겨우 부지하고 보호가 되지마는, 금생
에 악을 범하여 그 복덕을 다 소모해 버리면 모든 선

신(善神)은 그를 떠나고 마는 것이니, 몸은 홀로 고
단하여 의지할 데가 없느니라. 그래서 수명이 다하면
지은 바 악업만이 자기에게 돌아와서 자연히 쫓기어

하릴없이 삼악도에 따라가지 않을 수 없느니라.

모든 죄업은 천지 신명이 이를 기억하고 있는 것이
니, 그 죄와 허물의 사슬에 끌려서 마땅히 악도에 떨
어지지 않을 수 없으며, 이는 인과 자연의 엄연한 도
리로서 아예 벗어날 길이 없느니라. 그래서 전생에
지은 바 악업에 이끌려 지옥의 불가마 속에 들어가서
몸은 허물어지고 정신은 한없이 괴로우나, 이 때를
당하여 뉘우친들 무슨 소용이 있을 것인가.

이렇듯, 천지 자연의 인과의 도리는 호리도 어긋남

自然三途 無量苦惱 展轉其
中 世世累劫 無有出期 難
得解脫 痛不可言

是爲四大惡 四痛四燒 勤苦
如是 譬如大火 焚燒人身。

人能於中 一心制意 端身正
行 獨作諸善 不爲衆惡者
身獨度脫 獲其福德 度世上
天 泥洹之道 是爲四大善
也。

이 없으며, 그래서 죄업을 지으면 자연히 삼악도의 무량한 고뇌를 받지 않을 수 없느니라. 그리고 그 삼악도에서 한없이 윤회하며 오랜 겁을 두고 생사를 거듭하나 나올 기약이 없고 벗어날 도리가 없나니, 그 고통은 이루 말할 수 없느니라.

그래서 이러한 것을 「네째의 죄악」이라 하고, 그 과보로써 현세에 받는 고통을 「네째의 고통」이라 하며, 내세에 받을 죄보를 「네째의 불길」이라 하는데, 그 지극한 고통은 마치 맹렬한 불길에 몸을 태우는 것과 같으니라.

그러나 이러한 가운데서도 지성으로 마음을 가다듬고 올바르게 행동하여 자기 혼자만이라도 많은 선을 닦고 악을 범하지 않으면, 자기만은 삼악도를 벗어나 그 복덕으로 구원을 얻어 천상에 태어나고, 나아가서는 삼계를 뛰어넘어 영생하는 열반의 행복을 차지할

佛言

其五惡者 世間人民 徒倚懈
惰 不肯作善 治身修業 家
室眷屬 飢寒困苦 父母教誨
瞋目怒譬 言令不和 違戾反
逆 譬如怨家 不如無子

取與無節 衆共患厭 負恩違
義 無有報償之心 貧窮困乏
不能復得 辜較縱奪 放恣遊

수 있는 것이니, 이것을 「네째의 큰 선(大善)」이라 하느니라」

6. 다섯째의 죄악

부처님께서 말씀하셨다.

『이제는 마지막으로 그 다섯째의 죄악에 대하여 말하리라. 세상 사람들은 주착이 없이 매양 머뭇거리고 게을러서 선을 닦으려 하지 않고, 부지런히 일하려 하지도 않으므로, 그 가족과 권속들이 굶주리고 추워 떨며 빈궁하고 괴로워 하느니라. 그러나 어른들이 충고하고 타이르면 도리어 눈을 부라리고 말대꾸하며 사납고 거칠게 반항하여 마치 원수와 같이 지내나니, 차라리 자식이 없음만 같지 못하니라.

그리고 남과 사귀는 데도 아무런 절도가 없으니, 모두들 꺼리고 싫어하며, 매양 은혜를 배반하여 의리가 없고 보답하여 갚는 마음이 없으므로, 더욱 가난

散　串數唐得　用自賑給

當　不可諫曉

無義無禮　無所顧難　自用職

欲抑制　見人有善　憎嫉惡之

逸　魯扈抵突　不識人情　强

酖酒嗜美　飲食無度　肆心蕩

六親眷屬　所資有無　不能憂

하고 곤란한 경우에 다시 얻을 길이 없느니라. 그러

한 사람들은 마음이 옹졸하여 곧잘 서로 다투고 빼앗

고 하며 얼마간의 소득이 있으면 제 멋대로 노름으로

흩어버리고, 남의 것을 거저 얻는 못된 버릇이 붙어

노상 그것으로 자기 생활을 지탱하려 하느니라.

그리고 매양 술에 잠기는 생활에, 구미에 당긴 음

식만을 탐하여 조금도 절제가 없으며, 마음 내키는 대

로 방탕하고 날뛰며, 걸핏하면 남과 충돌하고 남의

사정도 모르고서 우격으로 남을 억누르려고만 드느니

라. 또한 남의 선량함을 보면 도리어 시새우고 미워

하여 이를 비방하며, 의리도 예의도 없고 호리도 뉘

우치고 삼가하는 마음이 없으면서 자기 자신은 정당

하거니 생각하니, 어느 누구도 이를 타일러 깨우칠

수 없느니라.

그리고 집안 살림이 있고 없는 것을 조금도 걱정하

念　不惟父母之恩　不存師友
之義　心常念惡　口常言惡
身常行惡　曾無一善

不信先聖　諸佛經法　不信行
道　可得度世　不信死後　神
明更生　不信作善得善　爲惡
得惡

欲殺眞人　鬪亂衆僧　欲害父
母　兄弟眷屬　六親憎惡　願
令其死。

지 않으며, 부모의 은혜도 모르고 스승이나 친구간에 대한 의리도 없느니라. 그래서 마음은 항상 삿된 일을 생각하고 말은 매양 욕설을 일삼으며, 사뭇 못된 행동만 저질러 착한 일이라고는 하나도 없느니라.

따라서, 옛 성인들이나 부처님의 가르침을 믿으려 하지 않으며, 그러기에 위없는 바른 길을 닦아서 생사 고해를 벗어날 수 있음을 믿지 않으며, 또한 죽은 뒤에 영혼이 다시 태어남을 믿지도 않으며, 선을 닦으면 안락의 과보가 있고 악을 범하면 괴로움의 죄벌이 있는 인과의 도리도 믿지 않느니라.

그리하여, 심지어는 성인을 살해하려 하고 화합한 승가(僧伽)*를 교란하려 도모하며, 또한 부모 형제나 친척들까지도 해치려 하나니, 그래서 육친 권속들이 모두 다 그를 증오하고 차라리 그가 죽는 것을 바라게 되느니라.

如是世人 心意俱然 愚痴曚
昧 而自以智慧

死

悕望僥倖 欲求長生 會當歸

不知生所從來 死所趣向 不
仁不順 惡逆天地 而於其中

慈心教誨 令其念善 開示生
死 善惡之趣 自然有是 而
不肯信之 苦心與語 無益其
人 心中閉塞 意不開解。

이와 같이 세상 사람들은 거의가 다 그러하며, 지극히 어리석고 어두우면서도 자기 스스로는 현명하고 그릇 생각하느니라.

그러기에 인생이 어디에서 와서 또한 어디로 가는 것인지, 이러한 생사의 도리를 알 까닭이 없느니라.

따라서 어질고 순량한 마음이 없으며, 천지의 도리에 거역하면서도 그 가운데서 요행을 희망하며 못내 오래 살기를 바라지마는, 어떻게 죽음을 면할 길이 있을 것인가.

그리고 그들을 자비심으로 가르치고 타일러 착한 일을 생각케 하려 하고, 생사와 선악에 대한 인과의 도리를 말하여 깨우치려하나, 아무런 보람도 없느니라. 이렇듯 그들의 마음은 두터운 번뇌에 간히고 막혀서 밝은 슬기가 열리지 못하고, 삿된 버릇에서 풀릴 수 없느니라.

大命將終　悔懼交至　不豫修

善　臨窮方悔　悔之於後　將

何及乎

命　無得縱捨

數之自然　應其所行　殊咎追

福相承　身自當之　無誰代者

窈　浩浩茫茫　善惡報應　禍

天地之間　五道分明　恢廓窈

善人行善　從樂入樂　從明入

明　惡人行惡　從苦入苦　從

그러나 이러한 사람도 그 수명이 다할 임시에는 뉘

우치고 두려워 마지 않으나, 미리 선을 닦지 않고 마

지막에 이르러 뒤늦게사 이를 후회한들 이제 와서 어

찌할 도리가 있을 것인가.

이 천지 사이에는 지옥과 아귀와 축생과 인간·천

상 등의 오도(五道)로 굴러다니는 생사윤회의 도리가

분명하며, 그 법칙은 참으로 넓고 깊고 미묘하느니

라. 그래서, 선과 악을 지으면 그 과보로 복과 재앙

을 자연히 받게 마련이며, 자신이 지은 업보는 자기

스스로 이를 받고 아무도 대신할 수 없음은 엄연한

인과의 도리이니라. 그러므로, 오직 그가 저지른 소

행에 따라서 그 죄벌이 목숨을 좇아 따라다니며 떠나

지 않느니라.

착한 사람은 선을 닦아서 안락한 처소에서 한결 더

안락한 처소로 나아가고 그 지혜는 더욱 밝아지며,

冥入冥　誰能知者　獨佛知耳

教語開示　信用者少

生死不休　惡道不絶　如是世

人難可具盡　故有　自然三

塗　無量苦惱　展轉其中　世

世累劫　無有出期　難得解脫

痛不可言

是爲五大惡　五痛　五燒　勤

또한 악한 사람은 악을 범하고 괴로운 처소에서 더욱
더 괴로운 처소로 들어가며 그 마음은 보다 심하게
어두워지게 되느니라. 그런데 이러한 깊고 묘한 도리
를 어느 누가 능히 알 수 있을 것인가. 다만 홀로 부
처님만이 알 뿐이니라.

그래서 이 가르침을 말로써 타일러보이나 이를 믿
는 사람은 많지 않느니라.

따라서 생사윤회는 쉴 사이가 없고 지옥·아귀·축
생 삼악도의 고통은 끊어지지 않는 것이니, 이러한
중생들의 무리는 영원히 다하지 않고 생사 고해에 넘
치느니라. 그러므로 자연히 삼악도의 한량없는 고뇌
가 있게 되고, 그 가운데 굴러다니며 죽고 나고 몇
겁을 거듭하여도 나올 기약이 없고 벗어날 도리가 없
나니 그 고통은 이루 말할 수 없느니라.

이러한 것을 「다섯째의 죄악」이라 하고, 그 악의

苦 如是 譬如大火 焚燒人

身。

是爲五大善也。

福德 度世上天 泥洹之道

不爲衆惡者 身獨度脫 獲其

語如語 心口不轉 獨作諸善

念 言行相副 所作至誠 所

人能於中 一心制意 端身正

佛告彌勒

과보로 받는 현세의 고통을 「다섯째의 고통」이라 하며, 마땅히 내세에 받을 무서운 업력의 불길을 「다섯째의 불길」이라 하느니라. 참으로 그 지독한 괴로움이 이와 같아서 마치 타오르는 맹렬한 불길에 몸을 태우는 것과 같으니라.

그러나 사람들이 능히 이러한 가운데서도 지성으로 마음을 가다듬고 행동을 바르게 하여 그 언행이 서로 어긋남이 없고, 자기 혼자만이라도 많은 선을 닦고 악을 범하지 않으면 자기만은 번뇌를 벗어나서 그 복덕으로 구원을 얻어 천상에 태어나고, 나아가서는 생사고해를 초월하여 영생불멸의 열반을 얻을 수 있나니, 이것을 「다섯째의 큰 선(大善)」이라 하느니라」

제七절 부처님의 거듭 권유

부처님께서는 다시 미륵보살에게 말씀하셨다.

吾語汝等　是世五惡　勤苦如
此　五痛五燒　展轉相生

但作衆惡　不修善本　皆悉自
然　入諸惡趣　或其今世　先
被殃病　求死不得　求生不得
罪惡所招　示衆見之　身死隨
行　入三惡道　苦毒無量　自
相燋然

『내가 지금까지 그대들에게 말한 것은 세상의 다섯 가지 죄악(五惡)과, 그 죄악으로 말미암아 바로 현세에 받는 다섯 가지 고통(五痛)과, 또한 그 죄보로 내세에 받을 고통인 다섯 가지 불길(五燒)에 대한 법문이었느니라. 그런데, 이러한 죄악과 그 과보가 서로 원인이 되고 결과가 되어 끝없이 굴러다니게 되느니라.

그래서 다만 악만을 범하고 선을 닦지 않으면 모두 자연히 여러 갈래의 악도에 떨어지게 되는데, 혹은 바로 금생에 그 앙화로 인한 무거운 업병에 걸려서 차라리 죽음을 구하나 죽을 수도 없고, 편히 살기를 바라지마는 그럴수도 없이, 스스로 저지른 죄보로 받는 것임을 남에게 내보이게 되느니라. 그리하여 죽은 후에도 그 전생의 소행에 따라서 삼악도에 떨어져, 한량 없는 괴로움 속에서 스스로 몸을 불태우게 되느

至其久後　共作怨結　從小微

起　遂成大惡　皆由貪著財色

不能施惠　痴欲所迫　隨心思

想　煩惱結縛　無有解已

厚己諍利　無所省錄　富貴榮

華　當時快意　不能忍辱　不

務修善　威勢無幾　隨以磨滅

身坐勞苦　久後大劇

니라.

　그리고 이러한 고통을 오래 오래 받는 동안에도 그 업장으로 인하여 서로 원한을 맺게 되는 것이니, 처음에는 작은 원한이 점차로 쌓이고 쌓여서 드디어는 큰 원수로 자라고 마느니라. 그리고 이러한 것은 모두가 재물과 애욕에 탐착하여 남에게 베풀지 못한데서 오는 것이며, 그래서 마음은 언제나 어리석은 욕망에 시달리고 모든 일을 욕심으로 헤아리게 되어 마음은 더욱 번뇌에 얽매이고 풀려날 수 없느니라.

　또한 매양 자기만을 위한 이욕 때문에 남과 곧잘 다투기를 잘하며, 악을 범하고도 반성하지 않고 선을 닦으려 하지도 않느니라. 어쩌다가 부귀 영화 한 시절을 당하는 경우에도 다만 자기 한 몸의 쾌락만을 즐기고 절제할 줄을 모르며 힘써서 선을 닦지 않으므로 그 위세는 얼마 가지 못하여 닳아 없어지고 마느

傷。

入其中　古今有是　痛哉可

網　上下相應　榮榮忪忪　當

天道施張　自然紀擧　網紀羅

佛語彌勒

世間如是　佛皆哀之　以威神

力　摧滅衆惡　悉令就善　棄

捐所思　奉持經戒　受行道法

無所違失　終得度世　泥洹之

니라. 그래서 업보로 받는 괴로움은 더욱 심하게 자라서 드디어, 지극히 치성한 고통이 되고 마느니라. 참으로, 인과응보에 관한 천지의 도리는 미치지 않은 곳이 없느니라. 그래서 자연히 그 지은 바 소행은 낱낱이 드러나고 엄연한 인과의 법칙은 상하귀천의 차별이 없이 그가 지은 업력대로 받지 않을 수 없느니라. 그리하여 다만 홀로 황겁(惶怯)히 그 업력의 힘에 말려들고 마는 것이니, 이러한 것은 예나 이제나 변함 없는 도리로서, 참으로 고통스럽고 가엾은 일이니라.

부처님께서는 다시 미륵보살에게 말씀하셨다.

『세상이란 이와 같이 괴로움이 충만한 곳이니, 삼세의 모든 부처님들은 중생들을 불쌍히 여기시고, 위신력으로써 모든 죄악을 부수어 없애고 누구나가 다 선으로 나아가게 하시느니라. 그래서, 다섯 가지 죄

佛言 汝今 諸天人民 及後

世人 得佛經語 當熟思之

能於其中 端心正行 主上爲

善 率化其下 轉相勅令

道

各自端守 尊聖敬善 仁慈博

愛 佛語教誨 無敢虧負 當

求度世 拔斷生死 衆惡之本

當離三途 無量憂畏 苦痛之

악(五惡)을 범하는 마음을 버리고 계율을 받들어 지
키게 하고, 불도를 수행하여 물러남이 없이 필경에는
생사 고해를 벗어나서 영생의 열반을 얻게 하시느
니라

그대들 모든 천신과 인간들과 후세 사람들은 내가
말하는 불법을 잘 듣고 마땅히 이를 깊이 생각해야
하며, 능히 그 가르침대로 마음을 가다듬고 행동을
올바르게 가져야 하느니라. 그래서, 높은 자리에 있
는 사람은 보다 한결 착실히 선을 닦아서 아랫사람
을 잘 다스리고 교화하여 불법을 더욱 널리 유통하도
록 힘써야 하느니라.

그리고 제각기 자기 자신을 올바르게 지니며 부처
님의 가르침을 받들어 매양 선을 숭상하고, 어질고
인자한 마음으로 모든 중생을 사랑하며, 감히 부처님
의 가르침에 추호도 어긋남이 있어서는 안되느니라.

道。

汝等於是　廣植德本　布恩施

惠　勿犯道禁　忍辱精進　一

心智慧　轉相敎化　爲德立善

正心正意　齋戒淸淨　一日一

夜　勝在無量壽國　爲善百歲

所以者何　彼佛國土　無爲自

然　皆積衆善　無毛髮之惡

또한 마땅히 생사고해를 벗어날 것을 굳게 서원하여 모든 악의 뿌리를 뽑아 없애고, 한사코 삼악도의 한량없는 근심과 두려움과 괴로움을 떠나야만 하느니라.

이 혼탁한 세상에서 그대들은 마땅히 공덕의 근본인 선을 심어야 하며, 항상 은혜와 자비를 베풀며, 추호도 불법의 도리에 어긋나지 말아야 하느니라. 그래서 능히 인욕하고 정진하여 항시 마음을 청정히 하고, 지혜로써 많은 사람들을 교화하여, 더욱 공을 쌓고 선을 닦아야 하느니라.

이렇듯 마음을 바르게 하고 청정한 계율을 지키는 것은 한량없는 공덕이 되는 것이니, 다만 밤낮 하루 동안만 계율을 지닐지라도 극락세계에서 백년 동안 선을 닦는 것보다도 더 나으니라. 왜 그런가 하면 저 아미타불의 극락세계는 번뇌의 번거로움이 없으므로,

於此修善 十日十夜 勝於他
方 諸佛國土 爲善千歲 所
以者何 他方佛國 爲善者多
爲惡者少 福德自然 無造惡
之地

唯此間多惡 無有自然 勤苦
求欲 轉相欺紿 心勞形困
飮苦食毒 如是忩務 未嘗寧
息.

누구나가 다 많은 선만을 쌓고 털끝만한 악도 없기
때문이니라.

또한 이 세상에서 다만 열흘 동안만 선을 닦는다
하여도 다른 부처님의 국토에서 천년 동안 선을 닦는
것보다도 더 수승하니라. 어찌 그런가 하면 다른 불국
토에는 선을 닦는 이는 많고 악을 범하는 이는 지극
히 드문데, 그러한 불국토는 자연히 복덕을 갖추고
있어서 죄악을 짓는 경계가 아니기 때문이니라.

그러나 이 세상에는 죄악이 많아서 사람들이 자연
의 도리에 따르지 않고 스스로 지어서 고생하며, 매
양 욕심만을 부려서 서로 속이고 미워하나니, 그러기
에 마음은 더욱 괴롭고 몸은 사뭇 피곤하여 마치 소
태 같은 쓴물을 마시고 독(毒)을 먹는 것과 같으니
라. 이와 같이 매양 바쁘고 괴롭기만 하여 잠시도 편
안하게 쉴 겨를이 없느니라.

吾哀汝等　天人之類　苦心誨
喩　敎令修善　隨器開導　授
與經法　莫不承用　在意所願
皆令得道　佛所遊履　國邑丘
聚　靡不蒙化

天下和順　日月淸明　風雨以
時　災厲不起　國豐民安　兵
戈無用　崇德興仁　務修禮
讓

佛言

我哀愍汝等　諸天人民　甚於

그래서 나는 그대들 천신과 인간들을 가엾이 여겨 간곡히 타이르고 가르쳐서 선을 닦게 하고, 근기에 따라서 인도하여 진리를 깨닫게 하려 하느니라. 그러니 지성으로 받들어 행하면 각기 소원에 따라서 반드시 불도를 성취할 것이며, 내가 돌아다니는 나라마다 도시와 마을마다 모두 한결같이 교화를 입지 않은 곳이 없을 것이니라.

그리하여 천하는 태평하고 해와 달은 청명하여 비바람이 순조롭고 재난이 일어나지 않을 것이며, 그래서 나라는 풍요하고 백성들은 평온하여, 싸우는 병사와 무기가 아무 쓸모가 없을 것이니라. 그리고 사람들은 덕을 숭상하여 인자한 마음을 기르고 부지런히 예절을 닦을 것이니라.』

부처님께서 다시 말씀하시기를,

『내가 그대들 중생을 불쌍히 여기고 사랑하는 것

父母念子 今我於此 世間作

佛 降化五惡 消除五痛 絶

滅五燒 以善攻惡 拔生死之

苦 令獲五德 昇無爲之安。

我但爲汝 略言之耳

如前法 久後轉劇 不可悉說

僞 復爲衆惡 五痛五燒 還

吾去世後 經道漸滅 人民諂

佛語彌勒

은, 부모가 자식을 생각하는 것보다도 한결 더 깊으

니라. 그리기에 이 세상에서 부처가 되어, 다섯 가지

죄악(五惡)을 항복받고, 다섯 가지 고통(五痛)을 없

애며, 다섯 가지 불길(五燒)을 꺼버리고, 선으로써

악을 다스리며, 나아가 생사의 고뇌를 뽑아내고 다섯

가지 덕(五德)을 얻게 하여, 영원하고 안락한 열반의

행복을 누리게 하는 것이니라.

그러나 내가 세상을 떠나고 나면 사람들은 다시금

거짓이 늘어나서 모든 죄악을 범하게 될 것이니라.

그리하여 「다섯 가지 고통」과 내세에 받을 「다섯가지

불길」은 도로 이전과 같이 드러나서 세월이 지날수록

더욱 심하게 될 것이니, 이를 낱낱이 다 말할 수는

없는 일이나, 우선 그대들을 깨우치기 위하여, 간략

히 이러한 것을 말하여 당부하는 것이니라.」

부처님께서 미륵보살을 비롯한 여러 대중에게 당부

汝等各善思之　轉相教誡　如
佛經法　無得犯也.

於是　彌勒菩薩　合掌白言
佛所說甚苦　世人實爾

如來　普慈哀愍　悉令度脫
受佛重誨　不敢違失.

佛告阿難

하셨다.

『그대들은 내가 말한 가르침을 자세히 생각하고 한
껏 서로 깨우치며 불법의 가르침대로 행하여 아예 어
긋나는 일이 없도록 하여라』

이때 미륵보살은 합장하고 부처님께 사뢰었다.

『부처님께서 말씀하신 바는 참으로 절실하고 간곡
하시옵니다. 세상 사람들은 부처님께서 말씀하신대로
실로 저속하기 그지없습니다.

부처님께서 큰 자비를 베푸시어 불쌍히 여기시고
모두 다 고해를 벗어나게 하여 주시오니, 부처님의
간절하신 가르침을 받들어 결코 어그러짐이 없도록
굳게 다짐하겠사옵니다』

제八절　이 세상에 나투신 증명

부처님께서 아난에게 말씀하셨다.

汝起更整衣服　合掌恭敬　禮
無量壽佛　十方國土　諸佛如
來　常共稱揚　讚歎彼佛　無
著無碍。
於是阿難　起整衣服　正身西
面　恭敬合掌　五體投地　禮
無量壽佛　白言世尊
願見彼佛　安樂國土　及諸菩
薩　聲聞大眾。
說是語已　即時　無量壽佛
放大光明　普照一切　諸佛世
界　金剛圍山　須彌山王　大
小諸山　一切所有　皆同一色
譬如劫水　彌滿世界　其中萬

『아난아, 일어서서 법의(法衣)를 단정히 하고 합장하여 공경히 아미타불을 예배하여라. 시방세계의 모든 부처님들도 항상 저 아미타불의 한량없는 지혜와 공덕을 우러러 찬탄하시느니라』

이 때 아난은 일어서서 법의를 바로 하고 단정히 서쪽을 향하여 공경히 합장하고 엎드려 아미타불을 예배하였다. 그리고 부처님께 사뢰기를,

『세존이시여, 원하옵나니, 저 아미타불의 극락세계와 거기 계신 모든 보살들과 성문 대중들을 뵈옵게 하여 주옵소서』

이 말이 끝나자마자 바로 그 때 아미타불께서 큰 광명을 나투시어 두루 일체 모든 불국토를 비추시니, 금강철위산을 비롯하여 수미산과 크고 작은 모든 산에 이르기까지 세상의 일체 만물은 다 한결같이 황금색으로 빛났다. 그것은 마치, 세상의 종말에 오는 수

物 沈沒不現 滉瀁浩汗 唯
見大水 彼佛光明 亦復如是
聲聞菩薩 一切光明 皆悉隱
蔽 唯見佛光 明曜顯赫。

爾時阿難 卽見無量壽佛 威
德巍巍 如須彌山王 高出一
切 諸世界上 相好光明 靡
不照曜 此會四衆 一時悉見

彼見此土 亦復如是。

재겁(水災劫) 때 홍수가 세계에 충만하여 그 가운데 만물은 모조리 잠기고 다만 넓고 망망한 물바다만을 바라보는 것과 같았다. 저 아미타불의 광명도 이와 같아서, 성문과 보살들의 일체 광명은 모두 다 가리워 스러지고 다만 부처님의 광명만이 청정하게 빛나고 있음을 뵈올 수 있었다.

그때에 아난은 아미타불을 우러러 뵈오니 그 부처님의 높고 크신 위덕은 마치 수미산이 세계의 어느 산보다도 높이 솟아 있는 것과 같이 우뚝하게 뵈었으며, 그 상호는 빛나고, 광명은 두루 시방세계에 비추지 않은 데가 없었다. 그리고 이 설법의 자리에 모인 비구 비구니와 선남 선녀의 사부대중도 모두 다 함께 아미타불을 뵈옵고 극락세계를 바라볼 수 있었으며, 한편 저 극락세계에서 이곳을 바라보는 것도 또한 그와 같았다.

爾時 佛告阿難 及慈氏菩薩

汝見彼國 從地已上 至淨居
天 其中所有 微妙嚴淨 自
然之物 爲悉見不

阿難對曰
唯然已見

汝寧復聞 無量壽佛大音 宣
布一切世界 化衆生不

阿難對曰
唯然已聞

彼國人民 乘百千由旬 七寶

이때 부처님께서는 아난과 미륵보살에게 말씀하셨
다.

『그대들이 극락세계를 바라볼 때, 그 땅 위에서 저
정거천(淨居天)에 이르기까지, 그 가운데 있는 미묘
하고 청정한 자연의 만물들을 다 볼 수가 있었느냐』

아난이 대답하여 사뢰기를,
『네, 이미 다 보았사옵니다』

부처님께서 말씀하시되,
『그러면 그대들은 아미타불의 청정하고 미묘한 음
성이 일체 세계에 울려퍼져 모든 중생들을 교화하심
을 들을 수 있었느냐』

아난이 대답하여 사뢰기를,
『네, 이미 들었사옵니다』

부처님께서 말씀하시되,
『저 극락세계의 사람들이 백천유순이나 되는 칠보

宮殿 無有障碍 遍至十方

供養諸佛 汝復見不

已見

對曰

彼國人民 有胎生者 汝復見

不

對曰

已見 其胎生者 所處宮殿

或百由旬 或五百由旬 各於

其中 受諸快樂 如忉利天上

亦皆自然。

궁전을 타고 살면서 아무런 걸림이 없이 시방세계를 두루 다니면서 모든 부처님들께 공양을 올리는 것을 그대들은 볼 수가 있었느냐」

아난이 대답하여 사뢰기를,

「네, 이미 보았사옵니다」

부처님께서 말씀하셨다.

「극락세계에 왕생하는 사람 중에는 태(胎)에 의지해서 태어나는 태생(胎生)이 있는데, 그것도 보았느냐」

아난이 사뢰기를,

「네, 그것도 이미 보았사옵니다. 그 태생한 이들이 사는 궁전은 백유순도 되고 혹은 오백유순도 되오며, 각기 그 가운데서 온갖 쾌락을 누리는것이 마치 저 도리천상(忉利天上)에서 자연히 쾌락을 받는 것과 같사옵니다」

爾時 慈氏菩薩 白佛言

世尊 何因何緣 彼國人民

胎生化生。

佛告慈氏

若有衆生 以疑惑心 修諸功

德 願生彼國 不了佛智 不

思議智 不可稱智 大乘廣智

無等無倫 最上勝智

於此諸智 疑惑不信 然猶信

罪福 修習善本 願生其國

이 때 미륵보살이 부처님께 여쭈기를

『세존이시여, 무슨 인연으로 극락세계의 사람들은

태(胎)에 의지해서 태어나는 태생(胎生)과, 태에 의

탁하지 않고 홀연히 태어나는 화생(化生)의 구별이

있사옵니까』

부처님께서 미륵보살에게 일러 말씀하셨다.

『어떤 중생들은 부처님의 한량없는 지혜 공덕에 대

하여 의혹을 품고 다만 자기 힘(自力)으로 공덕을 닦

아서 극락세계에 태어나고자 원을 세우는 사람들이

있는데, 그들은 아직 부처님의 지혜 공덕이 부사의하

여 이루 말로 다할 수 없고, 또한 그 지혜가 크고 넓

어서 무엇으로도 비길 데가 없는 최상 무비의 지혜임

을 깨닫지 못한 탓이니라.

그러나 그들은 부처님의 부사의한 지혜를 의심하여

믿지는 않으나, 그래도 죄와 복에 대한 인간의 도리

此諸衆生　生彼宮殿　壽五百
歲　常不見佛　不聞經法　不
見菩薩　聲聞聖衆　是故於彼
國土　謂之胎生。

若有衆生　明信佛智　乃至勝
智　作諸功德　信心廻向　此
諸衆生　於七寶華中　自然化
生跏趺而坐　須臾之頃　身
相光明　智慧功德　如諸菩薩
具足成就

는 믿고 스스로 선을 닦아서 극락세계에 태어나고자
원을 세우고는 있느니라. 이와 같이 부처님의 지혜
공덕을 의심하고 수행하는 중생들이 저 극락세계의
변두리에 있는 칠보 궁전에 태어나는 것이니라. 그리
고 그들은 오백세 동안이나 전혀 부처님을 뵈옵지 못
하고 불법을 듣지도 못하며, 보살과 성문 등의 거룩
한 이들을 만나볼 수도 없는 것이니, 극락세계에서
그들을 가리켜 태생(胎生)이라 하느니라.

그러나 누구든지 부처님의 지혜 공덕이 헤아릴 수
없음을 분명히 믿고 가지가지의 공덕을 쌓아서, 의심
없는 신심으로 극락세계에 태어나고자 서원을 세운다
면, 이러한 중생들도 바로 극락세계의 칠보 연꽃 속
에 자연히 화생(化生)하여 가부좌를 하고 앉게 되느
니라. 그리고 순간 사이에 몸의 상호와 광명과 지혜
공덕이 극락세계의 여러 보살들과 똑같이 원만하게

復次慈氏 他方佛國 諸大菩
薩 發心欲見 無量壽佛 恭
敬供養 及諸菩薩 聲聞之衆
彼菩薩等 命終得生 無量壽
佛國 於七寶華中 自然化
(化)生。

彌勒當知 彼化生者 智慧勝
故 其胎生者 皆無智慧 於
五百歲中 常不見佛 不聞經
法 不見菩薩 諸聲聞衆 無
由供養於佛 不知菩薩法式
不得修習功德 當知此人宿
世之時 無有智慧 疑惑所
致。

갖추게 되느니라.

미륵이여, 다른 불국토의 여러 보살들도 발심하여 아미타불과 극락세계의 여러 보살들과 성문들을 뵙고, 공경하고 공양하고자 한다면, 그 이들도 또한 수명이 다하면 자연히 극락세계의 칠보 연꽃 속에 화생(化生)하게 되느니라.

미륵이여, 잘 알아라. 저 극락세계에 화생하는 이들은 지혜가 수승하기 때문이며, 그에 반하여 태생하는 이들은 모두 지혜가 없기 때문이니라. 그래서 그들은 오백세 동안이나 전혀 부처님을 만나 뵙지 못하고, 불법을 듣지도 못하며, 보살과 성문들을 보지도 못하고, 또한 부처님을 공양할 수도 없으며, 보살의 법도를 모르기 때문에 많은 공덕을 쌓을 수도 없느니라. 마땅히 알아야 할지니, 이러한 사람들은 과

佛告彌勒

譬如轉輪聖王　別有七寶宮

室　種種莊嚴　張設床帳　懸

諸繒幡　若有諸小王子　得罪

於王　輒內彼宮中　繫以金鎖

供給飲食　衣服床褥　華香妓

樂　如轉輪王　無所乏少　於

意云何　此諸王子　寧樂彼處

不。

對曰

不也　但種種方便　求諸大力

거 숙세에서 지혜를 닦지 않고 부처님의 부사의한 지혜를 의심한 때문이니라』

부처님께서 다시 미륵보살에게 일러 말씀하셨다.

『가령 비유하건대, 전륜성왕※의 궁전에 따로 칠보로 된 방을 마련하여 화려한 자리를 깔고 장엄하여 가지가지의 아름다운 비단 깃발을 걸어서 장엄하여 놓고, 만약 왕자가 죄를 범하면, 부왕은 그를 벌하여 바로 이 칠보 방안에 황금 사슬로 매어서 감금하느니라. 그러나 음식이나 의복·이부자리나 꽃과 향이나 음악 등은 전륜성왕과 똑같이 하여 조금도 부족함이 없도록 배려하느니라. 이러할 때 그 왕자의 마음은 어떠하겠는가 그 왕자는 그래도 그 화려한 칠보 방 안에 있고 싶어할 것인가』

미륵보살이 대답하여 사뢰기를,

『그렇지 않을 것이옵니다. 그 왕자는 무슨 방편을

欲自勉出。

佛告彌勒

此諸衆生 亦復如是 以疑惑

佛智故 生彼宮殿 無有刑罰

乃至 一念惡事 但於五百歲

中 不見三寶 不得供養 修

諸善本 以此爲苦 雖有餘樂

猶不樂彼處。

若此衆生 識其本罪 深自悔

責 求離彼處 卽得如意 往

써서라도 힘이 센 역사(力士)를 구하여 빠져나오려고

할 것이옵니다』

부처님께서 미륵보살에게 말씀하셨다.

『저 극락세계에 태생(胎生)하는 중생들도 또한 그

와 같아서 부처님의 한량없는 지혜 공덕을 의심하고

믿지 않았기 때문에 저 극락세계의 변두리에 있는 칠

보 궁전에 태어나서, 아무런 벌을 받지도 않고, 나쁜

일이란 생각조차 나지 않으나, 다만 오백년 동안이나

부처님과 불법과 성중(聖衆) 등 삼보를 만나보지 못

하고, 따라서 삼보를 공양하여 가지가지의 공덕을 쌓

을 수도 없느니라. 이러한 것이 큰 괴로움이 되어,

비록 다른 어떤 즐거움이 있다고 할지라도, 그곳에

있고 싶어 하지 않는 것이니라.

그러나, 그들이 부처님의 지혜 공덕을 의심한 그

근본 허물을 깨닫고 깊이 참회하여 칠보 궁전을 벗어

詣無量壽佛所　恭敬供養　亦

得遍至　無量無數　諸餘佛所

修諸功德

彌勒當知　其有菩薩　生疑惑

者　爲失大利　是故應當　明

信諸佛　無上智慧。

彌勒菩薩　白佛言

世尊　於此世界　有幾所　不

退菩薩　生彼佛國

나기를 원한다면, 바로 뜻대로 되어 아미타불의 처소

에 나아가서 공경하고 공양하게 되며, 또한 헤아릴

수 없는 모든 부처님의 처소에도 두루 돌아다니며 더

욱 많은 공덕을 쌓을 수가 있느니라.

미륵이여, 잘 명심하여라. 누구든지 부처님의 지혜

공덕에 의혹을 품는 것은 가장 큰 이익을 잃는 것이

니라. 그러므로 마땅히 모든 부처님의 위없는 지혜

공덕을 분명히 믿어야 하느니라』

제九절　극락세계에 왕생하는 보살들

미륵보살은 부처님께 여쭈어 물었다.

『세존이시여, 이 세계에서는 불법에서 물러나지 않

는 불퇴전의 자리에 오른 보살들이 얼마나 저 극락세

계에 태어나게 되옵니까』

佛告彌勒

於此世界　有六十七億　不退
菩薩　往生彼國　一一菩薩
已曾供養　無數諸佛　次如彌
勒者也　諸小行菩薩　及修習
少功德者　不可稱計　皆當往
生。

佛告彌勒

不但我剎　諸菩薩等　往生彼
國　他方佛土　亦復如是

其第一佛　名曰遠照　彼有百
八十億菩薩　皆當往生

부처님께서 대답하셨다.

『이 사바세계에는 육십칠억이나 되는 불퇴전의 보
살들이 있는데, 그들이 모두 극락세계에 왕생(往生)※
할 것이니라. 이러한 보살들은 일찍이 헤아릴 수 없
이 많은 부처님들을 공양하였으며, 그 높은 공덕은
거의 미륵 그대와 같으니라. 그리고 아직 수행 공덕
이 부족한 여러 보살들과 작은 공덕을 닦는 소승(小
乘) 수행자의 수가 헤아릴 수 없이 많은데, 그들도
또한 모두 극락세계에 왕생할 것이니라.』

부처님께서 미륵보살에게 다시 일러 말씀하시기를,

『내가 교화하고 있는 이 사바세계의 여러 보살들만
저 극락세계에 왕생하는 것이 아니라, 다른 불국토에
서도 또한 그와 같으니라.

그 첫째로 원조불(遠照佛)의 세계에서는 백 팔십억
보살들이 왕생할 것이고,

其第二佛　名曰寶藏　彼有九
十億菩薩　皆當往生

其第三佛　名曰無量音　彼有
二百二十億菩薩　皆當往生

其第四佛　名曰甘露味　彼有
二百五十億菩薩　皆當往生

其第五佛　名曰龍勝　彼有十
四億菩薩　皆當往生

其第六佛　名曰勝力　彼有萬
四千菩薩　皆當往生

其第七佛　名曰師子　彼有
五百億菩薩　皆當往生

其第八佛　名曰離垢光　彼有
八十億菩薩　皆當往生

其第九佛　名曰德首　彼有六

둘째 보장불(寶藏佛)의 세계에서는 구십억 보살들
이 왕생할 것이며,

셋째 무량음불(無量音佛)의 세계에서는 이백 이십
억 보살들이 왕생할 것이고,

넷째 감로미불(甘露味佛)의 세계에서는 이백 오십
억 보살들이 왕생할 것이며,

다섯째 용승불(龍勝佛)의 세계에서는 십사억 보살
들이 왕생할 것이고,

여섯째 승력불(勝力佛)의 세계에서는 일만 사천 보
살들이 왕생할 것이며,

일곱째 사자불(師子佛)의 세계에서는 오백억 보살
들이 왕생할 것이고,

여덟째 이구광불(離垢光佛)의 세계에서는 팔십억
보살들이 왕생할 것이며,

아홉째 덕수불(德首佛)의 세계에서는 육십억 보살

十億菩薩　皆當往生

其第十佛　名曰妙德山　彼有

六十億菩薩　皆當往生

其第十一佛　名曰人王　彼有

十億菩薩　皆當往生

其第十二佛　名曰無上華　彼

有無數　不可稱計　諸菩薩衆

皆不退轉　智慧勇猛　已曾供

養　無量諸佛　於七日中　即

能攝取　百千億劫　大士所修

堅固之法　斯等菩薩　皆當往

生

其第十三佛　名曰無畏　彼有

七百九十億　大菩薩衆　諸小

菩薩　及比丘等　不可稱計

들이 왕생할 것이고,

열째 묘덕산불(妙德山佛)의 세계에서는 육십억 보살들이 왕생할 것이며,

열한째 인왕불(人王佛)의 세계에서는 십억 보살들이 왕생할 것이고,

열두째 무상화불(無上華佛)의 세계에서는 한량없이 많은 보살들이 모두 왕생할 것이니라. 그들은 모두 불도에서 물러나지 않는 불퇴전의 자리를 얻고 지혜가 뛰어났으며, 일찍이 한량없는 여러 부처님을 공양하고, 겨우 칠일 동안에 능히 다른 보살이 백천억 겁 동안 닦아서 얻을 견고한 법력을 갖추어 지니고 있느니라.

열셋째 무외불(無畏佛)의 세계에서는 칠백 구십억의 대승 보살들과, 작은 공덕의 여러 보살들과, 헤아릴 수 없이 많은 출가 수행자들이 모두 다 극락세계

皆當往生。

佛語彌勒　不但此　十四佛國
中　諸菩薩等　當往生也　十
方世界　無量佛國　其往生者
亦復如是　甚多無數。

我但說　十方諸佛名號　及菩
薩比丘　生彼國者　晝夜一劫
尙未能竟　我今爲汝　略說之
耳。

에 왕생할 것이니라.

미륵이여, 지금 말한 열네 개의 불국 세계에 있는
보살들만 극락세계에 왕생하는 것이 아니라 시방세
계의 헤아릴 수 없는 불국토에서도 극락세계에 왕생
하는 이들은 이와 같이 수없이 많으니라.

그러므로 내가 시방세계의 모든 부처님의 명호(名、
號)와, 그 불국토에서 극락세계에 왕생하는 보살들과
출가 수행자들의 수를 헤아린다면, 밤낮 일겁동안을
두고도 오히려 다할 수 없는 것이니, 나는 이제 그대
들을 위하여 간략히 그 대강만을 말한 것이니라』

第三章 流通分

第一節 付囑流通

佛語彌勒

其有得聞 彼佛名號 歡喜踊
躍 乃至一念 當知此人 爲
得大利 則是具足 無上功
德

是故彌勒 設有大火 充滿三
千大千世界 要當過此 聞是
經法 歡喜信樂 受持讀誦
如說修行 所以者何 多有菩
薩 欲聞此經 而不能得 若
有衆生 聞此經者 於無上道

제三장 유통분(流通分)

제一절 유통을 부촉

부처님께서 미륵보살에게 말씀하셨다.

『누구든지 아미타불의 명호를 듣고, 그지없이 기뻐하여 아미타불을 다만 한번만이라도 생각한다면 이 사람은 큰 이익을 얻게 되는 것이니라. 분명히 알아두어라. 바로 이것은 위없는 공덕을 갖추게 되는 것이니라.

미륵이여, 설사 맹렬한 큰 불이 삼천대천 세계에 충만한다 할지라도 한사코 뚫고 나가서 이 경전의 가르침을 들어야 하느니라. 그래서 환희심으로 믿고 지니며 외우고 기억하여 가르침과 같이 수행해야 하느니라. 어찌 그런가 하면 많은 보살들이 이 경전을 들으려 하여도 과거에 큰 공덕이 없으면 들을 수 없는

終不退轉　是故應當　專心信

受　持誦說行。

佛言

惑

無得以我滅度之後　復生疑

切所有　所當爲者　皆可求之

令見無量壽佛　及其國土一

吾今　爲諸衆生　說此經法

當來之世　經道滅盡　我以慈

悲哀愍　特留此經　止住百歲

其有衆生　值斯經者　隨意所

귀중한 진리이기 때문이니라. 만약 어떤 중생이 이 경전의 가르침을 듣기만 하여도, 그는 위없는 대도(大道)에서 끝내 퇴전하지 않을 것이니, 그러므로 그대들은 마땅히 정성을 다하여 믿고 지니며 외우고 기억하여 가르침대로 수행해야 하느니라.

부처님께서 다시 말씀하셨다.

『내가 이제 여러 중생들을 위하여 이 무량수경을 설(說)하고 아미타불(무량수불)과 극락세계에 관한 모든 공덕과 장엄을 그대들이 듣고 보고 알도록 하였으니, 그대들은 마땅히 수행 정진하여 모두 극락세계에 왕생함을 간구해야 하며, 내가 돌아간 뒤에 다시 의혹을 품어서는 안 되느니라.

먼 미래에 이 세상에서 불법이 망하고 모든 경전이 다 없어진다 하더라도 나는 자비한 마음으로 말세 중생을 가엾이 여겨 특히 이 「무량수경」만은 백 년을

願 皆可得道.

佛語彌勒

如來興世　難値難見　諸佛經

道　難得難聞　菩薩勝法　諸

波羅蜜　得聞亦難　遇善知識

聞法能行　此亦爲難　若聞斯

經　信樂受持　難中之難　無

過此難

是故我法　如是作　如是說

더 오래 머물게 할 것이니라. 그래서 누구든지 이 「무량수경」을 만나서 그 가르침을 믿고 따르는 이는 그들의 소원대로 모두 극락세계에 왕생할 수 있을 것이니라.」

부처님께서 미륵보살에게 말씀하셨다.

『부처님이 이 세상에 출현함을 만나기는 참으로 어려운 일이니라. 또한 여러 부처님의 경전을 얻는 것도 어렵고 설법을 듣는 것도 어려우니라. 그리고 보살행의 위대한 법인 육바라밀을 듣는 것도 또한 어려우며, 선지식을 만나서 법문을 듣고 능히 수행하는 것도 역시 어려운 일이니라. 그러나 만약 이 무량수경의 진리를 듣고 환희심으로 믿고 지니어 기억함은 참으로 어려운 가운데서도 더욱 어려운 일로서, 이보다 더 어려운 일은 없느니라.

그러므로 나는 무량수경의 법문을, 진리 그대로 이

如是教　應當信順　如法修行。

第二節　聞經得益

爾時　世尊　說此經法　無量衆生　皆發無上　正覺之心　萬二千那由他人　得清淨法眼　二十二億　諸天人民　得阿那含果　八十萬比丘　漏盡意解　四十億菩薩　得不退轉　以弘誓功德　而自莊嚴　於將來世　當成正覺。

와 같이 마련하고(如是作)、진리 그대로를 이와 같이 말하여(如是說)、진리 그대로 이와 같이 가르치(如是教)는 것이니, 그대들은 마땅히 믿고 의지하여 가르침과 같이 수행해야 하느니라』

제二절　법문의 공덕

그 때 부처님께서 무량수경을 설법하실 적에 한량없는 중생들이 모두 위없는 보리심(菩提心)을 내었다. 그 가운데서, 만 이천 나유타의 사람들은 일체만법을 분명히 비춰보는 청정한 법안(法眼)을 얻고, 이십 이억의 천신과 인간들은 다시 욕계에 미혹되지 않는 아나함과(阿那含果)를 얻고, 팔십만 출가 수행자들은 모든 번뇌를 끊고 마음이 걸림이 없는 누진통(漏盡通)을 얻었다. 그리고 사십억의 보살들은 위없는 대도(大道)에서 물러나지 않는 불퇴전의 자리를

第三節　現瑞衆喜

爾時 三千大千世界 六種震
動 大光普照 十方國土 百
千音樂 自然而作 無量妙華
紛紛而降
佛說經已 彌勒菩薩 及十方
來 諸菩薩衆 長老阿難 諸
大聲聞 一切大衆 聞佛所說
靡不歡喜。

佛說 無量壽經 卷下 終

얻었는데, 그들은 중생을 제도하려는 큰 서원의 공덕으로 스스로를 장엄하고, 장차 오는 세상에서는 마땅히 부처가 될 것이다.

제三절　신묘한 상서와 대중의 환희

그때에 삼천대천 세계는 여섯 가지로 진동하고 찬란한 광명은 두루 시방세계를 비추는데, 백천 가지 음악이 자연히 울려퍼지고 헤아릴 수 없는 신묘한 꽃들은 비오듯이 펄펄 흩날렸다.

부처님께서 무량수경의 법문을 끝 마치시니, 미륵보살과 시방세계에서 모여든 많은 보살들과 장로 아난을 비롯한 여러 큰 성문들과 다른 모든 대중들은 부처님의 설법을 듣고 누구 하나 사뭇 기뻐하지 않은 이가 없었다.

불설 무량수경 끝

제二 관무량수경(觀無量壽經)

佛說觀無量壽經

宋元嘉中 三藏畺良耶舍 譯

第一章 序分

第一節 證信序

如是我聞

第一章 發起序

第一 化前序

一時 佛在王舍城 耆闍崛山中與大比丘衆 千二百五十人俱 菩薩三萬二千 文殊師利法王子 而爲上首。

第二節 禁父緣

관무량수경

제一장 서분(序分)

제一절 기사굴산의 큰 법회

이와 같이 나는 들었다.

어느 때 부처님께서는 왕사성의 기사굴산(영추산)에 계셨는데, 천 이백 오십인의 비구들과 삼만 이천의 보살들이 자리를 함께 하였으며, 문수보살이 그 수제자였다.

제二절 왕사성의 비극

1. 부왕(父王)을 가둠

爾時 王舍大城 有一太子

名阿闍世 隨順調達 惡友之

教 收執父王 頻婆娑羅 幽

閉置於 七重室內 制諸群臣

一不得往

國大夫人 名韋提希 恭敬大

王 燥浴淸淨 以酥蜜和麨

用塗其身 諸瓔珞中 盛蒲桃

漿 密以上王

爾時大王 食麨飲漿 求水漱

口 漱口畢已 合掌恭敬 向

耆闍崛山 遙禮世尊 而作是

言

大目犍連 是吾親友 願興慈

그 때 마가타국의 왕사성에 아사세라하는 한 태자

가 있었다. 그는 제바달다라는 나쁜 벗의 꼬임에 빠

져서 아버지인 빈바사라왕을 일곱 겹의 담으로 둘러

싼 깊은 감옥에 가두어 놓고, 신하들에게 명령하여

한 사람도 가까이 하지 못하게 하였다.

그런데 왕비인 위제희 부인은 왕을 흠모하고 슬퍼

한 나머지, 깨끗이 목욕을 하고 꿀에 밀가루와 우유

를 반죽하여 몸에다 바르고 영락 구슬 속에 포도즙을

담고 하여 가만히 남 몰래 왕에게 드리곤 하였다.

그래서 왕은 꿀반죽과 포도즙을 먹고 겨우 목숨을

부지할 수 있었다. 그런데, 왕은 평소에 부처님을 신

봉하는 마음이 돈독한 분이라, 부처님이 계시는 기사

굴산을 향하여 멀리 합장 예배하며 간절히 기원하기

를

『세존이시여, 제자이신 목련존자는 저의 친구이옵

悲 授我八戒。

時目犍連 如鷹隼飛 疾至王

所 日日如是 授王八戒

說法

世尊亦遣 尊者富樓那 爲王

如是時間 經三七日 王食麨
蜜 得聞法故 顏色和悅。

第二節 禁母緣

時阿闍世 問守門者 父王今

者 猶存在耶 時守門人 白

니다. 원하옵건대 자비를 베푸시어 저에게 팔재계(八齋戒)를 주도록 하여 주옵소서」

그 때 기사굴산에 있던 목련존자는 이 간절한 소원을 듣고, 마치 새매(鷹隼)와도 같이 재빨리 왕이 간혀 있는 감옥에 이르러, 왕을 위로하며 왕에게 팔재계를 일러 주었다.

그리고 부처님께서는 다시, 설법으로 제 일인자인 부루나존자를 보내시어, 왕을 위하여 설법을 하도록 하셨다.

그래서 간힌 지 이십일일 동안이나 지났으나, 왕은 꿀반죽을 먹고 설법을 듣고 하여 그 안색은 이전과 같이 온화하고 마음은 기쁨이 가시지 않았다.

2. 어머니를 가둠

어느날 아사세는 부왕이 간힌 감옥의 문지기에게 부왕은 아직도 살아 있느냐고 물었더니, 문지기가 대

言

大王 國大夫人 身塗酥蜜

瓔珞盛漿 持用上王 沙門目

蓮 及富樓那 從空而來 爲

王說法 不可禁制

時阿闍世 聞此語已 怒其母

曰

我母是賊 與賊爲伴 沙門惡

人 幻惑呪術 令此惡王 多

日不死

卽執利劍 欲害其母。

時有一臣 名曰月光 聰明多

智 及與耆婆 爲王作禮 白

답하기를,

『대왕이시여, 어머니이신 왕대비께서 몸에 꿀반죽을 바르시고 영락 구슬속에 포도즙을 넣어 가지고 오셔서 부왕님께 올리오며, 부처님의 제자이신 목련과 부루나의 두 스님이 허공으로 날아와서 부왕님께 설법을 하시니 도저히 막을 도리가 없나이다.』

이 말을 들은 아사세는 화가 불같이 치밀어 자기 어머니에게,

『어머니는 역적이요, 내 원수인 아버지와 내통을 하다니…. 그리고 중들은 남을 홀리는 술법을 써서 나쁜 임금을 오래 살게 하니 악당들이요』

하면서 곧 칼을 뽑아 들고 그의 어머니를 해치려 하였다.

그때 월광이라는 총명하고 지혜가 많은 대신이 있었는데, 그는 유명한 의사이기도 한 기바 대신과 함

言大王

臣聞 毗陀論經說 劫初已來

有諸惡王 貪國位故 殺害其

父 一萬八千 未曾聞有 無

道害母 王今爲此 殺逆之事

汙刹利種 臣不忍聞 是栴陀

羅 不宜住此。

時二大臣 說此語竟 以手按

劍 却行而退。

時 阿闍世 驚怖惶懼 告耆

婆言

汝不爲我耶

께 앞에 나아가 절을 하고 왕에게 여쭈기를

『대왕이시여, 신들이 저 베에다 성전(聖典)의 말씀
을 듣건데, 개벽 이래 오늘에 이르기까지 여러 나쁜
왕들이 왕위를 탐하여 그 부왕을 살해한 자는 무려
일만 팔천 명이나 된다고 하오나, 아직 일찌기 무도
하게 자기 어머니를 시해했다는 말은 듣지 못하였습
니다. 그런데 이제 대왕께서 어머니를 해치려 하시니
이는 왕족을 더럽히는 일로서, 신하로서 차마 볼 수
없습니다. 그러한 짓은 천하 백정만도 못한 짓이오니
저희들은 여기에 더 머물러 있을 수 없습니다』

이와 같이 말하며 곧 칼을 뽑을 듯이 칼자루에 손
을 대고 몇 걸음 뒤로 물러섰다.

이 말을 듣고 아사세왕은 크게 놀라고 기가, 죽어서
황급히 기바 대신에게 말하기를,

『그대는 나를 도와 주지 않으려는가?』』

耆婆白言

大王愼莫害母。

『대왕이시여, 부디 삼가하시고 어머니를 살해하지

마소서』

王聞此語 懺悔求救 卽便捨

劒 止不害母 勅語內官 閉

置深宮 不令復出。

왕은 이 말을 듣고 뉘우쳐 두 대신에게 사과하고
도와주기를 청하였다. 그리고 이내 칼을 버리고 어머
니를 살해하지는 않았으나, 내관(內官)에 명령하여
깊은 골방에 어머니를 가두고 다시 나오지 못하게 하
였다.

第三節 厭苦緣

時韋提希 被幽閉已 愁憂憔

悴 遙向耆闍崛山 爲佛作禮

而作是言

제三절 고해(苦海)를 싫어하고 정토를 흠모함

이와 같이 하여 위제희 부인은 궁중 깊이 갇히게
되어 슬픔과 시름으로 몸은 사뭇 수척해지고 마음은
그지없이 산란하였다. 부인은 멀리 기사굴산을 향하
여 부처님께 예배하고 말하기를

如來世尊 在昔之時 恒遣阿

難來慰問我 我今愁憂 世

『세존이시여, 지난 날 부처님께서는 언제나 아난존
자를 보내시어 저를 위로하여 주셨사옵니다. 저는 지

尊威重　無由得見　願遣目蓮

尊者阿難　與我相見

作是語已　悲泣雨淚　遙向佛

禮　未舉頭頃　爾時世尊　在

耆闍崛山　知韋提希　心之所

念　卽勅大目犍連　及以阿難

從空而來　佛從耆闍崛山沒

於王宮出

時韋提希　禮已舉頭　見世尊

釋迦牟尼佛　身紫金色　坐百

寶蓮華　目蓮侍左　阿難在右

釋梵護世諸天　在虛空中　普

雨天華　持用供養

금 깊은 시름에 잠겨 있사오나 거룩하신 부처님을 뵈올 길마저 없사옵니다. 원하옵건대 목련존자와 아난존자를 보내시어 저를 위로하게 하여 주옵소서』

이와 같이 말하며 슬픔이 복받쳐 하염없이 눈물을 흘리며 멀리 부처님 계시는 곳을 향하여 다시금 예배를 드렸다. 그런데 부인이 미처 머리를 들기도 전에, 부처님께서는 위제희 부인의 애틋한 하소연을 살피시고, 곧 목련과 아난에게 명하시어 허공으로 날아가도록 하시고 부처님께서도 기사굴산에서 홀연히 자취를 감추시어 바로 왕궁에 나투셨다.

그 때 위제희 부인이 예배를 마치고 머리를 들자 천만 뜻밖에 부처님께서 찬란한 자마금색의 몸으로 백천 보배로 이루어진 연꽃 위에 앉아 계심을 뵈올 수 있었당. 그리고 목련존자는 그 왼편에 아난존자는 오른편에 모시었고, 제석천과 범천과 사대천왕 등 여

時韋提希　見佛世尊　自絕瓔
珞　擧身投地　號泣向佛　白
言
世尊　我宿何罪　生此惡子
世尊復有　何等因緣　與提婆
達多　共爲眷屬。

第四節　欣淨緣

唯願世尊　爲我廣說　無憂惱
處　我當往生　不樂閻浮提
濁惡世也　此濁惡處　地獄餓
鬼　畜生盈滿　多不善聚　願
我未來　不聞惡聲　不見惡人

러 천신들은 허공 중에 머물러, 하늘 꽃을 비내리듯 뿌리며 부처님께 공양하였다.

이 때에 위제희 부인은 부처님을 뵈옵자 스스로 영락 목걸이를 끊어버리고, 몸을 가누지 못하며 흐느껴 울면서 부처님께 사뢰기를,

『세존이시여, 저는 과거 숙세에 무슨 죄가 있사옵기에 이러한 악독한 아들을 두게 되고, 부처님께서는 또한 무슨 인연으로 제바달다와 같은 나쁜 무리와 친족이 되셨사옵니까』

『원하옵나니 세존이시여, 저를 위하여 괴로움과 번뇌가 없는 처소를 자상하게 말씀하여 주옵소서. 저는 마땅히 그 곳에 태어나겠사오며, 이 염부제(閻浮提)와 같은 혼탁하고 사나운 세상에는 아예 살고 싶지가 않사옵니다. 이 더럽고 악한 세상에는 지옥과 아귀와

今向世尊 五體投地 求哀懺悔 唯願佛日 教我觀於 清淨業處。

……축생이 충만하고 못된 무리들이 너무나 많사옵니다. 저는 다음 세상에서는 나쁜 소리를 듣지 않고, 사나운 무리들을 만나고 싶지 않사옵니다. 지금 저는 부처님 앞에 오체투지하여[※] 참회하오며 구원을 비옵니다. 진정으로 원하옵나니, 중생의 태양이신 부처님께서는 저에게, 청정한 업으로 이루어진 안락한 세계를 보여주옵소서』

爾時世尊 放眉間光 其光金色 遍照十方 無量世界 還住佛頂 化爲金臺 如須彌山 十方諸佛 淨妙國土 皆於中現 或有國土 七寶合成 復有國土 純是蓮華 復有國土 如自在天宮 復有國土 如玻璨鏡 十方國土 皆於中現

그 때 부처님의 양미간에서 찬란한 금색 광명이 발하여 한량없는 시방세계를 두루 비추고 그 광명은 다시 돌아와서 부처님의 정수리에 머물러 마치 수미산과 같은 황금의 좌대가 되었다. 그리고 시방세계 모든 부처님들의 청정 미묘한 불국토는 모두 그 가운데 나타나 있었다. 그런데 어느 국토는 칠보로 이루어지고, 어느 국토는 순수한 연꽃만으로 되어 있으며, 어느 국토는 자재 천궁과 같이 장엄하고, 어느 국토는

有如是等　無量諸佛國土　嚴
顯可觀　令韋提希見。
時韋提希　白佛言
世尊　是諸佛土　雖復清淨
皆有光明　我今樂生　極樂世
界　阿彌陀佛所　唯願世尊
教我思惟　教我正受。
爾時世尊　即便微笑　有五色
光　從佛口出　一一光照頻
婆娑羅頂　爾時大王　雖在幽
閉　心眼無障　遙見世尊　頭
面作禮　自然增進　成阿那
含。

수정의 거울과 같이 영롱한데, 이와 같이 헤아릴 수 없는 불국토들을 분명하게 바라볼 수 있었다.

위제희 부인은 부처님께 사뢰어 말하기를,

『세존이시여, 이러한 여러 불국토는 모두 다 청정하고 광명이 충만하옵니다. 그러나 저는 그 중에서도 아미타불이 계시는 극락세계에 가서 태어나고자 원하옵니다. 오직 바라옵건대 세존이시여, 저에게 극락세계에 왕생하기 위한 마음가짐과 바른 수행법을 말씀하여 주옵소서』

이 말을 들으신 부처님께서는 미소를 지으시니, 오색의 광명이 부처님의 입에서 나와 그 찬란한 빛은 갇혀있는 빈바사라왕의 머리 위를 비추었다. 빈바사라왕은 비록 옥중에 갇혀 있는 처지였으나 문득 마음의 눈이 환히 열려, 멀리 부처님을 뵈옵고 엎드려 예배를 드리고 나니, 자연히 욕계의 번뇌가 끊어지고

爾時世尊 告韋提希

汝今知不 阿彌陀佛 去此不
遠 汝當繫念 諦觀彼國 淨
業成者 我今爲汝 廣說衆譬
亦令未來世 一切凡夫 欲修
淨業者 得生西方 極樂國
土。

欲生彼國者 當修三福 一者
孝養父母 奉事師長 慈心不
殺 修十善業 二者 受持三
歸 具足衆戒 不犯威儀 三

다시 욕계에 물러나지 않는 아나함과(阿那含果)의 경계를 성취하게 되었다.

그 때에 부처님께서는 위제희 부인에게 말씀하셨다.

『부인은 잘 모를 일이나 아미타불은 결코 멀리 계시는 것이 아닙니다. 부인은 마땅히 마음을 가다듬어 청정한 업으로 이루어진 저 극락세계를 자세히 관찰해 보시오. 나는 지금 부인을 위하여 널리 가지가지의 비유를 들어, 다음 미래 세상의 모든 중생들도 청정한 업을 닦아서 서방 극락세계에 왕생할 수 있도록 하겠습니다.

그런데 저 극락세계에 왕생하고자 하는 이는 마땅히 세 가지의 복을 닦지 않으면 안됩니다. 그 첫째로는 부모에게 효도하고 스승과 어른을 받들어 섬기며 자비한 마음으로 살생하지 말고 지성으로 십선업(十

者 發菩提心 深信因果 讀
誦大乘 勸進行者 如此三事
名爲淨業。

佛告韋提希 汝今知不 此三
種業 過去未來現在 三世諸
佛淨業正因。
　第四節　定善示觀緣
佛告阿難 及韋提希
諦聽諦聽 善思念之 如來今

善業)을 닦는 것입니다. 둘째는 부처님과 불법과 성
인네 등 삼보에 귀의하여 여러 가지 계율을 지키며
위의를 바르게 하는 것입니다. 세째로는 위없는 진리
를 깨닫고자 하는 보리심을 내어, 깊이 인과의 도리
를 믿고 대승경전을 독송하며, 한편 다른 이에게도
그렇게 하도록 힘써 권면해야 합니다. 그래서 이러한
세 가지의 수행을 극락세계에 왕생하는 청정한 업(淨
業)이라 하는 것입니다.

그리고 부인은 아직 모를 일이나 이 세 가지의 청
정한 업은 과거·현재·미래의 삼세 모든 부처님들께
서 닦으신 청정한 업의 근본이 되는 것입니다.』

　제四절　극락세계 관찰의 인연
　부처님께서는 다시 아난과 위제희 부인에게 말씀하
셨다.

　『그대들은 잘 듣고 깊이 생각하여라. 내가 이제,

者　爲未來世　一切衆生　爲
煩惱賊　之所害者　說淸淨業
善哉韋提希　快問此事。

阿難　汝當受持　廣爲多衆
宣說佛語

如來今者　敎韋提希　及未來
世　一切衆生　觀於西方　極
樂世界　以佛力故　當得見彼
淸淨國土　如執明鏡　自見面
像　見彼國土　極妙樂事　心
歡喜故　應時卽得　無生法
忍。

번뇌의 시달림에 괴로와 할 미래 세상의 모든 중생들

을 위하여 청정한 선업(善業)을 말하리라. 착하도다

위제희여, 부인은 미래세계의 중생들을 위하여 참으

로 좋은 질문을 하였도다.

아난아, 그대는 내가 하는 말을 잘 지니고 기억하

여 널리 많은 중생들에게 베풀도록 하여라.

나는 이제 위제희 부인과 미래 세상의 모든 중생들

이 서방 극락세계를 관(觀)하도록 가르쳐 주리라. 그

래서 그들은 부처님의 위신력에 의지하여 저 청정한

극락세계를 바라보는 것이, 마치 맑은 거울에 자기

얼굴을 비쳐 보는 것과 같이 분명하게 볼 것이니라.

그리하여 극락세계의 지극히 미묘한 장엄과 즐거운

일들을 보고 나면, 그들의 마음은 환희에 사무쳐 바

로 불생 불멸의 진리를 깨닫는 무생법인(無生法忍)을

얻게 되느니라.』

佛告韋提希

汝是凡夫　心想羸劣　未得天

眼　不能遠觀　諸佛如來　有

異方便　令汝得見。

時韋提希　白佛言

世尊　如我今者　以佛力故

見彼國土　若佛滅後　諸衆生

等　濁惡不善　五苦所逼　云

何當見　阿彌陀佛　極樂世

界。

부처님께서는 다시 위제희 부인에게 말씀하셨다.

『부인은 아직 생사를 깨닫지 못한 범부이니 그 마음이 여리고 얕으며, 미처 천안통(天眼通)을 얻지도 못했으니 멀리 볼 수는 없습니다. 오직 부처님의 부사의한 방편에 의해서만 저 극락세계를 볼 수 있는 것입니다』

위제희 부인이 부처님께 사뢰기를,

『세존이시여, 저와 같은 범부는 지금 부처님의 거룩하신 법력에 의지하여 극락세계를 바라볼 수 있아오나 만약 부처님께서 열반에 드신 후에 다른 모든 중생들은 마음이 혼탁하고 삿되어 매양 생로병사(生老病死)의 괴로움과 이별하는 슬픔 등 오고(五苦)에 사뭇 시달리게 될 것이옵니다. 그와 같은 중생들은 어떻게 하여야 아미타불의 극락세계를 볼 수 있겠사옵나이까』

第二章　正宗分

定善觀

第一節　日想觀

佛告韋提希　汝及衆生　應當
專心　繫念一處　想於西方
云何作想　凡作想者　一切衆
生　自非生盲　有目之徒　皆
見日沒　當起想念　正坐西向
諦觀於日　令心堅住　專想不
移　見日欲沒　狀如懸鼓　旣
見日已　閉目開目　皆令明了
是爲日想　名曰初觀.

제二장　정종분(正宗分)

〈열 여섯가지 관(十六觀)〉

제一절　해를 생각하는 관(日想觀)

부처님께서 위제희 부인에게 말씀하셨다.

『부인이여, 그대와 중생들은 마음을 가다듬고 생각을 한 곳에 집중하여 서쪽을 생각하시오. 그리고 어떠한 생각을 하는가 하면, 모든 중생들은 태어나면서부터 소경이 아니고 눈이 있는 사람은 누구나 해가 지는 것을 볼 것이니, 서쪽을 향하여 단정히 앉아서 해를 똑똑히 보도록 하시오. 그리고 나서 마음을 굳게 간직하여 생각을 움직이지 말고, 곧 지려는 해가 마치 서쪽 하늘에 매달린 북과 같음을 보도록 하시오. 그래서 해를 보고 난 후에도 눈을 감으나 눈을 뜨나 그 영상이 한결같이 분명히 보이도록 할 것입니

第二節　水想觀

次作水想　見水澄清　亦令明
了　無分散意　既見水已　當
起氷想　見氷映徹　作瑠璃想
此想成已　見瑠璃地　內外映
徹　下有金剛　七寶金幢　擎
瑠璃地　其幢八方　八楞具足
一一方面　百寶所成　一一寶
珠　有千光明　一一光明　八
萬四千色　映瑠璃地　如億千
日　不可具見

당. 이러한 것을, 해를 관하는 일상관(日想觀)이라
하고 또한 첫째 관(觀)이라고 말합니다.

제二절　물을 생각하는 관(水想觀)

다음에는 물을 생각하시오. 물이 맑아서 투명함을
생각하여 그 영상이 분명하게 남아서 흩어지지 않도
록 해야 합니다. 그리고 이미 물을 보았으면 다음에
는 얼음을 생각하시오. 그 얼음이 투명하게 비침을
보고 나서 다시 유리를 생각하도록 하시오. 그리고
이 생각 다음에는 유리로 된 땅의 안팎이 환히 꿰뚫
어 비침을 생각하시오. 그리고 그 밑에는 금강과 칠
보로 된 황금의 당(幢)이 유리 같은 대지를 팔방으로
받치고 있고 또한 그 황금의 당은 팔모로 이루어지고
그 낱낱의 면마다 백 가지 보배로 꾸며져 있으며, 알
알의 보배 구슬에서는 일천 가지 광명이 빛나고, 그
한 줄기의 광명마다 팔만 사천의 빛이 있어 유리의

瑠璃地上　以黃金繩　雜廁間
錯　以七寶界　分齊分明　一
一寶中　有五百色光　其光如
花　又似星月　懸處虛空　成
光明臺　樓閣千萬　百寶合成
於臺兩邊　各有百億華幢　無
量樂器　以爲莊嚴　八種淸風
從光明出　鼓此樂器　演說苦
空　無常無我之音　是爲水想
名第二觀。

대지에 비치는 것이 마치 억천의 해와 같이 빛나서 눈이 부시어 볼 수 없습니다.

그리고 유리의 땅 위에는 황금의 줄로 얼기설기 간(間)을 지어 칠보의 경계가 분명히 구분되어 있습니다. 그 낱낱의 보배에는 오백 가지의 광명이 빛나는데, 그것은 아름다운 꽃과도 같고, 무수한 별이나 달 같기도 하여, 허공중에 찬란한 광명대(光明臺)를 이루고 있습니다. 그리고 그 광명대 위에는 온갖 보배로 된 천만의 누각이 있으며, 광명대의 양편에는 각기 백억의 꽃송이로 꾸며진 화려한 당(幢)과 헤아릴 수 없는 악기로 장식되어 있습니다. 여기에 찬란한 광명에서 저절로 여덟가지 맑은 바람이 일어나서 무량한 악기를 울리면, 그 선률은 자연히 인생의 진리를 아뢰어 괴롭(苦)고 공허(空)하고 무상(無常)하고 무아(無我)한 도리를 연주합니다. 이와 같이 분명히

佛告阿難

汝持佛語　爲未來世　一切大

第三節　地想觀

此想成時　一一觀之　極令了

了　閉目開目　不令散失　唯

除睡時　恒憶此事　如此想者

名爲粗見　極樂國地　若得三

昧　見彼國地　了了分明　不

可具說　是爲地想　名第三觀

第三절　땅을 생각하는 관(地想觀)

이러한 유리 땅의 관조(觀照)※가 이루어지면 그 낱낱을 더욱 분명하게 관조하도록 해야 합니다. 그래서 눈을 감으나 눈을 뜨나 그 영상이 흩어져 스러지지 않도록 하며, 다만 잠 잘 때 외에는 항상 이 일을 깊이 생각해야 합니다. 이와 같이 생각하면 극락세계를 대강은 보았다고 하겠으나, 더욱 깊이 관조하여 마침내 삼매(三昧)※를 얻으면 실제로 저 극락세계를 분명히 보게 되는 것입니다. 그러나 이것을 다 갖추어 말할 수는 없습니다. 이러한 것을 땅 생각하는 관이라 하고 셋째 관이라 말합니다.」

부처님께서 다시 아난에게 말씀하셨다.

「아난아, 그대는 내 말을 마음에 깊이 간직하였다

衆　欲說苦者　說是觀地法

若觀是地者　除八十億劫　生

死之罪　捨身他世　必生淨國

心得無疑　作是觀者　名爲正

觀　若他觀者　名爲邪觀。

第四節　寶樹觀

佛告阿難　及韋提希

地想成已　次觀寶樹　觀寶樹

者　一一觀之　作七重行樹想

一一樹高　八千由旬。其諸

가 미래 세상의 중생들 중에서 고통을 벗어나고자 하는 이들을 위하여 이러한 「땅 관하는 법」을 말하여 주어라. 그런데 만약 이와 같이 땅을 관하는 사람이 있으면, 그는 팔십억겁 동안 생사에 윤회하는 죄업을 없애고 수명이 다할 때는 반드시 극락세계에 태어날 것이니, 결코 마음에 의심을 품어서는 안 되느니라. 그래서 이와 같이 관조(觀照)하는 것을 올바른 정관(正觀)이라 하고, 달리 관조함을 삿된 사관(邪觀)이라 하느니라.』

제四절　보배나무 생각하는 관(寶樹觀)

부처님께서 다시 아난과 위제희 부인에게 말씀하셨다.

『유리 땅에 대한 관조(觀照)를 한 다음에는 보배 나무를 관(觀)하여라. 보배 나무를 관할 때는 먼저 보배 나무 하나하나를 관하여 그 보배 나무가 일곱

寶樹　七寶華葉　無不具足
一一華葉　作異寶色　瑠璃色
中　出金色光　玻瓈色中　出
紅色光　碼磁色中　出硨磲光
硨磲色中　出綠眞珠光　珊瑚
琥珀一切衆寶　以爲映飾。

妙眞珠網　彌覆樹上　一一樹
上　有七種網　一一網間　有
五百億　妙華宮殿　如梵王宮
諸天童子　自然在中　一一童
子　五百億　釋迦毗楞伽摩尼
寶　以爲瓔珞　其摩尼光　照
百由旬　猶如和合　百億日月

줄로 늘어서 있음을 생각하여라. 그 보배 나무는 나무마다 높이가 팔천 유순(由旬)이나 되며, 모든 보배 나무는 칠보의 꽃과 잎을 달고 있느니라. 그리고 낱낱의 꽃과 잎은 또한 여러 가지 보배의 빛깔로 이루어졌는데, 유리에서는 황금 빛이 나고, 수정에서는 붉은 빛이 나고, 마노에서는 자거의 빛이, 자거에서는 푸른 진주 빛이 나느니라. 그 밖에 산호와 호박과 모든 여러 보배로 꾸며져 있느니라.

그리고 미묘한 진주의 그물이 보배 나무 위에 두루 덮혀 있는데, 그 진주 그물은 나무마다에 일곱 겹으로 둘러 있느니라. 그 그물 사이마다 오백 억의 아름다운 꽃 궁전이 있는데 마치 범천의 궁전과 같으니 그 안에는 천상의 동자들이 천연스럽게 노닐고 있는데 그들은 제 각기 오백 억의 마니보주로 이루어진 영락 구슬을 걸고 있느니라. 그런데 그 마니보주

不可具名　衆寶間錯　色中上
者
此諸寶樹　行行相當　葉葉相
次　於衆葉間　生諸妙華　華
上自然　有七寶果　一一樹葉
縱廣正等　二十五由旬　其葉
千色　有百種畫　如天瓔珞
有衆妙華　作閻浮檀金色　如
旋火輪　婉轉葉間。　涌生諸
果　如帝釋瓶

의 광명은 백 유순이나 멀리 비쳐 마치 백억의 해와 달을 한데 모아 놓은 것과 같아서 이루 말할 수 없느니라. 이와 같이 온갖 보배가 사이사이 섞이어 그 빛깔은 어디에도 비교할 수 없느니라.

이러한 보배 나무들이 알맞게 줄지어 서 있고 잎사귀마다 서로 이어져 있으며 잎새 사이마다 미묘한 꽃이 피고 그 꽃에는 자연히 일곱 가지 보배 열매가 열려 있느니라. 그리고 그 낱낱의 나뭇잎은 가로 세로가 한결같이 이십오 유순이나 되며, 그 잎은 천 가지 색깔에 백 가지 무늬가 아롱져 마치 천상의 영락과 같으니라. 이러한 아름다운 꽃송이들은 염부단금(閻浮檀金)의 찬란한 금빛으로 빛나며 불바퀴(火輪)처럼 잎 사이를 선연하게 돌고 있느니라. 그리고 꽃봉오리에서 온갖 열매가 솟아남이 흡사, 무엇이든 원하는 대로 나오는 제석천의 보배 병과도 같으니라.

有大光明　化成幢幡　無量寶

蓋　是寶蓋中　映現三千大千

世界　一切佛事　十方佛國

亦於中現。

見此樹已　亦當次第　一一觀

之　觀見樹莖　枝葉華果　皆

令分明　是爲樹想　名第四

觀。

第五節　寶池觀

次當想水　欲想水者　極樂國

土　有八池水　一一池水　七

寶所成　其寶柔軟　從如意珠

王生。

그런데 이러한 모든 눈부신 광명은 그대로 깃발로 변화하여 헤아릴 수 없이 많은 보배 일산이 되느니라. 그리고 보배 일산 속에는 삼천대천세계의 모든 불사(佛事)가 비치어 나타나고 시방세계의 불국토도 또한 그 안에 나타나 있느니라.

이와 같이 보배 나무를 관조(觀照)하고 나서, 다시금 차례대로 낱낱이 이를 관(觀)하되 보배 나무의 줄기나 가지나 잎과 꽃·열매 등의 영상을 분명히 지녀야 하느니라. 이러한 것을 보배나무 생각하는 보수관(寶樹觀)이라 하고 넷째 관(觀)이라 말하느니라.

제五절　八 공덕수 생각하는 관(寶池觀)

다음에는 보배 못의 물을 생각하여라. 보배 못 물을 관조(觀照)한다는 것은, 저 극락세계에 여덟 가지 공덕을 갖춘 보배 못 물이 있는데, 못 물마다 일곱 가지 보배로 이루어지고 그 보배는 부드럽고 연하여,

分爲十四支 一一支作七寶
色 黃金爲渠 渠下皆以 雜
色金剛 以爲底沙。一一水
中 有六十億 七寶蓮華 一
一蓮華 團圓正等 十二由旬
其摩尼水 流注華間 尋樹上
下。 其聲微妙 演說苦空 無
常無我 諸波羅蜜 復有讚歎
諸佛相好者
如意珠王 涌出金色 微妙光
明 其光化爲 百寶色鳥 和

구슬의 왕인 여의보주에서 흘러나왔느니라.

그리고 그 보배 못 물은 나뉘어 열네 갈래가 되고 하나하나의 갈래는 일곱 가지 보배 빛으로 빛나는 황금의 개울이 되어 있느니라. 그 개울 밑 바닥은 눈부신 금강석이 깔리고 황금의 개울마다 육십억의 일곱 가지 보배 연꽃이 피었는데, 그 연꽃은 둥글고 탐스러워 모두 한결같이 십이 유순이나 되느니라.

또한 마니보주(摩尼寶珠)에서 흘러나온 황금의 물줄기는 연꽃 사이사이로 흐르며 보배 나무를 따라 오르내리고 있느니라. 그런데 그 물소리는 지극히 미묘하여, 인생의 진리인 괴롭(苦)고 공허(空)하고 무상(無常)·무아(無我)한 도리를 아뢰기도 하고, 또는 모든 부처님의 상호와 공덕을 찬탄하기도 하느니라.

그리고 그 보배의 왕인 여의보주에서 미묘한 금색 광명이 솟아나와 백 가지 보배 빛깔의 새(鳥)로 변화

鳴哀雅　常讚歎念佛　念法念
僧　是爲八功德水想　名第五
觀。

第六節　寶樓觀

衆寶國土　一一界上　有五百
億　寶樓閣　其樓閣中　有無
量諸天　作天妓樂　又有樂器
懸處虛空　如天寶幢　不鼓自
鳴　此衆音中　皆說念佛　念
法　念比丘僧。

此想成已　名爲粗見　極樂世
界　寶樹寶地寶池　是爲總觀

하여 노래하는데, 그 소리는 평화롭고 애틋하고 그윽
하여 항시, 부처님과 불법과 승가(僧伽)를 생각하는
공덕을 찬양하고 있느니라. 이러한 것을 팔공덕수(功
德水)를 관조(觀照)하는 보지관(寶池觀)이라 하고 다
섯째 관(觀)이라 말하느니라.

제六절 보배누각 생각하는 관(寶樓觀)

온갖 보배로 장엄된 국토의 경계마다 오백 억의 보
배로 된 누각이 있으며, 그 누각에는 헤아릴 수 없이
많은 천상 사람들이 천상 음악을 연주하고 있느니라.
그런데 그 악기들은 천상의 보배 깃발처럼 허공에 매
달려 저절로 미묘하게 울리는데, 그 온갖 음률은 모
두 부처님을 생각하고 불법을 생각하고 승가(僧伽)를
생각할 것을 아뢰고 있느니라.

그래서 이러한 생각이 이루어지면 이것을, 극락세
계의 보배 나무와 보배 땅과 보배 못을 대강 보았다

想 名第六觀。

者 名爲邪觀。

作是觀者 名爲正觀 若他觀

惡業 命終之後 必生彼國

若見此者 除無量億劫 極重

第七節　華座觀

聽

佛告阿難 及韋提希 諦聽諦

善思念之 佛當爲汝 分別解

說 除苦惱法 汝等憶持 廣

爲大衆 分別解說。

고 말하며, 또한 이를 가리켜 극락세계의 경계를 모두 관조(觀照)하는 총관상(總觀想)이라 하고 여섯째 관(觀)이라 말하느니라.

그리고 만약 이와 같이 관조하는 사람은 무량 억겁 동안의 무거운 악업을 없애고 수명이 다하면 반드시 저 극락세계에 태어나느니라. 그래서 이와 같이 관조함을 바른 정관(正觀)이라 하고 달리 관(觀)함을 그릇된 사관(邪觀)이라 하느니라.』

제七절 연화대 생각하는 관(華座觀)

부처님께서는 다시 아난과 위제희 부인에게 말씀하셨다.

『그대들은 자세히 듣고 이를 깊이 명심하여라. 나는 그대들을 위하여 고뇌를 없애는 법을 분별하여 해설하겠으니, 그대들은 착실히 기억하였다가 널리 여러 사람들을 위하여 잘 풀이하여 설명해 주도록 하여

說是語時　無量壽佛　住立空
中　觀世音　大勢至　是二大
土　侍立左右　光明熾盛　不
可具見　百千閻浮檀眞金色
不得爲比。

時韋提希　見無量壽佛已　接
足作禮　白佛言

世尊　我今因佛力故　得見無
量壽佛　及二菩薩　未來衆生
當云何觀　無量壽佛　及二菩
薩。

佛告韋提希　當起想念　於七

欲觀彼佛者

라』

이와 같이 말씀하셨을 때 어느새 아미타불(무량수
불)이 허공 중에서 계시고 관세음보살과 대세지보살
이 좌우로 모시고 있었다. 그 광명은 눈부시게 빛나
서 바라볼 수 없었으며 백천의 염부단금을 합한 찬란
한 금빛도 이와 비교할 수 없으리라. ※

그 때 위제희 부인은 아미타불을 뵈옵고 그 발아
래 공손히 큰 절을 하고 나서 부처님께 사뢰었다.

『세존이시여, 저는 지금 부처님의 위신력에 의지하
여 아미타 부처님과 두 분의 보살님을 뵈올 수 있었
사옵니다. 그러나 부처님께서 열반에 드신 뒤에 미래
세상의 중생들은 어떻게 하여야 아미타 부처님과 두
분의 보살님을 뵈올 수 있겠사옵니까』

부처님께서 위제희 부인에게 말씀하셨다.

『저 아미타불을 뵈옵고자 하면 마땅히 다음과 같은

寶地上　作蓮華想　令其蓮華
一一葉作百寶色　有八萬四
千脈　猶如天畫　脈有八萬四
千光　了了分明　皆令得見。
葉葉小者　縱廣二百五十由
旬　如是蓮華　有八萬四千葉
一一葉間　各有百億　摩尼珠
王　以爲映飾　一一摩尼　放
千光明　其光如蓋　七寶合成
遍覆地上。
釋迦毗楞伽寶　以爲其臺　此
蓮花臺　八萬金剛　甄叔迦寶
梵摩尼寶　妙眞珠網　以爲交

생각을 일으켜야 합니다. 먼저 칠보로 된 땅 위에 피어 있는 연꽃을 생각하시오. 그리고 그 연꽃의 꽃잎마다 백 가지 보배의 빛깔이 있고, 그 꽃잎에는 팔만 사천 줄의 엽맥(葉脈)이 있는데, 마치 천상의 그림같이 아름다우며, 그 엽맥에는 또한 팔만 사천의 광명이 빛나고 있음을 분명하게 보도록 해야 합니다.

그리고 그 작은 꽃잎이라도 길이와 넓이가 이백오십 유순이나 되는데, 한 연꽃에는 팔만 사천의 꽃잎이 있고, 꽃잎 사이마다 백 억의 마니보주로 장식되어 있습니다. 낱낱의 마니보주는 또한 일천의 광명을 발하여 일산(一傘)과 같으며, 칠보로 합성되어 두루 땅 위를 덮고 있습니다.

그리고 마니보주로 이루어진 연화대는 팔만의 금강석과 견숙가보와 범마니보와 묘진주의 그물로 장엄되어 있고, 그 연화대 위에는 자연히 네 개의 보배 당

飾。 於其臺上 自然而有 四

柱寶幢 一一寶幢 如百千萬

億須彌山 幢上寶幔 如夜摩

天宮 有五百億 微妙寶珠

以爲映飾

一一寶珠 有八萬四千光

一光作八萬四千 異種金色

一一金色 遍其寶土 處處變

化 各作異相 或爲金剛臺

或作眞珠網 或作雜華雲 於

十方面 隨意變現 施作佛事

是爲華座想 名第七觀。

번(幢幡)이 세워졌는데, 그 하나하나가 마치 백천만

억의 수미산과 같습니다. 그리고 그 당번 위의 보배

휘장은 야마천의 궁전과 같으며, 오백 억의 미묘한

보배 구슬로 찬란하게 꾸며져 있습니다.

그리고 그 보배 구슬마다 팔만 사천의 광명이 빛나

고, 그 낱낱의 광명은 또한 팔만 사천의 색다른 금색

을 지니고 있는데, 이러한 헤아릴 수 없는 찬란한 금

색 광명이 보배 땅 위에 두루 펼쳐 있습니다. 그리고

그 광명은 곳곳마다 변화하여 가지가지의 다른 형상

을 이루는데, 혹은 금강대가 되고, 혹은 진주의 그물

이 되고, 혹은 여러 가지 꽃구름이 되기도 하여 온갖

방면에서 마음대로 변화하여 불사(佛事)를 이루고 있

습니다.

이러한 것을 연화대를 관조(觀照)하는 화좌관(華座

佛告阿難

如此妙華　是本　法藏比丘

願力所成　若欲念彼佛者　當

先作此華想　作此想時　不得

雜觀　皆應一一觀之　一一葉

一一珠　一一光　一一臺　一

一幢　皆令分明　如於鏡中

自見面像

此想成者　滅除五萬劫　生死

之罪　必定當生　極樂世界。

作是觀者　名爲正觀　若他觀

者　名爲邪觀。

觀）이라 하고 일곱째 관이라고 말합니다』

부처님께서는 다시 아난에게 말씀하셨다.

『아난아, 이와 같은 미묘한 꽃은 본시 아미타불께

서 법장비구였을 적에 세운 서원의 힘으로 이루어진

것이니라. 그러니 만약 저 아미타불을 생각하고자 하

면 마땅히 먼저 이 연화대의 생각을 지어야 하느니

라. 그런데 연화대를 생각할 때는 다른 번잡한 관

(觀)을 하지 말고 하나하나의 꽃잎, 알알의 구슬, 낱

낱의 광명, 하나하나의 꽃받침, 낱낱의 당번(幢幡)

등을 생각하여 마치 거울 속에서 자신의 얼굴을 보듯

이 그 영상을 분명히 해야 하느니라.

그런데 이러한 생각이 이루어진 사람은 능히, 오만

겁 동안 생사 윤회하는 죄업을 없애고, 반드시 결정

코 극락세계에 왕생할 수 있느니라. 이와 같이 관조

(觀照)함을 바른 정관(正觀)이라 하고 달리 관(觀)함

第八節 像觀

佛告阿難 及韋提希

見此事已 次當想佛 所以者

何 諸佛如來 是法界身 遍

入 一切衆生心想中 是故汝

等 心想佛時 是心卽是 三

十二相 八十隨形好 是心作

佛 是心是佛 諸佛正徧知海

從心想生 是故應當 一心繫

念 諦觀彼佛 多陀阿伽度

阿羅訶三藐三佛陀

제八절 형상 생각하는 관(像觀)

부처님께서 아난과 위제희 부인에게 말씀하셨다.

『이미 연화대를 관조하였으면 다음에는 부처님을 생각하여라. 어째 그런가 하면 모든 부처님은 바로 온 세계인 법계(法界)를 몸으로 하는 것이니, 일체 중생의 마음 속에 들어 계시느니라. 그러므로 그대들의 마음에 부처님을 생각하면 그 마음이 바로 부처님의 삼십이상(相)과 팔십수형호(隨形好)인 것이니라.

그래서 이 마음으로 부처님을 이루고 또한 이 마음이 바로 부처님이니라. 모든 부처님의 위없는 바른 지혜는 마음에서 생기는 것이니, 마땅히 일심으로 생각을 골똘히 하여 저 아미타불과 그 지혜 공덕인 여래(如來) 응공(應供) 정변지(正遍智)를 깊이 관조(觀照)해야 하느니라.

을 그릇된 사관(邪觀)이라 하느니라』

想彼佛者 先當想像 閉目開目見一寶像 如閻浮檀金色坐彼華上 見像坐已

心眼得開 了了分明 見極樂國七寶莊嚴 寶地 寶池 寶樹行列 諸天寶幔 彌覆其上衆寶羅網 滿虛空中 見如此事 極令明了 如觀掌中。

見此事已 復當更作 一大蓮華 在佛左邊 如前蓮華 等無有異 復作一大蓮華 在佛

그런데 저 아미타불을 생각하고자 하는 사람은 먼저 부처님의 형상을 생각해야 하느니라. 눈을 뜨거나 감거나 마음을 한결같이 하여 염부단금의 자마금색과 같이 찬란한 하나의 부처님 형상이 저 연꽃 위에 앉아 있는 모습을 관조해야 하느니라.

그리고 이와 같은 부처님의 형상을 보고 나면 마음의 눈이 열려서 저 극락세계의 칠보로 장엄된 보배 땅과 보배 연못과 줄지어 서 있는 보배 나무와 그리고 그 위를 덮고 있는 천상의 보배 휘장과 또한 온갖 보배로 아롱진 보배 그물이 허공에 가득함을 분명히 보게 될 것이니라. 그리고 이러한 영상을 마치 자기 손바닥을 보듯이 더욱 뚜렷하게 관조해야 하느니라.

그리고 이와 같이 보고 난 다음에는 다시 한 송이 의 커다란 연꽃이 부처님 상(像)의 왼편에 있는 것을 생각하여라. 그것은 부처님 상의 연꽃과 같아서 조금

右邊 想一觀世音菩薩像 坐

左華座 亦放金光 如前無異

想一大勢至菩薩像 坐右華

座

此想成時 佛菩薩像 皆放光

明 其光金色 照諸寶樹

一樹下 亦有三蓮華 諸蓮華

上 各有一佛 二菩薩像 遍

滿彼國。

此想成時 行者當聞 水流光

明 及諸寶樹 鳧雁鴛鴦 皆

도 다르지 않느니라. 또한 그와 똑같은 연꽃이 또 한 송이 부처님 상의 오른편에 있는 것을 생각하여라.

그리고 한 관세음보살의 상(像)이 왼쪽 연꽃 위에 앉아 있고, 한 대세지보살의 상이 오른쪽 연꽃 위에 앉아 있는데, 그 금색 광명은 한결같이 부처님의 상(像)과 같음을 생각하여라.

그리하여 이러한 생각이 이루어지면 부처님의 상과 두 보살의 상은 모두 광명을 발하느니라. 그래서 그 찬란한 금색 광명은 모든 보배 나무를 비추느니라.

그리고 그 낱낱 보배 나무 밑에는 또한, 세 송이의 큰 연꽃이 있고 연꽃 위에는 각각 한 부처님의 상과 두 보살의 상이 있는데, 이렇듯 아미타불의 상과 두 보살의 상이 저 극락세계에 두루 가득하느니라.

그리하여 이와 같은 생각이 성취되었을 때, 관(觀)하는 수행자는 극락세계의 흐르는 물과 광명과 모든

說妙法

出定入定　恒聞妙法　行者所
聞　出定之時　憶持不捨　令
與修多羅合　若不合者　名爲
妄想　若有合者　名爲麁想
見極樂世界。

是爲像想　名第八觀　作是觀
者　除無量億劫　生死之罪
於現身中　得念佛三昧。

보배 나무와 기러기와 원앙새 등이 모두 미묘한 법문을 아뢰고 있음을 알아 듣게 되느니라.

그래서 선정(禪定)에 들 때나 선정에서 나올 때나 항상 미묘한 법문을 들을 것이니, 수행자는 선정에 들었을 때 들은 바를 잘 기억하였다가, 선정에서 나온 뒤에 경전의 가르침과 맞추어 보도록 해야 하느니라. 그것이 만약 경전과 맞지 않으면 이를 망상이라 하고 경전과 합당하면 이를 거친 생각(麁想)으로 극락세계를 보는 것이라 하느니라.

그런데 이와 같이 부처님과 보살의 형상을 생각하고 관조(觀照)함을 상상관(像想觀)이라 하고 또한 여덟째 관(觀)이라 하느니라. 그리고 이러한 관조를 하는 사람은 무량 억겁 동안 생사에 헤매는 악업을 없애고 현재의 이 몸으로 염불삼매(念佛三昧)를 얻게 되느니라.』

第九節　眞身觀

佛告阿難　及韋提希

此想成已　次當更觀　無量壽

佛　身相光明　阿難當知　無

量壽佛身　如百千萬億　夜摩

天閻浮檀金色　佛身高　六十

萬億　那由他　恒河沙由旬

眉間白毫　右旋婉轉　如五須

彌山　佛眼如四大海水　靑白

分明

身諸毛孔　演出光明　如須彌

山　彼佛圓光　如百億三千大

千世界　於圓光中　有百萬億

제九절　부처님의 몸 생각하는 관(眞身觀)

부처님께서 다시 아난과 위제희 부인에게 말씀하셨다.

『이러한 생각이 이루어지면 다음에는 아미타불(무량수불)의 몸과 그 광명을 관조(觀照)하여라. 아난아, 잘 알아 두어라. 아미타불의 몸은 백천만억 야마천(夜摩天)의 자마금색(紫磨金色)과 같이 빛나고, 부처님의 키는 육십만억 나유타 항하사 유순이니라. 그리고 미간의 백호(白毫)는 오른쪽으로 우아하게 돌고 있는데 마치 다섯 수미산을 합한 것과 같고, 부처님의 눈은 사대해(四大海)의 바닷물처럼 그윽하여 푸르고 흰 동자가 분명하느니라.

몸의 모든 모공(毛孔)에서는 수미산과 같은 큰 광명이 흘러나오고 부처님의 원광(圓光)은 백억 삼천대천 세계와 같으니라. 그리고 그 원광 속에는 백만억

那由他恒河沙化佛　一一化
佛亦有衆多　無數化菩薩
以爲侍者。
無量壽佛　有八萬四千相　一
一相　各有八萬四千隨形好
一一好　復有八萬四千光明
一一光明　遍照十方世界　念
佛衆生　攝取不捨　其光明相
好　及與化佛　不可具說　但
當憶想　令心眼見。
見此事者　卽見十方　一切諸
佛　以見諸佛故　名念佛三昧
作是觀者　名觀一切佛身　以

나유타 항하사의 화신불(化身佛)이 계시고 그 화신불마다 헤아릴 수 없이 많은 화신보살들이 모시고 있느니라.

그리고 아미타불에게는 팔만 사천 가지의 상(相)이 있고, 그 하나하나의 상에는 각각 팔만 사천의 수형호(隨形好)가 있으며, 그 낱낱 수형호마다 또 한 팔만 사천의 광명이 있느니라. 그리고 그 광명은 두루 시방세계를 비추어 부처님을 생각하고 부처님의 명호를 부르는 염불 중생들을 받아들여 그 한 사람도 버리지 않느니라. 그런데 이러한 모든 광명과 상호와 화신불을 이루 다 말할 수는 없는 것이니, 다만 깊이 생각하여 마음의 눈으로 보도록 하여라.

이와 같이 볼 수 있는 사람은 바로 시방의 일체 모든 부처님을 볼 수 있으며, 모든 부처님을 볼 수 있으므로 염불삼매라 하느니라. 그래서 이와 같이 관조

觀佛身故 亦見佛心 諸佛心

者 大慈悲是 以無緣慈 攝

諸衆生 作此觀者 捨身他世

生諸佛前 得無生忍。

是故 智者 應當繫心 諦觀

無量壽佛 觀無量壽佛者 從

一相好入 但觀眉間白毫 極

令明了 見眉間白毫者 八萬

四千相好 自然當現 見無量

壽佛者 卽見十方 無量諸佛。

（觀照）함을 『모든 부처님의 몸을 관（觀）한다』고 말하

느니라. 그런데 부처님의 몸을 볼 수 있으면 또한 부

처님의 마음도 볼 수 있는 것이니, 부처님의 마음 곧

불심（佛心）이란 바로 대자대비（大慈大悲）이며 모든

부처님들은 이러한 무연자비（無緣慈悲）로써 모든 중

생을 섭수（攝受）하시느니라. 이와 같이 관조할 수 있

는 사람은 내생에는 여러 부처님의 회상에 태어나,

생사（生死）를 깨닫는 무생법인（無生法忍）을 얻게 되

느니라.

그러므로 지혜로운 사람은 마음을 오로지 하여 착

실히 아미타불을 관조（觀照）해야 하느니라. 그리고

아미타불을 관조할 때는 한 가지 상호로부터 보아 들

어가야 하는데, 다만 미간 백호만을 관조하여 그 영

상이 분명하도록 관（觀）하기도 하느니라. 그래서 미

간 백호를 볼 수 있으면 부처님의 팔만 사천 상호가

得見無量諸佛故　諸佛現前授記。

是爲遍觀一切色身想　名第九觀　作此觀者　名爲正觀　若他觀者　名爲邪觀。

第十節　觀音觀

佛告阿難　及韋提希

見無量壽佛　了了分明已　次復當觀觀世音菩薩　此菩薩

저절로 앞에 나타나는데 이렇듯 아미타불을 볼 수 있는 사람은 시방세계의 헤아릴 수 없는 모든 부처님을 볼 수 있느니라. 또한 무수한 부처님을 볼 수 있으므로 부처님으로부터 미래에 성불한다는 수기(授記)※를 받게 되느니라.

이러한 것을 일체 부처님의 몸을 관조(觀照)하는 진신관(眞身觀)이라 하고 또한 아홉째 관(觀)이라 하느니라. 그리고 이와 같이 관조함을 바른 정관(正觀)이라 하고 달리 관(觀)함을 그릇된 사관(邪觀)이라 하느니라.』

제십절　관세음보살 생각하는 관(觀音觀)

부처님께서 다시 아난과 위제희 부인에게 말씀하셨다.

『아미타불을 분명하게 뵈온 다음에는 관세음보살을 관조(觀照)하여라. 이 보살은 키가 팔십만억 나유타

身長 八十萬億 那由他由旬
身紫金色 頂有圓 項有圓
光 面各百千由旬 其圓光中
有五百化佛 如釋迦牟尼佛
一一化佛 有五百化菩薩 無
量諸天 以爲侍者。

舉身光中 五道衆生 一切色
相 皆於中現 頂上 毗楞伽
摩尼寶 以爲天冠 其天冠中
有一立化佛 高二十五由旬

觀世音菩薩 面如閻浮檀金
色 眉間毫相 備七寶色 流

유순이며, 몸은 자마금색(紫磨金色)으로 빛나고, 정수리에는 상투같이 솟은 육계(肉髻)가 있으며, 목에는 원광(圓光)이 있는데, 그 지름이 백천 유순이나 되느니라. 그 원광 속에는 오백의 화신불(化身佛)이 계시는데 모두 나(석가모니불)와 같으니라. 그리고 한 분의 화신불마다 각기 오백의 화신보살과 헤아릴 수 없는 천인들이 모시고 있느니라.

그리고 관세음보살의 온몸에서 발하는 광명 속에는 지옥·아귀·축생·인간·천상 등 오도(五道) 중생의 일체 모든 현상이 나타나 있느니라. 관세음보살의 머리 위에는 마니보주로 된 천관(天冠)이 있고 그 천관 속에는 화신불 한 분이 서 계시는데, 높이가 이십오 유순이라.

관세음보살의 얼굴은 자마금색으로 빛나고 미간의 백호는 칠보의 빛깔을 지녔는데, 팔만 사천가지의 광

出八萬四千種光明
一一光明 有無量無數 百千
化佛 一一化佛 無數化菩薩
以爲侍者
變現自在 滿十方世界 譬如
紅蓮華色。

有八十億光明 以爲瓔珞 其
瓔珞中 普現一切 諸莊嚴事
手掌作五百億雜蓮華色 手
十指端 一一指端 有八萬四
千畫 猶如印文 一一畫 有
八萬四千色 一一色 有八萬
四千光 其光柔軟 普照一切
以此寶手 接引衆生

명이 흘러나오느니라.

그리고 그 낱낱의 광명 속에는 헤아릴 수 없이 많은 화신불이 계시는데, 그 화신불들은 또한 각기 수없이 많은 화신보살들이 모시고 있느니라.

이와 같이 자재로 변화하여 시방세계에 가득함이 마치 찬란한 붉은 연꽃이 수없이 피어 있는 것과 같으니라.

또한 관세음보살은 팔십억 광명으로 된 영락 목걸이를 걸고 있는데, 그 영락구슬 속에는 모든 장엄한 일들이 모조리 나타나 있느니라. 그 손바닥은 오백억 가지 연꽃 빛을 띠고 그 손가락 끝마다 팔만 사천의 그림 무늬가 있는데, 마치 도장의 인빨과 같으니라. 그 그림 무늬마다 팔만 사천의 빛깔이 있고 빛깔마다 팔만 사천의 광명이 있느니라. 그런데 그 광명은 부드럽고 상냥하여 두루 모든 것을 비추는데, 관

擧足時 足下有千輻輪相 自
然化成 五百億光明臺 下足
時 有金剛摩尼華 布散一切
莫不彌滿
其餘身相 衆好具足 如佛無
異 唯頂上肉髻 及無見頂相
不及世尊。
是爲觀觀世音菩薩 眞實色
身想 名第十觀
佛告阿難
若有欲觀 觀世音菩薩者 當

세음보살은 이러한 보배 손으로 중생들을 안도하느니

라。

※ 또한 관세음보살이 발을 들 적에는 발바닥에 있는
천복륜(千輻輪)의 발금이 저절로 오백 억의 광명대로
변화하고 발을 디디면 그것이 금강마니 보(寶)의 꽃
으로 변하여 온 땅 위에 흩어져 그득하게 되느니라。

그런데 관세음보살의 모든 상호는 부처님과 똑같이
갖추어져서 조금도 다름이 없으나 다만 정수리에 솟
은 육계와 그 위를 볼 수 없는 무견정상(無見頂上)※만
이 부처님에게 미치지 못하느니라。

이와 같이 관조(觀照)함을 관세음보살의 몸을 관
(觀)하는 관음진신관(觀音眞身觀)이라 하고 또한 열
째 관(觀)이라 하느니라。

부처님께서 아난에게 다시 이르시기를,

『만약 관세음보살을 보고자 한다면 마땅히 내가 말

作是觀者　作是觀者　不遇諸禍
淨除業障　除無數劫　生死之
罪　如此菩薩　但聞其名　獲
無量福　何況諦觀.

若有欲觀　觀世音菩薩者　先
觀頂上肉髻　次觀天冠　其餘
衆相　亦次第觀之　亦令明了
如觀掌中　作是觀者　名爲正
觀　若他觀者　名爲邪觀.

第十一節　勢至觀

次復應觀　大勢至菩薩　此菩

한 것과 같이 관조해야 하느니라. 이러한 관(觀)을 하는 사람은 모든 재앙을 만나지 않고 업장을 말끔히 소멸하여 헤아릴 수 없는 많은 겁동안 생사에 헤매는 죄업을 없애느니라. 그래서 관세음보살은 다만 그 이름 만을 들어도 무량한 복을 얻을 수 있는데 하물며 그 모습을 분명히 관조하는 큰 공덕에 있어서랴.

그런데 만약 관세음보살을 관조하고자 하는 사람은 먼저 정수리의 육계를 관(觀)하고 다음에는 천관(天冠)을 관하고 그 나머지 여러 상호를 차례차례로 관조하되 뚜렷하기가 마치 손바닥을 보는 것과 같이 분명히 해야 하느니라. 이와 같이 관조함을 바른 정관(正觀)이라 하고 달리 관(觀)함을 그릇된 사관(邪觀)이라 하느니라.

제십일절 대세지보살 생각하는 관(勢至觀)

다음에는 대세지보살을 관조하여라. 이 보살의 크

薩 身量大小 亦如觀世音

圓光面 各百二十五由旬 照

二百五十由旬 擧身光明 照

十方國 作紫金色 有緣衆生

皆悉得見 但見此菩薩 一毛

孔光 卽見十方 無量諸佛

淨妙光明 是故號此菩薩名

無邊光 以智慧光 普照一切

令離三途 得無上力 是故

號此菩薩 名大勢至

此菩薩天冠 有五百寶華

一寶華 有五百寶臺 一一臺

中 十方諸佛 淨妙國土 廣

기는 관세음보살과 같으며 그 원광의 지름은 백 이십

오 유순이며 이백 오십 유순을 비추느니라. 온몸에서

발하는 광명은 자마금색(紫磨金色)으로서 시방세계의

모든 나라를 비추는데 인연이 있는 중생들은 다 볼

수 있느니라. 그리고 이 보살의 한 모공(毛孔)에서

나오는 광명만 보아도 시방세계의 무량한 모든 부처

님의 청정하고 미묘한 광명을 볼 수 있느니라. 그러

므로 이 보살의 이름을 끝없는 광명인 무변광(無邊

光)이라 말하며 또한 지혜의 광명으로써 두루 일체

중생을 비추어 지옥·아귀·축생 등 삼악도의 고난을

여의게 하는 위없는 힘을 지니고 있으므로, 이 보살

을 큰 힘을 얻은 이, 곧 대세지(大勢至)라 하느니라.

그리고 이 보살의 보배관은 오백 가지의 보배 꽃으

로 장식되어 있고, 그 하나하나의 보배 꽃마다 또한

오백의 보배 꽃받침이 있는데, 그 낱낱의 꽃받침에는

長之相 皆於中現 頂上肉髻
如鉢頭摩華 於肉髻上 有一
寶瓶 盛諸光明 普現佛事
餘諸身相 如觀世音 等無有
異

此菩薩行時 十方世界 一切
震動 當地動處 有五百億寶
華 一一寶華 莊嚴高顯 如
極樂世界 此菩薩坐時 七寶
國土 一時動搖 從下方 金
光佛刹 乃至上方 光明王佛
刹 於其中間 無量塵數
身無量壽佛 分身觀世音 分
勢至 皆悉雲集 極樂國土

시방세계의 모든 청정 미묘한 불국토의 광대한 모양
이 나타나 있느니라. 또한 정수리의 육계는 찬란한
홍련화와 같으며, 그 위에 하나의 보배 병이 있는데,
온갖 광명이 가득하여 두루 부처님 일(佛事)을 나투
고 있느니라. 그리고 이 밖에 여러 가지 몸의 형상은
관세음보살과 다름이 없느니라.

그리고 이 보살이 다닐 적에는 시방세계의 일체 모
든 것이 진동하며, 진동하는 곳마다 바로 오백 억의
보배꽃이 피고, 꽃마다 크고 장엄함이 극락세계와 같
으니라. 또한 이 보살이 앉을 때에는 칠보로 된 국토
가 일시에 흔들리는데 그것은 아래쪽의 금광불 국토
에서 위에 있는 광명불 국토까지 이르느니라. 그리고
그 중간에는 무량 무수한 아미타불의 분신(分身)과
관세음보살과 대세지보살의 분신들이 구름같이 극락
세계에 모여 허공 가득히 연화대에 앉아서 미묘한 불

側塞空中　坐蓮華座　演說妙

法度苦衆生。

作此觀者　名爲正觀　若他觀

者　名爲邪觀　見大勢至菩薩

是爲觀大勢至色身想　名第

十一觀。

觀此菩薩者　除無量劫　阿僧

祇　生死之罪　作是觀者　不

處胞胎　常遊諸佛　淨妙國

土。

此觀成已　名爲具足　觀觀世

音　大勢至。

　　第十二節　普　觀

見此事時　當起自心　生於西

方　極樂世界　於蓮華中　結

법을 연설하여 고해 중생을 제도하시느니라.

이와 같이 관조(觀照) 함을 바른 정관(正觀) 이라 하

고 달리 관(觀) 함을 그릇된 사관(邪觀) 이라 하느니

라. 또한 이러한 것이 대세지보살의 색신을 생각하는

관(觀) 이며 열한번째의 관(觀) 이니라.

그리고 이 대세지보살을 관조하는 사람은 헤아릴

수 없이 오랜 아승지겁 동안 생사에 헤매는 죄업을

없애며, 또한 다시는 태중(胎中) 에 들지 않고, 언제

나 모든 부처님의 청정 미묘한 국토에 노닐게 되는

것이니, 이와 같은 관(觀) 이 성취되면 온전히, 관세

음보살과 대세지보살을 보았다고 할 수 있느니라.

　　제십이절　두루 생각하는 관(普觀)

이 두루 생각하는 관을 할 때에는 다시 자기 마음

을 일깨워, 자기가 서방 극락세계에 태어나서 연꽃

跏趺坐 作蓮華合想 作蓮華
開想 蓮華開時 有五百色光
來照身想 眼目開想
見佛菩薩 滿虛空中 水鳥樹
林 及與諸佛 所出音聲 皆
演妙法 與十二部經合 出定
之時 憶持不失。
見此事已 名見無量壽佛 極
樂世界 是爲普觀想 名第十
二觀 無量壽佛 化身無數

속에서 가부좌를 하고 앉았는데, 그 연꽃 봉오리가 오므라졌다가 활짝 피어나는 생각을 해야 하느니라. 그리고 그 연꽃이 피어날 때는 그 속에서 오백 가지의 광명이 나와 자기 몸을 비추고 자기 눈을 뜨이게 한다고 생각해야 하느니라.

그리하여 부처님과 보살들이 허공에 가득함을 볼 수 있으며 극락세계의 흐르는 물 소리와 지저귀는 새들의 노래와 보배 숲에 살랑거리는 바람 소리와 부처님의 음성 등은 모두 한결같이 십이부경(十二部經)과 똑같은 미묘한 법문을 연설함을 알 수 있느니라. 그리고 선정에서 나온 뒤에도 그러한 생각을 깊이 기억하여 잊지 않도록 해야 하느니라.

그래서 이와 같이 관조(觀照)할 수 있게 되면 아미타불과 극락세계를 볼 수 있느니라. 그리고 이러한 것을 두루 관조함을 보관(普觀)이라 하고 열두째 관

與觀世音　大勢至　常來至此
行人之所。

第十三節　雜想觀

佛告阿難 及韋提希

若欲至心　生西方者　先當觀
於　一丈六像　在池水上　如
先所說　無量壽佛　身量無邊
非是凡夫　心力所及　然彼如
來　宿願力故　有憶想者　必
得成就　但想佛像　得無量福
何況觀佛　具足身相。

(觀)이라 하느니라. 그런데 이와 같이 수행하는 사람
은 아미타불의 무수한 화신(化身)이 관세음보살과 대
세지보살과 더불어 항상 그 수행인의 처소에 나투시
느니라』

제十三절　섞어 생각하는 관(雜想觀)

부처님께서 다시 아난과 위제희 부인에게 말씀하셨
다.

『지극한 정성으로 극락세계에 태어나고자 하는 사
람은 먼저 일장(一丈) 여섯자 되는 불상(佛像)이 보
배 연못 위에 계심을 관조해야 하느니라. 앞에서 말
한 바와 같이 아미타불은 그 몸이 우주에 가득하여
끝이 없으니, 범부의 마음으로는 미칠 수가 없느니
라. 그러나 아미타불께서 과거 숙세에 세우신 큰 서
원의 힘에 의하여, 깊이 관조(觀照)하는 사람은 반드
시 성취할 수 있느니라. 다만 부처님의 형상만을 생

阿彌陀佛 神通如意 於十方

國 變現自在 或現大身 滿

虛空中 或現小身 丈六八尺

所現之形 皆眞金色 圓光化

佛 及寶蓮華 如上所說

觀世音菩薩 及大勢至 於一

切處身同 衆生但觀首相 知

是觀世音 知是大勢至 此二

菩薩 助阿彌陀佛 普化一切

각해도 무량한 복을 받을 수가 있는데, 하물며 원만히 갖추어진 부처님의 모습을 관조하는 큰 공덕에 있어서랴.

아미타불께서는 신통력이 자재하시어 시방세계의 모든 국토에 마음대로 변화하여 나투시는데, 혹은 크게 나투시어 끝없는 허공에 가득 차시고 혹은 작은 몸으로 나투시어, 때로는 일장 여섯 자로 또는 여덟 자의 몸으로 나투시느니라. 그리고 나투시는 몸의 형상은 모두가 자마금색의 광명으로 빛나고, 원광(圓光) 속의 화신불(化身佛)이나 보배 연꽃 등은 모두가 먼저 말한 바와 같으니라.

그리고 관세음보살과 대세지보살은 어디에서나 같은 모양으로 나투는데, 중생들은 다만 그 머리만을 보아도 알 수 있나니, 그 머리의 보배관에 부처님이 계시면 관세음보살이고, 보배 병이 있으면 대세지보

是爲雜想觀 名第十三觀。

第二節 散善觀

第十四節 上輩觀

（上品上生）

佛告阿難 及韋提希

凡生西方有九品人 上品上

生者 若有衆生 願生彼國者

發三種心 即便往生 何等爲

三 一者至誠心 二者深心

三者廻向發願心 具三心者

必生彼國

살이니라. 그런데 이 두 보살은 언제나 아미타불을

도와서 두루 일제 중생을 교화하느니라. 이렇게 생각

하는 법을, 섞어 생각하는 잡상관(雜想觀)이라 하고

열세째 관(觀)이라 하느니라.」

제十四절 상배관(上輩觀)

1. 상품상생(上品上生)

부처님께서 다시 아난과 위제희 부인에게 말씀하셨

다.

『상품 상생이라 하는 것은, 저 극락세계에 태어나

기를 원하는 중생들이 세가지의 마음을 일으켜 극락

세계에 왕생하는 것을 말하느니라. 그런데 그 세가

지란 첫째로 지극히 정성스러운 마음이요, 둘째는 깊

은 신앙심이며, 셋째는 모든 선행을 회향하여 극락세

계에 태어나기를 바라는 회향발원심(回向發願心)이니

復有三種衆生 當得往生 何
等爲三 一者 慈心不殺 具
諸戒行 二者 讀誦大乘 方
等經典 三者 修行六念 迴
向發願 願生彼國 具此功德
一日乃至七日 即得往生

生彼國時 此人精進勇猛故
阿彌陀如來 與觀世音 大勢
至 無數化佛 百千比丘 聲

랑. 이러한 세 가지 마음을 갖추면 반드시 저 극락세계에 태어나게 되느니라.

그리고 세 종류의 중생이 극락세계에 왕생할 수 있는데, 그 첫째는 자비심이 깊어서 산 목숨을 죽이지 않고 모든 계율을 갖추어 행동이 올바르며, 둘째는 대승 경전을 지성으로 독송하는 사람이며, 셋째로는 여섯 가지 염원(六念), 곧 부처님과 불법과 불제자와 계율과 보시와 천상 등을 염원(念願)하는 수행을 말하느니라. 그래서 이러한 선근 공덕을 회향하여 저 극락세계에 태어나고자 서원하고, 이러한 공덕을 갖추어 하루에서 이레까지 이르면 바로 극락세계에 왕생할 수 있느니라.

이와 같이 극락세계에 태어날 때 이들은 용맹하게 정진하였기 때문에, 아미타불께서 관세음보살·대세지보살과 무수한 화신불(化身佛)과 수많은 비구 등

聞大衆 無數諸天 七寶宮殿
觀世音菩薩 執金剛臺 與大
勢至菩薩 至行者前 阿彌陀
佛 放大光明 照行者身 與
諸菩薩 授手迎接

觀世音 大勢至 與無數菩薩
讚歎行者 勸進其心 行者見
已 歡喜踊躍 自見其身 乘
金剛臺 隨從佛後 如彈指頃
往生彼國。

生彼國已 見佛色身 衆相具
足 見諸菩薩 色相具足 光
明寶林 演說妙法 聞已卽悟

성문 대중과 여러 천인(天人)들과 함께 칠보 궁전과 더불어 나투시느니라. 그중에 관세음보살은 금강대(金剛臺)를 가지고 대세지 보살과 함께 그 수행자 앞에 가까이 이르고, 아미타불께서는 찬란한 광명을 발하시어 그 수행자의 몸을 비추시며 여러 보살들과 함께 손을 내미시어 수행자를 영접하시느니라.

그 때 관세음보살과 대세지보살은 수많은 보살들과 함께 그 수행자를 찬탄하고 그 마음을 더욱 격려하느니라. 그래서 수행자는 환희에 넘쳐 뛰놀듯 기뻐하며 스스로 자기 몸을 돌아보면, 자기는 이미 금강대를 타고 부처님의 뒤를 따르고 있으며 순식간에 극락세계에 왕생하게 되느니라.

그래서 극락세계에 태어나면 상호가 원만하신 부처님의 모습을 뵈옵고 또한 여러 보살들의 훌륭한 모양을 보게 되느니라. 그리하여 광명이 찬란한 보배 나무을 보게 되느니라.

無生法忍

門 是名上品上生者。

界 於諸佛前 次第授記 還
到本國 得無量百千 陀羅尼

經須臾間 歷事諸佛 遍十方

（上品中生）

上品中生者 不必受持讀誦
方等經典 善解義趣 於第一
義 心不驚動 深信因果 不
謗大乘 以此功德 迴向願求
生極樂國 行此行者 命欲終

숲에서 울려나오는 미묘한 법문을 들으면 생사를 깨닫는 무생법인(無生法忍)의 진리를 깨닫게 되느니라.

그리고 잠시 동안에 두루 시방세계를 다니면서 여러 부처님들을 예배 공경하고, 여러 부처님 앞에서 차례대로 장차 부처가 될 것을 예언하는 수기(授記)를 받고는 다시금 극락세계에 돌아와서, 헤아릴 수 없이 많은 신통 지혜인 다라니문(陀羅尼門)을 얻느니라. 이러한 것을 상품 상생(上品上生)하는 것이라 하느니라.

2. 상품중생(上品中生)

상품 중생이란, 반드시 대승 경전을 배우고 독송하며 외우지는 않는다고 하더라도, 능히 대승의 뜻을 알고 그 근본 진리에 있어서 마음이 놀라거나 두려워하지 않고, 깊이 인과의 도리를 믿어 대승을 비방하지 않으며, 이러한 공덕을 회향하여 극락세계에 태어

時　阿彌陀佛　與觀世音　大
勢至　無量大衆　眷屬圍繞
持紫金臺　至行者前

讚言　法子　汝行大乘　解第
一義　是故我今　來迎接汝
與千化佛　一時授手　行者自
見　坐紫金臺　合掌叉手　讚
歎諸佛　如一念頃　卽生彼
國　七寶池中

此紫金臺　如大寶華　經宿則
開　行者身作　紫磨金色　足

나기를 서원하는 이를 말하느니라. 이와 같은 수행자
가 그 목숨이 다하려 할 때, 아미타불께서 관세음보
살·대세지보살과 헤아릴 수 없이 많은 대중 권속들
에 둘러싸여 자마금(紫磨金)의 연화대를 가지고 수행
자 앞에 나투시느니라.

그리고 칭찬하시기를 『진리의 아들아, 그대는 대승
법을 행하고 그 근본 뜻을 알았으니, 이제 내가 와서
그대를 영접하느니라』고 말씀하시며 일천의 화신불과
함께 일시에 손을 내미시느니라. 그 때 수행자가 스
스로 돌아보면 자기는 이미 자마금의 연화대에 앉아
있느니라. 수행자는 합장하여 여러 부처님을 찬탄하
고, 한 생각 동안에 바로 저 극락세계의 칠보 연못
연화대 위에 태어나느니라.

이 자마금의 연화대는 큰 보배 꽃과 같은데, 하룻
밤 사이에 그 보배 꽃이 피어나면 수행자의 몸은 자

下亦有　七寶蓮華　佛及菩薩
俱時放光明　照行者身　目即
開明　因前宿習　普聞衆聲
純說甚深　第一義諦

即下金臺　禮佛合掌　讚歎世
尊　經於七日　應時卽於　阿
耨多羅三藐三菩提　得不退
轉應時　卽能飛行　遍至十
方歷事諸佛　於諸佛所修
諸三昧　經一小劫　得無生忍
現前授記　是名上品中生者。

마금색으로 빛나고 그 발밑에도 또한 칠보의 연꽃이
있느니라. 그리고 부처님과 보살들이 다 함께 광명을
발하시어 수행자의 몸을 비추면, 바로 눈이 열리고
마음이 밝아지느니라. 그리고 과거 숙세에 대승법을
익혀 온 공덕으로 말미암아, 극락세계의 바람소리·
새소리·물소리들이 다 한결같이 깊고 위 없는 법문
을 연설함을 알아들을 수 있느니라.

그래서 수행자는 바로 연화대에서 내려와 부처님을
향하여 합장 예배하며 찬탄하여 마지않느니라. 이와 같이 하
여 칠일이 지나면 바로 위없는 바른 진리를 깨닫고,
다시 물러남이 없는 불퇴전의 자리에 들게 되느니라.
그리고 자유자재로 시방세계에 두루 날아다니며 여
러 부처님을 섬기고, 또한 여러 부처님 처소에서 모
든 삼매(三昧)를 닦아서, 일소겁(一小劫)이 지나면
무생법인을 얻느니라. 그래서 친히 부처님으로부터

上品下生者 亦信因果 不謗
大乘 但發無上道心 以此功
德 廻向願求 生極樂國 行
者命欲終時 阿彌陀佛 及觀
世音 大勢至 與諸眷屬 持
金蓮華 化作五百化佛 來迎
此人

金蓮華 化作五百化佛 來迎
五百化佛 一時授手 讚言
法子 汝今淸淨 發無上道心
我來迎汝。

（上品下生）

장차 성불하는 수기(授記)를 받느니라. 이러한 것을
상품 중생이라 하느니라.

3. 상품하생(上品下生)

상품 하생하는 이란, 인과의 도리를 믿고 대승의
가르침을 비방하지 않으며, 오직 위없는 도를 구하는
마음을 일으키고, 이러한 공덕을 회향하여 극락세계
에 태어나고자 원하는 이를 말하느니라. 이러한 수행
자가 목숨이 다하려 할 때는 아미타불께서 관세음보
살·대세지보살을 비롯한 여러 권속들과 함께 황금의
연꽃을 가지고 오백의 화신불(化身佛)을 나투시어 그
를 영접하시느니라.

그 때 오백의 화신불은 다 함께 일시에 손을 내미
시어 칭찬하여 말씀하시기를 『진리의 아들아, 그대는
이제 청정하게 위없는 진리를 구하는 마음을 내었기
에 내가 와서 맞이하느니라』고 하시느니라.

見此事時 卽自見身 坐金蓮
華 坐已華合 隨世尊後 卽
得往生 七寶池中

演妙法

後 乃了了見 聞衆音聲 皆
衆相好 心不明了 於三七日
中 乃得見佛 雖見佛身 於
一日一夜 蓮華乃開 七日之

遊歷十方 供養諸佛 於諸佛
前 聞甚深法 經三小劫 得
百法明門 住歡喜地 是名上
品下生者 是名上輩生想 名

수행자가 이러한 일을 뵈옵고 자기 몸을 돌아보면
이미 황금의 연꽃 위에 앉아 있느니라. 그러나 그 순
간 연꽃은 오므라들고 부처님을 따라서 바로 칠보 연
못에 왕생하느니라.

그리하여 밤낮 하루를 지나서 연꽃은 다시 피어나
고, 칠일 동안에 부처님을 뵈올 수 있느니라. 그러나
아직 부처님의 모든 상호를 분명히 뵈올 수는 없으
며, 이십일일이 지난 다음에야 비로소 분명히 뵈올
수 있느니라. 그리고 들려오는 모든 음성들이 다 한
결같이 미묘한 법문을 연설함을 알아들을 수 있느니
라.

그리고 시방세계를 두루 다니면서 여러 부처님을
공양하고 부처님으로부터 깊고 미묘한 법문을 듣느니
라. 이와 같이 하여 삼소겁이 지나면 온갖 도리를 깨
닫고 환희지(歡喜地)에 머물게 되느니라. 이러한 것

第十四觀。

第十五節　中輩觀
（中品上生）
佛告阿難　及韋提希

中品上生者　若有衆生　受持
五戒　持八戒齋　修行諸戒
不造五逆　無衆過患　以此善
根　廻向願求　生於西方　極
樂世界　行者臨命終時　阿彌
陀佛　與諸比丘　眷屬圍繞
放金色光　至其人所

을 상품 하생(上品下生)이라 말하며, 위에 말한 바
상품 상생과 상품 상생과 상품 중생과 상품 하생의 세 갈래로 왕
래함을 상배관(上輩觀)이라 하고 열네째 관(觀)이라
하느니라.』

제十五절　중배관(中輩觀)

1. 중품상생(中品上生)

부처님께서 다시 아난과 위제희 부인에게 말씀하셨
다.

『중품 상생하는 이란, 오계와 팔계와 다른 모든 청
정한 계율을 지키며 오역죄를 범하지 않고, 아무런
허물이 없는 이러한 공덕을 회향하여 저 극락세계에
태어나고자 원하는 사람을 말하느니라. 이와 같은 수
행자가 목숨을 마치려 할 때, 아미타불께서 여러 비
구들과 권속들에 둘러싸여, 금색 광명을 비추시며 그
사람 앞에 나투시느니라.

演說苦空　無常無我　讚歎出

家　得離衆苦　行者見已　心

大歡喜　自見己身　坐蓮華臺

長跪合掌　爲佛作禮

未擧頭頃　即得往生　極樂世

界　蓮華尋開　當華敷時　聞

衆音聲　讚歎四諦　應時卽得

阿羅漢道　三明六通　具八解

脫　是名中品上生者。

그리고 현세의 괴롭고 허무하고 무상(無常)하며 무

아(無我)인 진리를 연설하시고, 진리를 구하여 출가

한 이가 모든 괴로움을 벗어나는 일을 찬탄하시느니

라. 그 수행자는 부처님을 뵈옵고 법문을 듣고 나서

환희에 사무쳐 스스로 자기 몸을 돌아보면, 자신은

이미 연화대에 앉아 있느니라. 수행자는 곧 무릎을

꿇고 합장하여 부처님께 예배를 드리느니라.

수행자가 미처 머리를 들기도 전에 벌써 극락세계

에 왕생하였으며, 그 때 바로 그를 싸고 있던 연꽃이

피어나는데, 연꽃이 활짝 열리자 바람소리와 물소리

와 새소리 등 모든 음성들이 한결같이 사체(四諦)의

미묘한 법문을 찬탄함을 알아들을 수 있느니라. 이때

수행자는 곧 아라한의 깨달음을 얻고 삼명(三明)과

육신통이 열리며 여덟 가지 걸림이 없는 해탈(八解

脫)을 갖추게 되느니라. 이러한 것을 중품 상생(中品

(中品中生)

中品中生者 若有衆生 若一
日一夜 受持八戒齋 若一日
一夜 持沙彌戒 若一日一夜
持具足戒 威儀無缺 以此功
德 廻向願求 生極樂國 戒
香熏修 如此行者 命欲終時
見阿彌陀佛 與諸眷屬 放金
色光 持七寶華 至行者前
行者自聞 空中有聲 讚言
善男子 如汝善人 隨順三世
諸佛教故 我來迎汝 行者自
見 坐蓮華上 蓮華卽合 生

上生)하는 것이라 하느니라.

2. 중품중생(中品中生)

중품 중생하는 이란, 밤낮 하룻 동안 팔재계(八齋戒)나 사미계(沙彌戒)를 지키거나 또는 밤낮 하룻동안 구족계(具足戒)를 지켜서 그 거동과 예의가 조금도 부족함이 없는, 이러한 공덕을 회향하여 극락세계에 태어나고자 원하는 사람을 말하느니라. 이와 같은 계행의 향기가 몸에 밴 수행자가 목숨을 마치려 할 때는 아미타불께서 많은 권속을 거느리시고 금색 광명을 비추시며 칠보의 연꽃을 가지고 수행자 앞에 나투심을 뵈올 수 있느니라.

그 때 수행자는 허공에서 그를 칭찬하는 소리가 들리는데 『착한 이여, 그대와 같이 선량한 사람은 시방 삼세 모든 부처님의 가르침에 순종하고 따랐기 때문에 내가 와서 그대를 맞이하노라』하시느니라. 그 말

於西方 極樂世界 在寶池中
經於七日 蓮華乃敷 華既敷
已 開目合掌 讚歎世尊 聞
法歡喜 得須陀洹 經半劫已
成阿羅漢 是名中品中生者。

(中品下生)

若有善男子 善女人 孝養父
母 行世仁慈 此人命欲終時
遇善知識 爲其廣說 阿彌陀
佛 國土樂事 亦說法藏比丘

을 들고 수행자가 스스로를 돌아보면, 자신은 이미 연꽃 위에 앉아 있으며, 그 순간 연꽃은 이내 오므라져 서방 극락세계의 보배 연못 가운데 태어나느니라. 그래서 칠일이 지나면 연꽃은 다시 피어나는데, 그 연꽃이 피어나자 수행자의 마음의 눈도 열리느니라. 수행자는 합장하여 부처님을 찬탄하고 예배하며 법문을 듣고 나서 기쁨에 넘쳐 바로 수다원(須陀洹)의 깨달음을 얻고 반겁(劫)이 지난 뒤에는 아라한이 되느니라. 이러한 것을 중품 중생(中品中生)하는 것이라 하느니라.

3, 중품하생(中品下生)

중품 하생이란, 선량한 이가 부모에게 효도하고 세상 사람들에게 인자하게 행세한 사람이 있느니라. 이러한 사람이 그 목숨이 다하려 할 때 선지식을 만나서 자세히 아미타불의 국토인 극락세계의 안락하고

四十八願 聞此事已 尋卽命
終 譬如壯士 屈伸臂頃 卽
生西方 極樂世界

生經七日 遇觀世音 及大勢
至 聞法歡喜 經一小劫 成
阿羅漢 是名中品下生者 是
名中輩生想 名第十五觀.

第三 下輩觀
（下品上生）
佛告阿難 及韋提希 或有衆生 作衆
下品上生者

라.

장엄한 일들과、법장비구의 사십팔원에 대한 설법을
듣고 목숨을 마치면、마치 힘센 장사가 팔 한번 굽혔
다가 펴는 잠간 동안에 바로 극락세계에 태어나느니
라.

그리고 태어나서 칠일이 지나면 관세음보살과 대세
지보살을 만나서 법문을 듣고 기쁨에 넘치며、다시
일소겁(一小劫)이 지나면 아라한이 되느니라. 이러한
것을 중품 하생(中品下生)하는 것이라 말하며、앞에
말한 바, 중품 상생과 중품 중생과 중품 하생의 세
갈래로 왕생함을 중배관(中輩觀)이라 하고、또한 열
다섯째 관(觀)이라 하느니라』

제十六절 하배관(下輩觀)

1. 하품상생(下品上生)

부처님께서 아난과 위제희 부인에게 말씀하셨다.

『하품 상생하는 이를 말하니라. 가지가지의 악업을

惡業 雖不誹謗 方等經典

如此愚人 多造衆惡 無有慙

愧 命欲終時 遇善知識 爲

讚大乘 十二部經 首題名字

以聞如是諸經名故 除却千

劫 極重惡業

、

智者復教 合掌叉手 稱南無

阿彌陀佛 稱佛名故 除五十

億劫 生死之罪

爾時彼佛 卽遣化佛 化觀世

音 化大勢至 至行者前 讚

짓는 중생으로서, 비록 대승의 경전을 비방하지는 않

는다고 한더라도, 어리석은 탓으로 온갖 나쁜 짓을

하면서도 참회하고 부끄러워할 줄 모르는 사람이 있

느니라. 이러한 사람이 목숨이 다하려고 할 때 선지

식을 만나서 대승 십이부 경전의 제목을 찬탄함을 듣

게 되느니라. 그래서 그는 여러 경전의 이름을 들은

공덕으로, 천겁 동안 지극히 무거운 죄업을 없

애느니라.

또한 지혜있는 이가 그에게 가르치기를 합장 공경

하고 『아미타불』을 부르도록 권하여, 그 말대로 정성

껏 부처님의 명호인 아미타불을 부르면, 그 염불 공

덕으로 오십억 겁 동안 생사에 헤매는 무거운 죄를

없애느니라.

그때 아미타불께서는 곧 화신불과 화신 관세음보

살과 화신 대세지보살을 이 사람 앞에 보내시어 그를

言善哉　善男子　汝稱佛名故
諸罪消滅　我來迎汝

作是語已　行者卽見　化佛光
明　遍滿其室　見已歡喜　卽
便命終　乘寶蓮華　隨化佛後
生寶池中　經七七日　蓮華乃
敷　當華敷時　大悲觀世音菩
薩　及大勢至菩薩　放大光明
住其人前　爲說甚深　十二部
經

聞已信解　發無上道心　經十
小劫　具百法明門　得入初地

是名下品上生者　得聞　佛名
法名　及聞僧名　聞三寶名

칭찬하시기를 『착한 이여, 그대는 부처님의 명호를 부른 공덕으로 여러가지 많은 죄업이 소멸되어 내가 그대를 맞이하러 왔노라』고 하시느니라.

이 말씀이 끝나자 수행자는 홀연, 화신불의 광명이 그의 방안에 가득함을 보고 기쁨에 넘쳐 이내 목숨을 마치느니라. 그리하여 보배 연꽃을 타고 화신불의 뒤를 따라 보배 연못 가운데 태어나느니라. 그래서 사십구일이 지나면 그 연꽃이 피느니라. 연꽃이 피어나면 자비한 관세음보살과 대세지보살이 찬란한 광명을 비추며 그 사람 앞에 와서 그를 위하여 깊고 미묘한 십이부경을 설법하느니라.

그는 법문을 듣고 나서 깊이 믿고 받들며 위없는 보리심을 내느니라. 그리고 다시 십소겁(十小劫)을 지나서 모든 도리를 밝게 깨닫는 지혜인 백법명문(百法明門)을 갖추고, 보살 십지(十地)의 첫 자리인 환희지

即得往生。

（下品中生）

佛告阿難 及韋提希

下品中生者 或有衆生 毀犯

五戒 八戒及具足戒 如此愚

人 偸僧祇物 盜現前僧物

不淨說法 無有慙愧 以諸惡

業 而自莊嚴 如此罪人 以

惡業故 應墮地獄 命欲終時

地獄衆火 一時俱至

（歡喜地）에 들게 되느니라. 이러한 것을 하품 상생（下品上生）하는 것이라 말하는데, 이와 같이 부처님과 불법과 불제자 등 삼보의 이름을 듣고 그 삼보의 이름을 들은 공덕으로 바로 극락세계에 왕생하느니라.

2. 하품중생（下品中生）

부처님께서 다시 아난과 위제희 부인에게 말씀하셨다.

『하품 중생하는 이를 말하리라. 오계나 팔재계나 구족계 등 모든 계율을 범하고 또한 어리석은 탓으로 승단이나 스님네의 물품을 훔치며, 또는 자기의 명예와 이욕을 위하여 허무맹랑한 부정설법（不淨說法）을 하면서도 뉘우치고 부끄러워 할 줄을 모르며, 가지가지의 악업을 짓고는 도리어 자기 스스로는 옳고 장하다고 뽐내는 사람이 있느니라. 이와 같은 죄많은 사람은 그 악업의 과보로 마땅히 지옥에 떨어질 수 밖

遇善知識　以大慈悲　爲說阿
彌陀佛　十力威德　廣說彼佛
光明神力　亦讚戒定慧　解脫
解脫知見　此人聞已　除八十
億劫　生死之罪　地獄猛火
化爲淸凉風　吹諸天華　華上
皆有　化佛菩薩　迎接此人
如一念頃　卽得往生　七寶池
中　蓮華之內　經於六劫　蓮
華乃敷　當華敷時　觀世音

에 없으며, 그래서 그 목숨이 마치려할 때는 지옥의
맹렬한 불길이 일시에 몰려들게 되느니라.

그러나 이 때 선지식을 만나게 되어, 선지식이 큰
자비로써 이 사람을 위하여 아미타불의 열 가지 위덕
과 그 광명의 부사의한 신통력을 말해 주고, 또한 계
율과 선정과 지혜와 해탈과 해탈지견(解脫知見) 등을
찬탄하느니라. 그래서 이 사람은 그 법문을 듣고 팔
십억 겁(劫) 동안 생사에 헤매는 무거운 죄업을 벗어
나게 되느니라. 그리하여 지옥의 맹렬한 불길은 맑고
시원한 미풍으로 변하여, 가지가지 천상의 꽃을 날리
느니라. 그리고 그 모든 꽃 위에 마다 화신불과 화신
보살들이 있어서 이 사람을 맞이하느니라.

그래서 그는 순식간에 바로 극락세계에 왕생하여
칠보 연못의 연꽃 속에 태어나느니라. 그리하여 그
속에서 여섯 겁(劫)이 지나면 연꽃이 피는데, 그 때

大勢至　以梵音聲　安慰彼人

爲說大乘　甚深經典　聞此法

已　應時即發　無上道心　是

名下品中生者。

（下品下生）

佛告阿難　及韋提希

下品下生者　或有衆生　作不

善業　五逆十惡　具諸不善

如此愚人　以惡業故　應墮惡

道　經歷多劫　受苦無窮　如

此愚人　臨命終時　遇善知識

種種安慰　爲說妙法　教令念

佛

관세음보살과 대세지보살이 청정한 음성으로 그를 안
위하고, 그를 위하여 대승의 깊고 미묘한 경전을 설
법하느니라. 그는 이 법문을 듣고 불현듯 위없는 진
리를 깨닫고자 하는 보리심을 내느니라. 이러한 것을
하품 중생(下品中生)이라 하느니라.」

3. 하품하생(下品下生)

부처님께서 아난과 위제희 부인에게 말씀하셨다.

『하품하생하는 이를 말하리라. 매양 악업을 짓는
중생으로서, 오역죄와 십악 등 가지가지의 악업을 지
어 그 무거운 죄업의 과보로, 응당 지옥·아귀·축생
등 삼악도에 떨어져 오랜 겁 동안 한량없는 괴로움을
받을 사람이 있느니라. 그러나 이와 같은 어리석은
사람도 목숨이 다하려 할때 선지식을 만나게 되어,
선지식이 그를 위하여 여러가지로 안위하여 주고 미
묘한 법문을 들려주어 지성으로 부처님을 생각하도록

此人苦逼 不遑念佛 善友告
言 汝若不能念者 應稱無量
壽佛 如是至心 令聲不絶
具足十念 稱南無阿彌陀佛
稱佛名故 於念念中 除八十
億劫 生死之罪 命終之時
見金蓮華 猶如日輪 住其人
前 如一念頃 即得往生 極
樂世界 於蓮華中

滿十二大劫 蓮華方開 觀世
音 大勢至 以大悲音聲 爲
其廣説 諸法實相 除滅罪法

가르쳐주느니라.

그러나 그는 괴로움이 극심하여 부처님을 생각할 경황이 없느니라. 그래서 선지식은 다시 그에게 『그대가 만약 부처님을 생각할 수가 없다면 다만 아미타불을 부르도록 하여라』고 타이르느니라. 그래서 이 사람이 지성으로 소리를 끊이지 않고 아미타불을 열 번만 온전히 부르면, 그는 부처님의 명호(이름)를 부른 공덕으로, 염불하는 동안에 팔십억겁 동안 생사에 헤매는 무거운 죄업을 없애느니라. 그리고 목숨을 마칠 때는 마치 태양과 같은 순식간에 바로 극락세계의 보배 연못 연꽃 속에 태어나느니라.

그 연꽃은 십이대겁(十二大劫)이 지나면 피어나는데, 그때 관세음보살과 대세지보살은 자비로운 음성으로, 그를 위하여 일체 만법의 참다운 실상(實相)

聞已歡喜　應時卽發　菩提之
心。

生想　名第十六觀。

是名下品下生者　是名下輩

（得益分）

說是語時　韋提希　與五百侍
女　聞佛所說　應時卽見　極
樂世界　廣長之相　得見佛身
及二菩薩　心生歡喜　歎未曾
有　廓然大悟　得無生忍　五
百侍女　發阿耨多羅三藐三
菩提心　願生彼國。

과, 모든 죄업을 소멸하는 법문을 자세히 일러 주느
니라. 그래서 그는 미묘한 진리를 듣고 기쁨에 넘쳐,
불현듯 위없는 진리를 구하는 보리심을 내느니라.

이러한 것을 하품상생과 하품하생(下品下生)이라 말하고, 앞에
말한 바 하품상생과 하품중생과 하품하생 등 세 갈래
로 왕생하는 법을 하배관(下輩觀)이라 하며, 또한 열
여섯째 관(觀)이라 하느니라.』

제십칠절　법문을 들은 공덕

부처님께서 이와 같이, 극락세계를 관조(觀照)하는
십육관법(十六觀法)의 법문을 하셨을 때, 위제희 부
인은 오백 시녀들과 함께 부처님의 설법을 듣고 바로
극락세계의 광대하고 장엄한 모양을 보았다. 그리고
아미타불과 관세음보살·대세지보살을 뵈옵고 마음이
환희에 넘쳐, 일찌기 없었던 거룩한 일이라 찬탄하
며, 훤히 마음이 열리고 크게 깨달아서 무생법인(無※

世尊悉記　皆當往生　生彼國
已　得諸佛現前三昧　無量諸
天　發無上道心。

生法忍)을 얻었다. 또한 오백의 시녀들도 위없는 진
리를 구하는 보리심을 내고 극락세계에 왕생하기를
간절히 서원하였다.

그 때 부처님께서는 시녀들에게 말씀하시기를 『그
대들도 마땅히 극락세계에 왕생할 것이며, 그 곳에
태어나면 모든 부처님이 앞에 나투시는 삼매(三昧)를
얻게 되느니라』고 수기(授記)하셨다. 이때 헤아릴
수 없는 천인(天人)들도 위없는 진리를 구하는 보리
심을 발하였다.

第三章 流通分

爾時阿難 卽從座起 前白佛
言
世尊 當何名此經 此法之要
當云何受持。
佛告阿難
此經名『觀極樂國土 無量
壽佛 觀世音菩薩 大勢至菩
薩』亦名『淨除業障 生諸
佛前』
汝當受持 無令忘失 行此三
昧者 現身得見 無量壽佛
及二大士 若善男子 善女人

제三장 유통분(流通分)

그 때 아난은 곧 자리에서 일어나 부처님 앞에 나아가서 부처님께 사뢰었다.

『세존이시여, 이번에 말씀하여 주신 이 경(經)을 어떻게 이름하오며, 법문의 요긴한 뜻을 어떻게 받아 지녀야 하겠사옵니까?』

부처님께서 아난에게 말씀하시기를,

『이 경의 이름은 「극락세계의 무량수불(아미타불)·관세음보살·대세지 보살을 관(觀)하는 경」이라 하고, 또는 「업장을 말끔히 없애고 부처님 앞에 태어나는 경」이라고 하여라.

그리고 그대는 잘 기억하여 아예 잊지 않도록 명심하여라. 이 경에서 말한 삼매를 닦는 사람은 바로 이 몸으로 아미타불과 관세음보살·대세지보살을 볼 수

但聞佛名 二菩薩名 除無量

劫生死之罪 何況憶念 若念

佛者

當知此人 是人中芬陀利華

觀世音菩薩 大勢至菩薩 爲

其勝友 當坐道場 生諸佛

家。

佛告阿難

汝好持是語 持是語者 卽是

持無量壽佛名。

佛說此語時 尊者目犍連 阿

難及 韋提希等 聞佛所說

있느니라. 선남(善男) 선녀(善女)가 부처님과 두 보살의 이름만 들어도, 무량 겁 동안 생사에 헤매는 죄업이 소멸될 것인데, 하물며 부처님의 지혜 공덕을 깊이 생각하는 큰 공덕에 있어서랴.

잘 알아 두어라. 매양 부처님을 생각하는 사람은 인간 가운데서 가장 순결한 연꽃이니라. 그래서 관세음보살과 대세지보살은 그의 좋은 친구가 되며, 그는 항상 진리를 떠나지 않고, 필경에 부처를 성취하게 되느니라.』

부처님께서는 아난에게 거듭 타일러 말씀하셨다.

『그대는 이와 같은 말을 잘 지녀야 하느니라. 이러한 말이란 다름이 아닌 바로 아미타불의 명호(이름)를 간직하는 일이니라.』

부처님께서 이 말씀을 하실 때, 목건련존자와 아난존자 그리고 위제희 부인 등이, 부처님의 법문을 듣

皆大歡喜。

（耆闍分）

爾時世尊　足步虛空　還耆闍
崛山

爾時阿難　廣爲大衆　說如上
事　無量諸天　及龍夜叉　聞
佛所說　皆大歡喜　禮佛而
退。

佛說　觀無量壽經　終

고 모두 크게 기뻐하였다.

그 때 부처님께서는 왕사성의 위제희 부인 처소에서 설법을 마치시고, 허공을 걸으시어 기사굴산에 돌아오셨다.

산에 돌아온 아난은 대중을 위하여 앞에 말씀하신 부처님의 법문을 자세히 알려 주었다. 그래서 헤아릴 수 없는 여러 천인(天人)과 용과 야차 귀신들이 부처님의 법문을 듣고, 한결같이 한없는 기쁨에 넘쳐 부처님께 예배하고 물러갔다.

불설 관무량수경 끝

제三 아미타경(阿彌陀經)

佛說 阿彌陀經

불설 아미타경

姚秦 三藏法師 鳩摩羅什 奉詔譯

第一章 序分

제일장 서분(序分)

如是我聞 一時 佛 在舍衛
國祇樹給孤獨園 與大比丘
衆 千二百五十人俱 皆是
大阿羅漢 衆所知識 長老舍
利弗 摩訶目犍連 摩訶迦葉
摩訶迦旃延 摩訶俱絺羅 離
婆多 周利槃陀伽 難陀 阿
難陀 羅睺羅 憍梵波提 賓
頭盧頗羅墮 迦留陀夷 摩訶
劫賓那 薄拘羅 阿㝹樓馱

나는 이와 같이 들었다. 어느 때 부처님께서 사위국의 기수급고독원에 계셨다. 그 때 덕망이 높은 큰 비구 대중 천 이백 오십 인이 함께 부처님을 모시고 있었는데, 모두 위대한 아라한들로서 널리 여러 사람들에게 알려진 선지식들이었다. 곧 장로 사리불, 마하목건련, 마하가섭, 마하가전연, 마하구치라, 리바다, 주리반타가, 난타, 아난타, 라후라, 교범바제, 빈두로파라타, 가루타이, 마하겁빈나, 박구라, 아누루타 등의 여러 제자들이었다. 그리고 문수사리법왕자와 아일다보살(미륵보살), 건타하제보살, 상전진보

如是等　諸大弟子　竝諸菩薩
摩訶薩　文殊師利法王子　阿
逸多菩薩　乾陀訶提菩薩　常
精進菩薩　與如是等　諸大菩
薩　及釋提桓因等　無量諸天
大衆俱。

살 등의 여러 위대한 보살들과, 범천, 제석천 등 헤
아릴 수 없이 많은 천상 대중들도 자리를 함께 하였
다。

第二章 正宗分

第一節 極樂淨土

爾時 佛告長老舍利弗

從是西方 過十萬億佛土 有

世界 名曰極樂 其土有佛

號阿彌陀 今現在說法。

舍利弗 彼土 何故 名爲極

樂 其國衆生 無有衆苦 但

受諸樂 故名極樂。

又舍利弗 極樂國土 七重欄

楯 七重羅網 七重行樹 皆

是四寶 周市圍繞 是故彼國

제二장 정종분(正宗分)

제一절 극락세계의 공덕장엄

그 때 부처님께서 장로 사리불에게 말씀하셨다.

『여기에서 서쪽으로 십만 억의 불국토를 지나서 한 세계가 있는데, 그 이름을 극락이라 하느니라. 거기에 부처님이 계시는데 그 명호(이름)를 아미타불이라 하며, 지금 현재도 그 극락세계에서 설법하고 계시느니라.

사리불아, 그 나라 이름을 어찌하여 극락이라 부르는가 하면, 그 나라의 중생은 아무런 괴로움이 없고 다만 모든 즐거움 만을 받으므로 극락이라 하느니라.

또 사리불아, 또한 극락세계에는 일곱 겹의 난간이 있으며, 일곱 겹의 그물이 드리우고, 또한 일곱 겹의 가로수가 무성한데, 이러한 것들은 모두 금·은·유

名曰極樂.

又舍利弗　極樂國土　有七寶
池　八功德水　充滿其中　池
底　純以金沙布地　四邊階道
金銀瑠璃　玻瓈合成　上有樓
閣　亦以金銀　瑠璃玻瓈　硨
磲赤珠碼碯　而嚴飾之

池中蓮華　大如車輪　青色青
光　黃色黃光　赤色赤光　白
色白光　微妙香潔　舍利弗
極樂國土　成就如是　功德莊

리·파려 등의 네 가지 보배로 이루어져, 두루 온 나라를 둘러싸고 있으므로 그 나라를 극락이라 하느니라.

사리불아, 또 극락세계에는 칠보로 된 연못이 있는데, 여덟 가지 공덕을 갖춘 청정한 물이 그 안에 가득하며, 그 보배 못 바닥은 순전한 금모래가 깔려 있고, 사방 못 가에는 층계가 있는데, 금·은·유리·파려 등의 보배로 이루어졌느니라. 그리고 그 층계 위에는 누각이 있으며 그것은 금·은·유리·파려·자거·진주·마노 등의 칠보로 장엄하게 꾸며져 있느니라.

또한 보배 연못 가운데는 큰 수레바퀴만한 연꽃이 수없이 피었는데, 푸른 꽃에서는 푸른 광채가 나고, 누른 꽃에서는 누른 광채가, 붉은 꽃에서는 붉은 광채가, 흰 꽃에서는 하얀 광채가 나는데, 지극히 미묘

嚴。

又舍利弗 彼佛國土 常作天
樂 黃金爲地 晝夜六時 天
雨曼陀羅華 其國眾生 常以
清旦 各以衣裓 盛眾妙華
供養他方 十萬億佛 卽以食
時 還到本國 飯食經行 舍
利弗 極樂國土 成就如是
功德莊嚴。

復次舍利弗 彼國常有 種種
奇妙 雜色之鳥 白鵠孔雀
鸚鵡舍利 迦陵頻伽 共命之
鳥 是諸眾鳥 晝夜六時 出

하여 향기롭고 정결하느니라。 사리불아、 극락세계는 이러한 공덕과 장엄으로 이루어져 있느니라。

그리고 극락세계에는 항상 천상의 음악이 청아하게 울려퍼지고、 황금으로 이루어진 땅 위에는 밤낮으로 끊임없이 천상의 만다라꽃이 비오듯이 흩날리고 있느니라。 그래서 극락세계의 중생들은 언제나 새벽마다、 가지가지의 미묘한 꽃을 꽃바구니에 담아서、 다른 십만억 불국토의 부처님들께 공양을 올리느니라。 그리고 바로 식전에 극락세계에 돌아와서 식사를 마치고는 산책을 즐기느니라。 사리불아、 극락세계는 이와 같은 공덕과 장엄으로 이루어져 있느니라。

그리고 또 사리불아、 극락세계에는 여러 빛깔의 기묘한 새들이 있는데、 백조와 공작과 앵무새・사리새・가릉빙가・공명새 등이 밤낮없이 항상 평화롭고 청아한 노래를 하느니라。 그 소리는 한결같이 설법

和雅音　其音演暢　五根五力
七菩提分　八聖道分　如是等
法　其土衆生　聞是音已　皆
悉念佛　念法念僧

舍利弗　汝勿謂此鳥　實是罪
報所生　所以者何　彼佛國土
無三惡道　舍利弗　其佛國土
尚無三惡道之名　何況有實
是諸衆鳥　皆是阿彌陀佛　欲
令法音宣流　變化所作。

舍利弗　彼佛國土　微風吹動
諸寶行樹　及寶羅網　出微

아님이 없으며 오근(五根)과 오력(五力)과 칠보리·
팔성도(聖道) 등 성불하는 가르침을 아뢰고 있느니
라. 그래서 극락세계의 중생들은 이 소리를 듣고, 부
처님을 생각하고 불법을 생각하고 불제자를 생각하는
마음이 더욱 깊어지느니라.

사리불아, 그대는 이 새들이 이 세상의 새들처럼
실제로 죄업의 과보로써 생겼다고 생각하지 말아라.
어찌하여 그런가 하면, 극락세계에는 지옥·아귀·축
생 등의 삼악도가 없기 때문이니라. 사리불아, 그 불
국토에는 삼악도라는 이름도 없는데, 어찌하여 축생
인 새가 실제로 있을 수 있겠느냐? 이러한 여러 새들
은 모두가 아미타불께서 법문을 널리 베풀고자 하시
는 자비로운 위신력이 변화하여 이루어진 것이니라.

사리불아, 극락세계에는 사늘한 미풍이 불어서 갖
가지 보배 나무와 보배 그물을 흔들면, 마치 백천 가

妙音 譬如百千種樂 同時俱
作 聞是音者 自然皆生 念
佛念法念僧之心 舍利弗 其
佛國土 成就如是 功德莊
嚴。

舍利弗 於汝意云何 彼佛
何故 號阿彌陀 舍利弗 彼
佛光明無量 照十方國 無所
障碍 是故 號爲阿彌陀 又
舍利弗 彼佛壽命 及其人民
無量無邊 阿僧祇劫 故名阿
彌陀 舍利弗 阿彌陀佛 成
佛已來 於今十劫。

지 음악이 일시에 울리는 것과 같으니라. 그래서 이
소리를 듣는 사람은 누구나 다 부처님을 생각하고 불
법을 생각하고 불제자를 생각하는 마음이 절로 우리
나느니라. 사리불아, 극락세계는 참으로 이러한 헤아
릴 수 없는 공덕과 장엄으로 이루어져 있느니라.

사리불아, 그대 생각에 저 극락세계의 부처님을 어
찌하여 아미타불이라고 부르는 지를 아느냐? 사리불
아, 저 부처님의 광명은 한량이 없어서, 시방세계의
모든 나라를 두루 비추어도 걸림이 없으니, 그러므로
무량한 광명의 부처님(無量光佛) 곧 아미타불이라 하
느니라. 또한 그 부처님의 수명과 그 나라 사람들의
수명이 한량이 없고 끝이 없는 아승지겁이니, 그러므
로 무량한 수명의 부처님(無量壽佛) 곧 아미타불이라
이름하느니라. 사리불아, 아미타불께서 성불하신 지
는 이미 열 겁(十劫)의 세월이 지났느니라.

又舍利弗　彼佛有　無量無邊
聲聞弟子　皆阿羅漢　非是算
數之所能知　諸菩薩衆　亦復
如是　舍利弗　彼佛國土　成
就如是　功德莊嚴。

又舍利弗　極樂國土　衆生生
者　皆是阿鞞跋致　其中多有
一生補處　其數甚多　非是算
數　所能知之　但可以無量無
邊　阿僧祇劫說。

第二節　念佛往生

舍利弗　衆生聞者　應當發願

사리불아, 저 아미타불에게는 무수히 많은 성문(聲聞)제자들이 있어서 모두 아라한의 깨달음을 성취하였는데, 그 수는 산수로 능히 헤아릴 수 없느니라. 또한 여러 보살 대중들도 이와 같이 많으니라. 사리불아, 극락세계는 이와 같은 공덕과 장엄으로 이루어져 있느니라.

사리불아, 극락세계에 태어나는 중생들은 모두, 다시 미혹되지 않고 보리심에서 물러나지 않는 불퇴전의 경지에 있는 이들이며, 그 가운데는 다음 생(生)에 부처가 되는 일생보처(一生補處)의 보살들도 한량없이 많아서, 산수로는 능히 다할 수 없으며, 다만 무량 무수한 아승지로 비유할 뿐이니라.

제二절　염불왕생

사리불아, 극락세계의 거룩한 공덕과 장엄을 들은

願生彼國 所以者何 得與如
是 諸上善人 俱會一處。舍
利弗 不可以少善根 福德因
緣 得生彼國

舍利弗 若有善男子善女人
聞說阿彌陀佛 執持名號 若
一日 若二日 若三日 若四
日 若五日 若六日 若七日
一心不亂。其人臨命終時
阿彌陀佛 與諸聖眾 現在其
前 是人終時 心不顚倒 即
得往生 阿彌陀佛 極樂國
土。

중생들은 마땅히 서원을 세워, 극락세계에 태어나기
를 발원해야 하느니라. 어찌하여 그런가 하면, 그들
은 극락세계에서, 가장 선량한 이들과 한 데 모여 살
수 있기 때문이니라. 그러나 사리불아, 적은 선근과
하치않은 복덕의 인연으로는 저 극락세계에 왕생할
수 없느니라.

사리불아, 만약 착한 사람들이 아미타불에 대한 설
법을 듣고 그 명호(이름)를 굳게 지니어, 하루나 이
틀이나, 혹은 사흘·나흘·닷새·엿새 혹은 이레 동
안을 두고 한결같은 마음으로 아미타불의 명호를 외
우거나 부르는 마음이 흐트러지지 않으면, 그 사람이
수명이 다할 때, 아미타불께서 여러 성인 대중들과
함께 그 사람 앞에 나투시느니라. 그래서 그는 끝내
마음이 뒤바뀌지 않고, 바로 아미타불의 극락세계에
왕생하게 되느니라.

舍利弗 我見是利 故說此言
若有衆生 聞是說者 應當發
願 生彼國土。

舍利弗 如我今者 讚歎阿彌
陀佛 不可思議功德 東方亦
有 阿閦鞞佛 須彌相佛 大
須彌佛 須彌光佛 妙音佛
如是等 恒河沙數諸佛 各於
其國 出廣長舌相 遍覆三千
大千世界 說誠實言
汝等衆生 當信是稱讚 不可

사리불아, 나는 이와 같은 위없는 이익이 되는 도리를 알고 이런 말을 하는 것이니, 이 말을 들은 중생들은 마땅히 서원을 세워 저 극락세계에 왕생하기를 발원해야 하느니라.

제三절 제불(諸佛)의 찬탄과 권유

사리불아 내가 이제 아미타불의 불가사의한 공덕을 찬탄하는 것처럼, 동쪽 여러 세계에 계신 아촉비불·수미상불·대수미불·수미광불·묘음불을 비롯한 항하 모래 수와 같이 많은 여러 부처님들께서도 또한 각기 그 계시는 나라에서, 두루 삼천대천 세계에 미치는 간곡하고 진실한 설법을 하시기를,

『너희 중생들은 마땅히 믿을지니, 모든 부처님들께

思議功德 一切諸佛 所護念
經。

舍利弗 南方世界 有日月燈
佛 名聞光佛 大焰肩佛 須
彌燈佛 無量精進佛 如是等
恒河沙數諸佛 各於其國 出
廣長舌相 遍覆三千大千世
界 說誠實言

汝等衆生 當信是稱讚不可
思議功德 一切諸佛 所護念
經。

舍利弗 西方世界 有無量
佛 無量相佛 無量幢佛 大
光佛 大明佛 寶相佛 淨光

서 한결같이 찬탄하시고 호념[※](護念)하시는 불가사의
한 공덕이 있는 이 경을 진심으로 믿으라』고 하시느
니라.

사리불아, 남쪽 여러 세계에 계시는 일월등불·명
문광불·대염견불·수미등불·무량정진불을 비롯한
헤아릴 수 없는 여러 부처님들께서도, 각기 그 계시
는 나라에서, 두루 三천대천 세계에 미치는 간곡하고
진실한 설법을 하시기를,

『너희 중생들은 마땅히 믿을지니, 모든 부처님들께
서 한결같이 찬탄하시고 호념하시는 불가사의한 공덕
이 있는 이 경을 진심으로 믿으라』고 하시느니라.

사리불아, 서쪽 여러 세계에 계시는 무량수불·무
량상불·무량당불·대광불·대명불·보상불·정광불
을 비롯한 헤아릴 수 없는 여러 부처님들께서도, 각

佛 如是等恒河沙數諸佛 各
於其國 出廣長舌相 遍覆三
千大千世界 說誠實言
汝等衆生 當信是稱讚 不可
思議功德 一切諸佛 所護念
經。

舍利弗 北方世界 有焰肩佛
最勝音佛 難沮佛 日生佛
網明佛 如是等 恒河沙數諸
佛 各於其國 出廣長舌相
遍覆三千大千世界 說誠實
言
汝等衆生 當信是稱讚 不可
思議功德 一切諸佛 所護念
經。

기 그 계시는 나라에서, 두루 삼천대천 세계에 미치
는 간곡하고 진실한 설법을 하시기를,

『너희 중생들은 마땅히 믿을지니, 모든 부처님들께
서 한결같이 찬탄하시고 호념하시는 부사의한 공덕이
있는 이 경을 진심으로 믿으라』고 하시느니라.

사리불아, 북쪽 여러 세계에 계시는 염견불·최승
음불·난저불·일생불·망명불을 비롯한 헤아릴 수
없는 여러 부처님들께서도, 각기 그 계시는 나라에
서, 두루 삼천대천 세계에 미치는 간곡하고 진실한
설법을 하시기를,

『너희 중생들은 마땅히 믿을지니, 모든 부처님들께
서 한결같이 찬탄하고 호념하시는 부사의한 공덕이
있는 이 경을 진심으로 믿으라』고 하시느니라.

舍利弗　下方世界　有師子佛

名聞佛　名光佛　達磨佛　法

幢佛　持法佛　如是等　恒河

沙數諸佛　各於其國　出廣長

舌相　遍覆三千大千世界　說

誠實言

汝等衆生　當信是稱讚不可

思議功德　一切諸佛　所護念

經.

舍利弗　上方世界　有梵音佛

宿王佛　香上佛　香光佛　大

熖肩佛　雜色寶華嚴身佛　娑

羅樹王佛　寶華德佛　見一切

義佛　如須彌山佛　如是等

恒河沙數諸佛　各於其國　出

사리불아, 저 아래쪽 여러 세계에 계시는 사자불·

명문불·명광불·달마불·법당불을 비롯한

헤아릴 수 없는 여러 부처님께서도, 각기 그 계시

는 나라에서, 두루 삼천대천 세계에 미치는 간곡하고

진실한 설법을 하시기를,

『너희 중생들은 마땅히 믿을지니, 모든 부처님들께

서 한결같이 찬탄하시고 호념하시는 부사의한 공덕이

있는 이 경을 진심으로 믿으라』고 하시느니라.

사리불아, 저 위쪽 여러 세계에 계시는 범음불·숙

왕불·향상불·향광불·대염견불·잡색보화엄신불·

사라수왕불·보화덕불·견일체의불·여수미산불 등을

비롯한 헤아릴 수 없는 여러 부처님들께서도, 각기

그 계시는 나라에서, 두루 삼천대천세계에 미치는 간

곡하고 진실한 설법을 하시기를,

廣長舌相　遍覆三千大千世
界　說誠實言

汝等衆生　當信是稱讚不可
思議功德　一切諸佛　所護念
經。

舍利弗　於汝意云何　何故
名爲　一切諸佛所護念經　舍
利弗　若善男子善女人　聞是
諸佛所說名　及經名者　是諸
善男子善女人　皆爲一切諸
佛　共所護念　皆得不退轉
於　阿耨多羅三藐三菩提　是
故　舍利弗　汝等皆當信受我
語　及諸佛所說。

『너희 중생들은 마땅히 믿을지니, 모든 부처님들께서 한결같이 찬탄하시고 호념하시는 부사의한 공덕이 있는 이 경을 진심으로 믿으라』고 하시느니라.

사리불아, 그대는 어떻게 생각하느냐? 어찌하여 이 경 이름을 「모든 부처님들께서 호념(護念)하시는 경」이라고 하는 지를 아느냐? 그것은, 만약 착한 사람들이 모든 부처님들께서 한결같이 말씀하신 바「아미타불의 명호(이름)와 이 경의 이름」을 듣고 잊지 않으면 그들은 모든 부처님들께서 함께 기억하여 보호하시게 되고, 위없는 바른 깨달음에서 물러나지 않기 때문이니라. 그러므로 사리불아, 그대들은 마땅히 내 말과 여러 부처님들께서 말씀하신 가르침을 잘 믿어야 하느니라.

舍利弗　若有人　已發願　今
發願　當發願　欲生阿彌陀佛
國者　是諸人等　皆得不退轉
於　阿耨多羅三藐三菩提　於
彼國土　若已生　若今生　若
當生　是故　舍利弗　諸善男
善女人　若有信者　應當發願
生彼國土。
舍利弗　如我今者　稱讚諸佛
不可思議功德　彼諸佛等　亦
稱讚我　不可思議功德　而作
是言
釋迦牟尼佛　能爲甚難　希有
之事　能於娑婆國土　五濁惡
世劫濁　見濁　煩惱濁　衆生

사리불아, 어느 누구이든, 아미타불의 극락세계에 왕생하기를 이미 발원하였거나, 이제 발원하거나, 또는 장차 발원한다면, 그들은 모두 위없는 바른 진리에서 물러나지 않고 극락세계에 벌써 왕생하였거나, 이제 왕생하거나, 또한 장차 왕생할 것이니라. 그러므로 사리불아, 나의 가르침을 믿는 선량한 이들은 마땅히 저 극락세계에 왕생하기를 발원해야 하느니라.

사리불아, 내가 이제 모든 부처님들의 불가사의한 공덕을 찬탄함과 같이, 저 모든 부처님들께서도, 또한 나의 불가사의한 공덕을 찬탄하시기를,

『석가모니불께서 참으로 어렵고 희유한 일을 능히 하셨도다. 시대가 흐리고, 견해가 흐리고, 번뇌가 흐※리고, 중생이 흐리고, 수명이 흐린 이 사바세계의 오

濁命濁中　得阿耨多羅三藐
三菩提　爲諸衆生　說是一
切世間　難信之法
舍利弗　當知　我於五濁惡世
行此難事　得阿耨多羅三藐
三菩提　爲一切世間　說此難
信之法　是爲甚難.

탁악세(五濁惡世)에서 능히 위없는 바른 깨달음을
얻으시고, 중생들을 위하사 세상 사람들이 믿기 어려
운 미묘한 법을 말씀하셨도다.』하시느니라.

사리불아 마땅히 알아야 하느니라. 나는 오탁의
악한 세상에서 갖은 어려운 일을 능히 행하여 위없는
깨달음을 얻고, 모든 세상 사람들을 위하여, 이 믿기
어려운 미묘한 법을 설하는 것은 참으로 어려운 일이
아닐 수 없느니라.

第三章　流通分

佛說此經已 舍利弗 及諸比
丘 一切世間 天人 阿修羅
等 聞佛所說 歡喜信受 作
禮而去。

　　　　　佛說阿彌陀經　終

제三장　유통분(流通分)

부처님께서 이 경(아미타경)을 설법하여 마치시니,
사리불을 비롯한 여러 비구들과 모든 세간의 천인(天
人)·아수라들이 부처님의 법문을 듣고, 기쁜 마음으
로 깊이 명심하여 부처님께 예배하고 물러갔다.

　　　　　아미타경　끝

용
어
해
설

용어해설(用語解說)

ㄱ

가릉빈가(迦陵頻伽) 범어 Kalaviṅka 묘한 소리 또는 좋은 소리라 번역. 사람의 머리에 새의 몸을 한 미묘한 소리를 내는 새, 극락조라고도 함.

가부좌(跏趺坐) 앉는 법의 한 가지. 먼저 오른 발을 왼편 넓적다리 위에 놓고 왼발을 오른편 넓적다리 위에 놓고 앉음. 이가부좌는 가장 안정된 자세로서 마장이 적고 삼매에 들기 쉽다고 하여 수행하는 이는 한사코 이런 자세로 수련함.

가사(袈裟) 범어 Kaṣāya 승려가 입는 법의로서 복전의(福田衣) 공덕의(功德衣) 무구의(無垢衣) 간색의(間色衣) 등의 이름이 있음.

감로관정(甘露灌頂) 십지(十地) 보살을 말함. 십지 보살은 부처님께서 감로의 법수(法水)로 그 정수리에 부어 깨달음을 인가함.

거사(居士) 출가하지 않고 집에 있으면서 불도를 수행하는 사람.

거신광(擧身光) 온 몸이 다 빛나는 광명.

겁(劫) 범어 Kalpa 장시(長時) 대시(大時)라 번역. 불교에서는 헤아릴 수 없는 아득한 시간. 범천의 하루.

겁수(劫水) 수재겁(水災劫)의 물이란 뜻으로 세계가 파괴될 때 큰 비가 내리고 또한 계수(稽首) 머리를 조아리고 절을 하는 것.

계향훈수(戒香熏修) 계율을 지키는 그 덕의 향기가 멀리 풍겨 그 명예가 높아질 뿐 아니라 자연히 남에게 감화를 줌을 말함.

고, 공, 무상, 무아(苦、空、無常、無我) 사진 (四眞)이라 말하며 사정견(四正見)이라고도 함. 미혹한 세계에 대한 네가지 바른 견해. 미혹한 세계는 고(苦)의 인연 따라 잠시 이루어진 현상이므로 이를 집착하면 고(苦)요, 공간적으로는 공(空)이요, 시간적으로는 무상(無常)이며, 따라서 나라 던가 나의 소유물이라고 고집할 것이 없 는 무아(無我)이다.

고교종탈(辜較縱奪) 성질이 외곬으로 깐깐하 여 제멋대로 남의 것을 빼앗는 것.

공명조(共命鳥) 한 몸에 두 머리가 달린 새

땅에서 물이 솟아 온 세계가 물 바다가 되어버리는 때를 수재겁이라 하는데 그 때의 큰 물을 말함.

게송(偈頌) 범어 Catha 경론(經論) 가운데 글 귀로써 부처님의 공덕을 찬탄하거나 교리 를 기록한 것.

견숙가보(甄叔伽寶) 범어 Kimsuka 견숙가꽃 과 같은 붉은 보배.

경(經) 부처님이 설법하신 가르침이나 그것 을 기록한 서적을 말하는데 범어 수다라 (修多羅 Sūtra)의 뜻 번역.

경행(經行) 범어 Vihāra 행도(行道)라고도 함. 일정한 가까운 곳을 왔다갔다 산책하 는 것. 원래는 좌선을 하다 졸릴 때나 방 선(放禪) 때 운동을 위하여 행함 포행이 라고도 함.

계(稽) 범어 Vandana

로서 미묘한 소리를 내며 설산(雪山)에서 산다 함.

공, 무상, 무원삼매(空、無常、無願三昧) 삼삼매(三三昧)라고도 하는데、인연 따라 이루어진 일체 만법은 그 실체가 없다고 관조함이 공삼매(空三昧)、실체가 없음으로 실다운 모양도 없다고 관조함이 무상삼매(無相三昧)、실체도 모양도 없으므로 나의 주관도 바랄 것도 없다고 관조함이 무원삼매(無願三昧)임.

관(觀) 범어 Vipáśyana 비파사나(毘婆舍那)라 음역。자상하고 밝게 비추어 봄을 말함.

관무량수경에서의 관(觀)은 아미타불이나 극락세계 등을 마음에 상상해 보는 것. 십육관법(觀)을 말함.

관세음보살(觀世音菩薩) 범어 Avalokiteśvara 구역으로는 광세음(光世音)、관세음(觀世音)이라 하고 신역으로는 관자재(觀自在)라 함. 아미타불의 왼편에 모시는 보살로서 부처님의 자비를 나타내고、지혜의 표징인 오른편의 대세지보살과 상대 함. 또한 이 보살은 그 이름을 부르는 중생의 음성을 관찰하고 구제하기 때문에 관세음이라 함.

관조(觀照) 지혜로써 사리(事理)를 비추어 보아 밝게 아는 것.

광보적정(廣普寂定) 보살이 설법할 때 드는 깊은 선정、곧 화엄삼매(華嚴三昧)를 말함.

광장설상(廣長舌相) 또는 대설상(大舌相)。삼십이상(相)의 하나로서、넓고 얇고 보드라운 부처님의 혀 모양이며、이는 허망한 말을 아니함을 나타내는 상(相).

구마라습(鳩摩羅什) 범어 Kumārajīva 라습삼

장(羅什三藏)이라고도 함。 구자국 사람으로서 요진(姚秦)의 홍시(弘始) 3년(A.D. 401)에 장안(長安)에 와서、경론 사백여 권을 번역하고 A.D. 413년에 입적함。

구족계(具足戒) 비구의 이백오십계、비구니의 삼백사십팔계를 말하는데、이 계율을 가지면 무량의 계덕이 몸에 갖추게 되므로 구족계라 함。

극락(極樂) 범어 수마제(須摩提 Suhāmati; Sukhāvati)의 번역。 안양(安養)、 안락(安樂)、 무량청정토(無量清淨土)、 무량광명토(無量光明土)、 무량수불토(無量壽佛土)、 연화장세계(蓮華藏世界)、 밀엄국(密嚴國)、 청태국(清泰國) 등의 이름이 있음。 이곳은 일체 모든 것이 원만히 갖추어져 있고、아예 생로병사(生老病死)와 고통이 없으며 광명과 환희만 충만한 최선의 이상향(理想鄉)。 경(經)에 이 사바세계에서 서쪽으로 십만억 불국토를 지나간 곳에 있다고 하나、마음이 청정하면 바로 극락을 수용(受用)함。

금강나라연신(金剛那羅延身) 천상의 역사(力士)。 금강과 같은 견고한 몸을 말함。

금시조(金翅鳥) 범어 Garuḍa 가루다、가루라(迦樓羅)라 음역。팔부중의 하나이며 용을 잡아 먹는다고 하는 새 족의 왕으로서 독수리 모양을 한 상상의 큰 괴조(怪鳥)。

기바(耆婆) 범어 Jivaka;Jiva 빈바사라왕의 아우、무외(無畏)의 아들이라 하며 석존 당시 유명한 의사로서 석존의 시의(侍醫)。석존에게 귀의하여 아사세왕을 권하여 불교를 믿게 함。

기별(記別) 약하여 기(記)라고도 함。부처님께서 수행하는 사람에게 미래에 성불할

인연들을 미리 말씀하시는 예언。 기별을

줌을 수기(授記)라 함。

기사굴산(耆闍崛山) 범어 Gṛdhrakūṭa 중인도

마가타국 왕사성의 동북쪽에 있는 산。 영

취산 또는 영산(靈山)이라고도 함。

기수급고독원(祇樹給孤獨園) 사위국의 남쪽

일마일 지점에 있는 정사。 기타태자가 소

유한 동산을 수달(급고독) 장자가 사서

지은 정사로서 기타태자는 원림(園林)을

시주하였으므로 두 사람의 이름을 합하여

이 이름을 짓다。 기원정사가 있는 곳。

ㄴ

나무아미타불(南無阿彌陀佛) 범어 NamoAmi-

tābhaBuddha 나무(南無)는 귀의(歸依) 또

는 귀명(歸命)한다는 뜻이며、 아미타불

은 수명이 무량하고 광명이 무량한 부처

님으로서 극락세계의 교주 부처님。 또한

자기의 본질과 우주 만유의 실상이 바로

아미타불임。

나유타(那由他) 범어 Nayuta 인도에서 아주

많은 수를 표시하는 수량의 이름으로 아

유다(阿由多)의 백배。 천억 또는 만억이

라고 함。

난순(欄楯) 난간(欄干)을 말함。 난(欄)은 세

로의 기둥, 순(楯)은 가로 거는 걸대를

말함。

노호저돌(魯扈抵突) 어리석게 날뛰며 걸핏하

면 남과 충돌하고 다투는 것。

누진의해(漏盡意解) 누(漏)는 번뇌를 말하며

번뇌가 다하여 참다운 지혜를 얻음을 이

르는데, 소승 깨달음의 사과(四果) 중 마

지막 아라한과를 말함。

누진통(漏盡通) 육통(六通)의 하나。 번뇌를

끊음이 자유 자재하여 다시 삼계(三界)에 미(迷)하지 않는 부사의 한 힘.

니구류수(尼拘類樹) 잎은 감잎같고 열매는 비파같은데 지극히 큰 나무로 그늘이 더위를 피하기에 알맞음.

ㄷ

다라니(陀羅尼) 범어 Dhāraṇi 총지(總持) 또는 능지(能持)、능차(能遮)라 번역하며 또는 대주(大呪)、곧 주문을 말하기도 함. 그 뜻은 모든 진리를 간직하고 잃지 않음으로 진언(眞言)이라고도 말함.

다타아가도(多陀阿伽度) 범어 Tathāgata 여래(如來)라 번역. 부처님 십호(十號)의 하나.

당번(幢幡) 당(幢)은 깃발. 불전(佛殿) 등을 장엄하는데 쓰임. 지금은 당과 번을 하나로 만들어 장엄함. 우리 나라에서는 보상개라고도 함. 번(幡)은 깃대에 비단 폭을 단 것.

대사(大士) 보살을 말함. 또는 정사(正士)、개사(開士)라고도 함.

대세지보살(大勢至菩薩) 지혜의 큰 힘이 일체처에 이른다는 뜻으로서、아미타불의 오른편에 수종하는 보살이며、지혜를 표징함.

대승(大乘) 소승(小乘)에 대한 말로서 법으로 말할 때는 성불의 법을 말하고、사람으로 말할 때는 자기도 깨닫고 남도 깨닫게 하는 보살을 말함.

대승방등경전(大乘方等經典) 방등 곧 보편평등한 진리를 설한 대승경전으로서 화엄경 법화경 등 일체 대승경전을 총칭함.

대자대비(大慈大悲) 불・보살의 넓고 큰 자

비. 적극적으로 즐거움을 주는 것을 자(慈)라 하고 소극적으로 괴로움을 없애는 것을 비(悲)라 함.

도량(道場) 원리로는 번뇌를 여읜 청정한 마음을 말하고, 형식적으로는 석존께서 정각(正覺)을 얻으신 처소 또는 수행하는 모든 처소를 통틀어 말함.

도리천(忉利天) 수미산의 정상에 있으며 욕계 육천의 제이천으로서 삼십삼천이라 번 남.

도사(導師) 중생을 진리로 인도하는 스승.

등각(等覺) 부처님의 깨달음인 정각(正覺)과 같다는 뜻과 또는 부처님의 정각 다음 자리인 일생(一生) 보처의 보살이라는 두가지 뜻이 있음.

등정각(等正覺) 부처님 십호(十號)의 하나로 삼먁삼불타(三藐三佛陀) Samyaksaṃbuddha 의 뜻 번역으로서 평등한 바른 깨달음을 말하는데 정변지(正遍知)라고도 함.

ㅁ

마(魔) 범어 Māra 공덕을 없앤다고 하여 죽이는 자 또는 나쁜 자 등으로 번역.

마노(碼碯) 차돌의 일종으로서 여러 가지 아름다운 색깔을 띠며 파려(玻瓈) 같은 빛이 남.

마니(摩尼) 범어 Maṇi 여의주(如意珠)라 번역. 영롱하고 투명하며, 음식이나 의복이 나 재보나 간에 이 구슬을 갖고 있는 이의 마음대로 다 나올 수 있다 함.

만다라화(曼陀羅華) 범어 Mandārava꽃 이름. 유연화(柔軟華), 천묘화(天妙華)라 번역. 이 꽃은 빛과 향기로써 보는 이의 마음을 즐겁고 밝게 한다 함.

면래세색(眄睞細色) 여색(女色)에 눈독을 들이는 것.

멸도(滅度) 열반(涅槃 Nirvāṇa)의 뜻 번역으로서 번뇌의 괴로움을 멸하고 생사의 고해를 건너므로 멸도라 함.

멸진삼매(滅盡三昧) 모든 상대적인 생각을 모조리 없애버리는 선정. 따라서 모든 번뇌를 멸하는 선정임.

명월마니(明月摩尼) 마니(摩尼)는 보배 구슬을 의미하니 명월주(珠)。 그 빛이 밝은 달과 같다고 하여 그 이름이 있음.

명행족(明行足) 부처님 십호(十號)의 하나 지혜와 수행을 원만히 갖추었다는 뜻.

명호(名號) 부처님의 이름. 명호는 덕을 포함하고 실상을 나타내므로 부처님은 그 명호로써 중생을 구제함. 곧 아미타불·석가모니불·약사여래·관세음보살 등.

목건련(目犍連) 약하여 목련(目連)이라 함. 부처님 십대제자의 한 분으로 신통 제일임. 처음 사리불과도 같이 외도를 섬겼으나 나중에 사리불과 함께 각기 제자를 거느리고 부처님 제자가 됨.

무견정상(無見頂相) 부처님의 상호인 팔십수형호(隨形好)의 하나로서、 부처님의 정수리가 높아서 볼 수 없음을 말함.

무량수불(無量壽佛) 아미타불(AmitāyusBuddha)의 뜻 번역 이름. 시간적으로 영원하여 과거·현재·미래·삼세 중생을 제도하는 의미에서 무량수불이라 하고、 공간적으로 무변하여 무량한 지혜광명으로 중생을 제도하는 의미에서 무량광불(無量光佛)이라 하는데 그 수명은 본체이고 광명은 작용이므로 용(用)을 체(體)에 합하여 흔히 무량수불로 통용함. 또는 극락세계의 교주.

무상도심(無上道心)　보리심(菩提心)을 말하며 위로는 도(道)를 구하고 아래로는 중생을 교화하는 마음.

무상사조어장부(無上士調御丈夫)　부처님십호(十號)의 하나인 무상사와 조어장부를 합하여 부른 이름으로서 위없는 높은 어른이므로 무상사요, 자비와 지혜로써 모든 중생을 조복받으신 어른이므로 조어장부라 함.

무상정각지심(無上正覺之心)　위없는 진리를 구하고 중생을 제도하고자 하는 보리심(菩提心)을 말함.

무상존(無上尊)　위없는 존귀한 분으로서 부처님을 말함.

무생법인(無生法忍)　나지도 않고 멸하지도 않는 불생 불멸한 진여(眞如)의 이치를 무생법(無生法)이라 하며 인(忍)이란 인가 결정한다는 뜻이므로 지혜로써 진여의 이치를 깨닫는 것.

무앙수겁(無央數劫)　아승지(阿僧祇 Asaṃkhya)의 번역말로서 헤아릴 수 없는 오랜 시간을 말함.

무연자비(無緣慈悲)　일체 평등의 이치를 깨달고 상대의 상을 떠나서 베푸는 무주상의 자비.

무위니원(無爲泥洹)　무위는 아무런 조작이 없는 진여(眞如). 니원은 열반, 곧 영생을 말함.

무위자연(無爲自然)　열반의 묘미를 말하는데 망동하지 않고 헤아림이 없는 것.

무착무애(無着無碍)　평등의 이치를 깨달아 어느 경계나 집착하지 않고, 차별의 이치를 깨달아 모든 만유에 대하여 걸림이 없는 것.

문수사라(文殊師利)　범어 Mañjuśri 묘덕(妙德)、묘길상(妙吉祥)이라 뜻 번역하며 석존의 왼쪽 시자(侍者)로서 지혜를 맡음. 곧 문수보살.

문수사리법왕자(文殊師利法王子)　범왕자란 보살을 말하며 보살은 다음에 부처가 될 분이므로 부처님을 법왕이라 함에 대하여 법왕자라 함.

미증유(未曾有)　아직 일찌기 없었던 것.

ㅂ

바라밀(波羅蜜)　범어 Pāramitā 도피안(到彼岸)・도무극(度無極)・사구경(事究竟)・도(度)라 번역. 피안은 이상의 경지에 이르고자 하는 보살 수행의 총칭. 육바라밀・십바라밀 등이 있음.

백혹(白鵠)　학의 일종으로 미묘한 소리를 내는 새.

백법명문(百法明門)　일체 밝은 법문으로서 그릇됨이 없는 모든 도리.

범마니보(梵摩尼寶)　청정한 여의주. 범(梵

범성(梵聲)　청정한 음성.

범천왕(梵天王)　색계 초선천의 왕.

범행(梵行)　범(梵) Brahman은 청정의 뜻이므로 청정한 행을 말함. 또는 보살의 자리리타(自利利他)의 행을 말함.

법계(法界)　범어 Dharmadhātu 리(理)로는 법성(法性)・실상(實相)・진여(眞如) 등을 말하고, 사(事)로는 일체만유를 통틀어 말함.

법시(法施)　법문을 말하여 베푸는 것.

법신(法身)　법신(法身)・보신(報身)・화신

(化身) 삼신(三身)의 하나。 법계의 리(理)와 일치한 부처님의 진신(眞身) 곧 영원한 불(佛)의 본체。

법장(法藏) 범어 **Dharmākara**(다르마카라)의 뜻 번역。 모든 불법을 간직하여 잃지 않음을 말함。

보관(普觀) 두루 정토의 의(依…환경)와 정(正…사람)의 장엄을 두루 한꺼번에 관조하는 것。

보리심(菩提心) 보리(菩提 **Bodhi**)란 지혜 또는 깨달음이라 번역하여 부처님의 정각(正覺) 지혜를 말함。 보리심이란 위로는 진리를 구하고 아래로는 중생을 제도하고자 하는 마음。

보살(菩薩) 범어 **Bodhisattva** 성불의 서원을 세우고 보시(布施)·지계(持戒)·인욕(忍辱)·정진(精進)·선정(禪定)·지혜(智慧) 등의 육도(六度)만행을 닦으며 위로는 최상 세계를 구하고 아래로는 중생을 제도하는 사람。

보살마하살(菩薩摩訶薩) 마하살(Mahasattva)은 큰 중생이라 번역하는데, 보살행을 닦아서 일체 중생을 제도하는 사람을 말함。 곧 지덕이 높은 보살을 말함。

보현(普賢) 보현보살로서 석존의 오른쪽 시자이고 자비로운 보살행을 맡음。

복전(福田) 부처님이나 스님네나 부모·스승·병자·빈궁한 이 등을 섬기면 스스로 복을 받는 것이 마치 밭에 곡식을 심어서 얻는 것과 같다고 하여 복전이라 함。

본공(本空) 본래 공(空)으로서 일체만유는 인연따라 이루어졌으므로 그 본성은 공이란 뜻。

본원(本願) 본홍서원(本弘誓願)·본서(本誓)

라고도 함. 모든 부처님이 지난 세상에 성불하려고 뜻을 세운 인위(因位)에서 발한 여러 가지 서원. 이 본원에 총원(總願)과 별원(別願)이 있는데, 총원은 모든 부처님들의 공통한 본원 곧 사홍서원. 별원은 부처님마다 제각기 다른 서원 곧 아미타불의 사십팔원, 약사여래의 십이원 등.

본원력(本願力) 특히 아미타불께서 법장비구 때 세운 사십팔종의 서원력.

부루나(富樓那) 범어 Pūrṇa 석존의 십대제자의 한 분으로 설법 제일이라 함.

부정설법(不淨說法) 불교를 빙자하여 자기 명예나 이익을 위하여 설법하는 것. 5종 부정 설법이 있음.

부정취(不定聚) 정정취(正定聚)·사정취(邪定聚)·부정취(不定聚)를 삼정취(三定聚)라 하는데, 반드시 성불하기로 결정된 중생을 정정취(正定聚). 성불할 만한 소질이 없어 더욱 타락하여 가는 중생을 사정취(邪定聚). 연(緣)이 있으면 성불할 수 있고 연이 없으면 미(迷)할 근기로서 향상 타락에 결정이 없는 중생을 부정취(不定聚).

분다리화(分陀利華) 백련화(白蓮華)라 번역. 드물고 귀한 꽃이라 하여 희유화(希有華)라고도 함.

불수(佛樹) 필바라(Pippla)수 나무를 말하는데 석존께서 이 나무 밑에서 정각(正覺)을 성취하였으므로 보리수 또는 도량수라고도 함.

불일(佛日) 부처님은 지혜로써 모든 번뇌를 말끔히 가시게 하므로 부처님을 불일이라 함.

불종성(佛種性) 일체 중생이 본래 갖추어 있는 부처의 성품.

불청우(不請友) 보살은 청을 받지 않더라도 자진하여, 중생의 친한 벗이 되어 이익을 주는 것이므로 중생 제도에 최선을 다하는 보살을 말함.

불타(佛陀) 범어 Buddha(붇다)에서 온 말로 곧 부처님. 모든 번뇌를 끊고 위없는 진리를 깨달아서 다른 중생들도 깨닫게 하는 이를 말함. 역사적으로는 석가모니불을 말하고, 이상적으로는 우주 만유의 근본 실상인 법신불(法身佛) 곧 영생 불멸의 부처를 말하며, 정서적으로는 극락교의 주인 아미타불을 말하고 주관적으로는 마음이 바로 부처라는 시심시불(是心是佛) 곧 자성불(自性佛)을 말함.

불퇴전(不退轉) 범어 아비발치(Avinivartaniya)의 뜻번역으로서 이미 얻은 지혜 공덕에서 물러나지 않는 경계를 말함. 소승(小乘)에서는 예류과(預流果)를 대승(大乘)에서는 초지(初地)를 불퇴라 함.

비구(比丘) 범어 Bhikṣu 걸사(乞士) 곧 거지라 번역하는데 출가한 중을 말함. 중은 위로는 법을 빌고 아래로는 밥을 빌어 몸과 마음을 기르므로 걸사라 함.

비타론경(毗陀論經) 범어 Veda(베다) 인도에서 가장 오래된 성전으로서 바라문교의 근본 성전. 이 베다에는 리그베다·야주르베다·아타르바베다·사마베다 등 4종이 있음.

빈바사라(頻婆娑羅) 범어 Bimbisāra 중인도 마가타국의 왕으로서 왕사성에 도읍하였음. 깊히 부처님께 귀의하여 죽림정사를 지어 바치는 등 큰 시주가 되다. 뒤에 태

人

자 아사세 때문에 옥중에서 죽다.

사대해(四大海) 수미산을 둘러싼 사방의 바다.

사리(舍利) 범어 Śarira 신골(身骨), 영골(靈骨)이라 번역. 계(戒)·정(定)·혜(慧)의 훈수(熏修)로 생기는 것으로 매우 얻기 어렵고 제일가는 복전이 된다 함.

사무외(四無畏) 설법할 때 두려움이 없는 네 가지 공덕. 1、나는 일체 것을 다 안다. 2、나는 일체 번뇌를 다 끊었다. 3、나는 도(道)를 장애하는 모든 것을 다 알 수 있다. 4、나는 괴로움을 없애는 길을 능히 설법할 수 있다.

사문(沙門) 범어 Śramana(스라마나) 또는 파리어 Samana(사마나)의 음역으로서 근식(勤息)이라 번역하여 출가한 중을 말함. 곧 출가한 자는 부지런히 선을 닦고 악을 버림으로 이 이름이 있음.

사미(沙彌) 범어 Śramanera 출가하여 십계(十戒)를 받아 지니는 남자.

사미계(沙彌戒) 남자가 출가하여 바로 받는 열가지 계율. 1、살생하지 말 것. 2、훔치지 말 것. 3、음행하지 말 것. 4、망어하지 말 것. 5、술 마시지 말 것. 6、화려한 자리에 앉거나 눕지 말 것. 7、몸에 장식품을 지니지 말고 향유(香油) 등을 바르지 말 것. 8、스스로 노래하고 춤추지 말고 가서 보지도 말 것. 9、몸에 금은 보배를 지니지 말 것. 10、오정(午正)을 넘어서 먹지 말 것.

사바(娑婆) 범어 Sabhā 인토(忍土), 인계(忍界)라 번역. 안으로는 가지가지의 번뇌가 있고 밖으로는 추위·더위·비·바람·원적(怨賊) 등의 재난이 있어서 언제나 고통을 참지 않으면 안되는 국토라는 뜻으로 이 세계를 인토(忍土) 등으로 말함.

사보(四寶) 금·은·유리(琉璃:푸른 옥)·파려.

사사(四事) 부처님과 스님네를 공양하는 4종의 물건, 곧 음식·의복·와구(臥具)·탕약(湯藥).

사위성(舍衛城) 범어 Śrāvastī 중인도 고살라국의 수도이며 석존 당시 파사익왕이 도읍을 정하고 그 아들, 기타 태자도 여기에 살았다.

사유(四維) 동남(東南)·동북·서남·서북.

사유수(思惟修) 선(禪)을 번역한 말로서 마음을 한곳에 모아 고요하게 하고 자세히 생각하는 수행이란 뜻.

사은(四恩) 부모·국왕·중생·삼보(三寶) 등 네가지 은혜.

사음(邪淫) 五계(戒)의 하나. 이중(二衆)인 우바새(남) 우바이(여)가 자기 배필이 아닌 다른 이성과 음사(淫事)를 하는 것.

사자후(獅子吼) 부처님의 설법을 말하는데, 사자가 으르렁거리면 온갖 짐승이 두려워 따름을 비유함.

사정취(邪定聚) 사람의 성품 정도를 셋으로 나눈 하나로서 성불할만한 소질이 없이 더욱 타락하여 가는 종류.

사체(四諦) 범어 Catvāri-āryasatyani 사제라고도 발음함. 사성체(四聖諦)라고도 함. 미혹의 인과인 고(苦)·집(集)과 깨달음의 인과인 멸(滅)·도(道)의 네가지 도리로서 불교의 강령(綱領)이라 할 수 있는 교링. 성문승(聲聞乘)은 이를 깨달아 아라한이 됨. 고(苦)…생사의 과보. 집(集)…생사의 원인인 번뇌와 업(業). 멸(滅)…깨달음의 과보인 열반. 도(道)…깨달음의 원인으로서 삼학도(三學道) 또는 팔정도(八正道).

위는 비상비비상천에 이르기까지 중생이 생사윤회하는 경계.

삼고(三苦) 1, 고고(苦苦)…몸은 고(苦)의 연(緣)에서 생겨 온갖 고통을 받는 것. 2, 괴고(壞苦)…애착을 느끼던 것이 괴멸하는 때에 받는 고통. 3, 행고(行苦)…세간 모든 현상의 더없는 변화에서 받는 고통.

삼귀(三歸) 삼귀의(三歸依)를 말하는데, 부처와 불법(佛法)과 불제자(佛弟子)인 불·법·승(佛法僧) 삼보(三寶)에 귀순함을 말함.

삼도(三途 또는 三道) 지옥·아귀·축생의 삼악도(三惡途).

삼명(三明) 아라한의 지혜에 갖추어 있는 자재하고 묘한 작용. 육신통의 숙명통·천안통·누진통에 해당하는 숙명명(宿命

사중(四衆) 사부중(四部衆) 또는 4부 제자라고도 하는데 출가제자인 비구·비구니와 재가(在家) 제자인 우바새(優婆塞)·남(男)·우바이(優婆夷)…여(女).

사천왕(四天王) 동(東)지국천왕, 남(南)증장천왕, 서(西)광목천왕, 북(北)다문천왕으로서 다같이 수미산의 중복에 있다 함.

산호(珊瑚) 바다속에 사는 산호충의 뼈로서 붉은 색 또는 하얀 색을 띠고 있음.

삼계(三界) 욕계(欲界)·색계(色界)·무색계(無色界)를 말하며 아래는 지옥으로부터

明)·천안명(天眼明)·누진명(漏盡明)을 말함.

1、숙명명…자기와 남의 지난 세상을 아는 능력.

2、천안명…자기와 남의 다음 세상 일을 알고 공간에 걸림이 없이 모두를 볼 수 있는 능력.

3、누진명…현재의 고통을 알아서 번뇌를 끊는 지혜.

삼매(三昧) 범어 Samādhi 선정(禪定)이라 번역 일심으로 진리를 생각하여 흐트러지지 않게 하는 것.

삼보(三寶) 1、불보(佛寶)·법보(法寶)·승보(僧). 1、불보…여러 부처님네. 깨달음의 뜻. 2、법보…부처님이 말씀하신 교법 모범의 뜻. 3、승보·교법대로 수행하는 불제자 화합(和合)의 뜻.

삼복(三福) 선을 행하면 자연 복을 받으므로 3종선을 삼복이라 함. 1、세복(世福)…부모에게 효도하고 스승과 어른을 받들어 섬기며 살생하지 않고 십선업(十善業)을 닦음. 2、계복(戒福)…삼보(三寶)에 귀의하여 오계·팔계·구족계 등 모든 계율을 지킴. 3、행복(行福)…보리심을 일으켜 깊이 인과를 믿고 대승경전을 독송하며 남을 또한 그렇게 인도함.

삼승(三乘) 성문(聲聞)·연각(緣覺)·보살(菩薩)에 대한 세가지 교법. 승(乘)은 물건을 실어 옮기는 수레를 말하니 부처님의 교법도 중생을 인도하여 열반의 언덕에 이르게 하는 데 비유함. 1、성문…사체(四諦)의 법문이나 부처님의 말씀을 듣고 이를 관조하여 깨달은 이. 2、연각…십이인연의 법문이나 홀로 자연의 이치

따위를 관조하여 깨달은 이. 3、 보살… 육바라밀의 수행법에 의하여 자기도 깨닫고 남도 깨닫게 하여 부처를 이루려는 이. 또는 위의 삼승법에 의하여 각기 수행을 마치고 얻은 성문과(果)·연각과·보살과를 말함.

삼십이 대인상(三十二大人相) 부처님 몸에 갖춘 삼십이종의 대인상. 이 상(相)을 갖춘 이는 세속에 있으면 전륜왕이 되고 출가하면 부처가 된다 함.

삼잡(三帀:匝) 세번 돈다는 뜻인데. 인도에서 존귀한 분을 공경할 때는 그 분의 오른쪽으로 세 번 도는 관습이 있음.

삼천대천세계(三千大千世界) 한 세계의 천배를 소천세계(小千世界), 소천세계의 천배를 중천세계(中千世界), 중천세계의 천배를 대천세계(大千世界)라 하는데 천배가 세번이므로 1대천세계를 삼천대천세계라 함. 곧 십억 세계임.

삼취(三趣) 지옥·아귀·축생 등 세 갈래의 나쁜 처소로서 삼악취(三惡趣) 삼악도(三惡途)라고도 함.

상도(常道) 항상 변치 않는 자연의 도리를 말함.

상락아정(常樂我淨) 열반의 사덕(四德) 1, 상(常)…열반의 경계는 생멸 변천이 없는 덕. 2, 락(樂)…생사의 고통을 여의어 무위(無爲) 안락한 덕. 3, 아(我)…망아(妄我)를 여의고 팔대자재(八大自在)가 있는 진아(眞我)의 덕. 4, 정(淨)…번뇌의 더러움을 여의어 잠연청정(湛然淸淨)한 덕.

상호(相好) 훌륭한 몸의 생김새를 말하는데 부처님은 삼십이의 큰 상(相)과 팔십의 작은 호(好)가 갖추어 있음.

생사(生死) 중생의 일생 시종(始終)을 말함.
이에 분단생사(分段生死)·변역생사(變易
生死)의 구별이 있음.

석가비릉가마니보(釋迦毗楞伽摩尼寶) 능히
여러 가지로 변현하는 여의주(如意珠)란
뜻.

석범(釋梵) 석(釋)은 도리천(忉利天) 주(主)
인 제석천왕이며, 범(梵)은 색계 초선천
의 대범천왕(大梵天王)임.

석제환인(釋提桓因) 제석천왕을 말하며 도리
천의 왕으로 불법에 귀의한 자를 옹호함.

선서(善逝) 부처님 십호(十號)의 하나로서
능히 진여(眞如)의 세계로 돌아가서 다시
헤매이지 않는다는 뜻.

선정(禪定) 범어 Dhyana 진정한 이치를 생각
하고 마음을 고요히 하여 산란치 않는 것.

육바라밀의 하나. 또한 선종(禪宗)의
선(禪)은 바로 열반묘심(涅槃妙心)을 말
함.

선지식(善知識) 바른 법을 설하여 사람을 인
도하고 불도에 들게 하여 해탈을 얻게 하
는 사람. 노·소, 남·녀, 귀·천을 가리
지 않고 모두 불연(佛緣)을 맺게 하는
이.

선화륜(旋火輪) 횃불을 돌릴 때 둥그렇게 보
이는 불바퀴. 이것이 실재한 것처럼 보이
나 실은 그렇지 않으므로 일체 현상의 가
법(假法)임을 비유함.

설산(雪山) 인도의 북쪽에 있는 산으로서 히
말라야산을 말함.

섭수(攝受) 부처님의 자비와 지혜 광명 속에
모든 중생을 다 거두어 보살핌을 말함.
이 반대말은 절복(折伏).

섭취(攝取) 섭수와 비슷한 의미로서 부처님의 자비와 지혜광명이 고뇌세계의 중생을 포섭해서 제도하는 것. 이 반대 말은 억지(抑止).

수기(授記) 부처님께서 보살·이승(二乘) 등에게 장차 성불하리란 인연을 예언하는 것.

성문(聲聞) 성문·연각·보살 등 삼승의 하나로서 부처님의 가르침을 듣고 깨닫는 사람. 또는 특히 사체(四諦)의 이치를 관조하여 아라한의 깨달음을 얻는 사람.

수미산(須彌山) 범어 Sumeru의 번역, 묘고산(妙高山)의 뜻. 한 세계의 중앙 금륜(金輪) 위에 있으며 팔산(八山)과 팔해(八海)가 둘러 있는데 수면(水面)에서 높이가 팔만 유순, 수면 밑으로 팔만 유순이라 함. ※유순(由旬)…인도의 이수(里數)로서 보통 사십리 또는 삼십리를 말함.

세간해(世間解) 부처님 십호(十號)의 하나로 세상 모든 일에 통달함을 의미함.

세존(世尊) 부처님 십호(十號)의 하나. 범어 Bhagavat(박가범…薄伽梵)의 뜻 번역으로서 이 세상에서 가장 존귀한 어른이라는 뜻.

수순(隨順) 남의 뜻에 순종함. 불교에서는 불·보살이 중생의 근기에 따르고 또한 중생이 불·보살의 가르침에 순종함을 말함.

송(頌) 범어 Gatha(가타)의 뜻 번역으로서 시구(詩句)로써 부처님을 찬탄하거나 불법의 뜻을 노래함을 말함.

수다원(須陀洹) 범어 Srotāpanna 예류(豫流)라 번역하여 비로소 성자의 흐름에 참여함을 말함. 성문승 4급 중의 첫째.

의하므로 신식이라 함.

수형호(隨形好) 부처님 몸에는 삼십이대인상(大人相)을 갖추었고 또한 팔십가지의 잘 생긴 호(好)가 있는데 이것은 상(相)에 따르는 모양이므로 수형호라 함.

신족통(神足通) 육신통의 하나로 비행할 수 있고, 또한 자재로 몸을 변현할 수 있는 통력. 신여의통(身如意通)이라고도 함.

숙명통(宿命通) 육신통의 하나로 자기와 남의 과거를 다 아는 통력.

신통(神通) 신기하게 변화함이 불가사의하고 걸림이 없는 자재한 통력을 말함. 육신통이 있는데 걸림없이 보는 천안(天眼), 걸림없이 듣는 천이(天耳), 걸림없이 과거를 아는 숙명(宿命), 다른 이의 마음을 꿰뚫어 아는 타심(他心), 몸을 자재로 하는 신족(神足), 번뇌를 모조리 끊는 누진(漏盡) 등. 외도(外道)는 누진통(漏盡通)은 못하여도 다른 오통은 할 수 있으며 정도(正道)는 6통을 갖추어 할 수 있음.

숙세(宿世) 지난 세상의 생애, 곧 과거세.

승가(僧伽) 범어 Samgha 승(僧)의 원말로서 중(衆)이라 번역. 교단 생활을 하는 화합한 대중.

시방(十方) 동·서·남·북과 그 사이 사이인 사유(四維)와 위 아래를 합하여 말하는데 무한한 공간을 의미함.

신명(神明) 신중(神衆)을 말하는데 어디서나 밝게 알고 있으므로 신명이라 함.

십력(十力) 부처님만이 갖춘 열가지 능력.

신식(神識) 중생의 심식(心識)은 영묘 부사

십만억찰(十萬億刹) 십만억 국토라고도 말하

며 사바세계와 극락세계와의 사이에 십만 억의 국토가 있다 함.

십선(十善) 십악(十惡)의 반대. 1、죽이지 않음. 2、훔치지 않음. 3、사음(邪淫)하지 않음. 4、망녕된 말하지 않음. 5、이간질하지 않음. 6、욕설하지 않음. 7、교묘하게 꾸미는 말하지 않음. 8、탐욕하지 않음. 9、성내지 않음. 10、사견(邪見)을 내지 않음.

십이부경(十二部經) 부처님의 설법 체제에 열두갈래가 있으므로 경문을 총칭하여 십이부경이라 함. 1、장행설(長行說). 2、중송설(重頌說). 3、수기설(授記說). 4、고기설(孤記說). 5、무문자설(無問自說). 6、인연설(因緣說). 7、비유설(譬喩說). 8、본사설(本事說). 9、본생설(本生說). 10、방광설(方廣說). 11、미증유설(未曾有說). 12、논의설(論議說).

십팔불공법(十八不共法) 부처님에게만 있는 공덕으로서 이승(乘)이나 보살에게는 공동하지 않는 십팔종의 지혜 공덕.

○

아귀(餓鬼) 항상 주림에 괴로워 하는 귀신.

아나함(阿那含) 범어 Anāgāmin 소승(小乘) 깨달음의 사과(四果) 중 제삼과로서, 다시 욕계에 태어나지 않는다고 하여 불환과(不還果)·불래과(不來果)라 번역함.

아뇩다라삼막삼보리(阿耨多羅三藐三菩提) 범어 Anuttarāsamyak-sambodhi) 부처님이 깨달은 진리를 말함. 그 지혜는 원만 평등한 진리를 두루 깨달아 그 위가 없는 최상의 지혜로서, 무상정변지(無上正遍知)·무상정등정각(無上正等正覺)이라 번역함.

아라한(阿羅漢) 범어 Arhan 소승(小乘)의 교법을 수행하는 성문(聲聞) 4과의 가장 윗자리로서 중생의 공양을 받을 자격이 있다고 하여 응공(應供)、도적같은 번뇌를 모조리 멸했다고 하여 살적(殺賊)、미계(迷界)에 다시 나지 않는다 하여 불생(不生)、마장을 모두 여의였다 하여 이마(離魔) 등으로 번역함. 여래(如來) 십호(十號)에서는 아라하(阿羅訶)라 하여 소승과 구별함.

아미타불(阿彌陀佛) 범어 Amitāyus Buddha 무량수불(無量壽佛)이라 뜻 번역. 시간적으로 영원하여 과거·현재·미래 삼세 중생을 제도하는 의미에서 무량수불이라 하고 공간적으로 무변하여 무량한 지혜 광명으로 중생을 제도하는 의미에서 무량광불(無量光佛)이라 하는데

아미타불(阿彌陀佛) 범어 Amitādha Buddha; 그 수명은 본체이고 광명은 작용이므로 흔히 무량수불로 통용함. 또는 극락세계의 교주부처님. 밀교(密教)에서는 법신(法身)·보신(報身)·화신(化身)의 삼신(三身)을 겸전한 구원불(久遠佛)을 의미함.

아사세(阿闍世) 범어 Ajātasatru 미생원(未生怨)이라 번역. 빈바사라왕의 아들로서 제바의 교사로 부왕을 가두고 왕위에 올라가 그 세력을 중인도에 떨쳤다. 뒤에 그 악행을 참회하고 불교에 귀의하여 교단을 외호(外護)하는 큰 시주가 되었다.

아소심(我所心) 내 소유라고 집착하는 마음.

아수라(阿修羅) 범어 Asura 산속이나 바다 밑에 살면서 싸우기를 좋아하는 귀신으로서 곧잘 제석천과 싸운다고 함.

아승지겁(阿僧祇劫) 범어 Asaṃkhya 인도의

큰 수로서 무앙수겁(無央數劫)이라고도
하며 헤아릴 수 없는 오랜 동안.

안락국(安樂國) 괴로움이 없고 즐거움만 있
는 처소라는 뜻으로 관무량수경이나 아미
타경에서는 극락, 또는 극락세계라고
함. 또는 안양국(安養國), 안양세계라고
도 함.

앙병(殃病) 업병(業病)으로서 약으로 낫지
않는 병.

야마천(夜摩天) 시분천(時分天)이라 번역하
며 욕계 제삼천을 말함.

억념(憶念) 억(憶)은 기억하여 간직함을 말
하고 념(念)은 마음에 지니고 잊지 않음
을 말함. 곧 신심상속(信心相續)·칭명상
속(稱名相續)을 의미함.

여래(如來) 범어 Tathāgata 부처님 십호(十號)
의 하나. 여(如)는 진여(眞如) 곧 진리며

진여에서 왔다고 하여 여래라 함.

여여(如如) 여(如)는 진여(眞如)로서 깨달은
안목으로 보면 일체 만유가 진여이므로
여여라 함.

연각(緣覺) 보살·연각·성문 등 삼승(三乘)
의 하나로 스승의 가르침에 의하지 않고
홀로 십이인연법이나 자연의 이치를 관찰
하여 깨닫는 사람.

연동지류(蠕動之類) 지렁이·누에 등 몸을
꿈실거리며 다니는 벌레를 말함. ※ 蠕
(벌레꿈실거릴 연)

열반(涅槃) 범어 Nirvāna 불교의 최고 이상으
로서 멸(滅)·적멸(寂滅)·원적(圓寂) 등
으로 번역. 모든 번뇌를 소멸하고 불생불
멸(不生不滅)의 진리를 깨달은 경지. 또
는 무생(無生)·영생(永生)·실상(實
相)·진여(眞如)·본체(本體) 등의 의미

로도 쓰임.

염부단금(閻浮檀金) 자마금(紫磨金) 곧 순금을 말함.

염부제(閻浮提) 남염부주(南閻浮洲) 또는 남섬부주(南贍浮洲)를 말함. 수미산의 남방에 위치하여 즐거움은 북주(北洲)·서주(西洲)·동주(東洲)만 못하나 부처님을 만나 법을 듣기로는 남염부주가 으뜸이라 함. 곧 우리가 사는 세계를 말함.

염불(念佛) 범어 Buddhānu-smṛti 부처님의 상호(얼굴이나 몸매)나 지혜 공덕을 생각하는 것. 또는 입으로 아미타불이나 관세음보살의 명호(이름)를 일컫는 것. 염불에는 삼종 방법이 있는데, 1、칭명염불(稱名念佛)…입으로 부처님의 명호(이름)를 부르는 것. 2、관상염불(觀想念佛)…마음으로 부처님의 상호나 공덕을 관념하는 것。3、실상염불(實相念佛)…불법신(佛法身)의 비유비공(非有非空)한 중도실상(中道實相)의 이치를 관조하는 것. 또는 4종으로 구분하기도 함.

염불삼매(念佛三昧) 2종이 있는데, 하나는 일심(一心)으로 부처님의 상호를 관조하거나 또는 일심으로 법신(法身)의 실상을 관조하거나 또는 일심으로 부처님의 명호를 부르는 것 등을 말하는데 이를 인행(因行)의 염불삼매라 함. 또는 앞의 3종의 염불삼매가 성취되고 마음이 선정(禪定)에 들어, 혹은 불신(佛身)이 현전(現前)하고 혹은 법신(法身)의 실상(實相)에 계합(契合)함 등도 염불삼매라 하는데, 이는 과성(果成)의 염불삼매이다.

염착심(染着心) 애착하는 마음으로 아끼고 집착하는 것.

영락(瓔珞) 인도 고대에 머리나 목이나 가슴 등에 거는 구슬의 장식품.

영서화(靈瑞華) 범어 udumbara 우담발라화 (優曇鉢羅華)의 뜻 번역으로서 이 꽃은 싹이 터서 천년, 봉오리져서 천년, 피어서 천년, 그래서 합하여 삼천년만에 한번 핀다고 하는데, 아주 희유한 일에 비유함.

오고(五苦) 생(生)·로(老)·병(病)·사(死) 등 네가지 괴로움과 애별리고(愛別離苦) 곧 사랑하는 이와 헤어지는 고통을 말함.

오근(五根) 대승(大乘)·소승(小乘)을 통틀어 깨달음에 드는 수행을 삼십칠가지로 구분하는데, 이를 삼십칠도품(道品) 또는 삼십칠조도품(助道品)·삼십칠보리분법 (菩提分法)이라 함. 곧 사념처(四念處)·

사정정근(四正精勤)·사여의족(四如意足)·오근(五根)·오력(五力)·칠각지(七覺支)·팔정도(八正道) 등이다. ※ 5근 1, 신(信)…삼보와 인과의 도리를 믿는 것. 2, 정진(精進)…애써 수행함. 3, 염(念)…항상 바른 도리를 억념(憶念)하는 것. 4, 정(定)…마음이 흩어지지 않도록 정신 통일하는 것. 5, 혜(慧)…지혜로써 도리에 어긋남이 없게 하는 것.

오도(五道:途) 또는 오취(五趣). 중생의 업인(業因)에 따라 왕래하는 곳으로서 지옥·아귀·축생·인간·천상 등.

오력(五力) 삼십칠도품(道品) 중 오근(五根) 인신(信)·정진(精進)·염(念)·정(定)·혜(慧)를 닦아서 능히 악(惡)을 없애는 힘이 있음을 말함.

오소(五燒) 오악(五惡)을 지은 이가 내세에

서 받는 무서운 과보를 말함.

오악(五惡) 오계(五戒)의 반대되는 나쁜 행위로서 곧 살생·도둑질·음행·망어·음주.

오악취(五惡趣) 지옥·아귀·축생·수라·인간 등의 다섯처소는 미혹한 중생이 태어나는 괴로운 곳이므로 악취(惡趣)라 함.

오안(五眼) 1, 육안(肉眼)…형상을 보는 안목 2, 천안(天眼)…시방삼세를 보는 안목 3, 법안(法眼)…차별의 만법을 보는 안목 4, 혜안(慧眼)…일체 평등의 이치를 보는 안목 5, 불안(佛眼)…위 사안(眼)을 원만히 갖춘 것.

오역죄(五逆罪) 복덕에 거스리는 5종의 큰 죄악.

소승(小乘) 오역죄 1, 부친살해 2, 모친살해 3, 아라한살해 4, 화합승가를 파괴

5, 부처님 몸을 상해

대승(大乘) 오역죄 1, 탑을 무너뜨리고 경전을 불태우며 삼보 재물을 훔치는 것 2, 삼승(三乘)의 가르침을 비방하고 소승 3, 승려를 욕하거나 승려를 부리는 것 4, 화합 승가를 파괴함 5, 인과의 도리를 불신하고 십불선업을 행하는 것.

오음성(五音聲) 궁(宮)…흐린음 상(商)…반흐린음 각(角)…반맑음 반흐린음 치(徵) …반맑은음 우(羽)…맑은음.

오체투지(五體投地) 오체는 두손 두발 머리를 말하는데 온 몸을 땅에 엎드리고 하는 가장 겸허한 절을 말함.

오탁(五濁) 사바세계의 5종의 더러움 1, 겁탁(劫濁)…천재지변과 병과 전쟁 등 여러 가지 재앙이 넘치는 시대 2, 견탁(見濁)

…사견(邪見)이 많고 사상이 혼탁한 시대

3. 번뇌탁(煩惱濁)…탐·진·치 삼독(三毒)의 번뇌가 치성한 것 4, 중생탁(衆生濁)·중생이 진리를 믿지 않고 덕을 닦지 않아 중생의 마음과 몸이 혼탁한 것.

오통(五痛) 오악(五惡)을 지은 자가 현세에 서 받는 괴로움.

왕렬(尫劣) 병신이나 못난이.

왕법(王法) 나라의 법률이나 규칙 등.

왕사성(王舍城) 중인도 마가타국의 수도인데 B.C. 6세기 경 빈바사라왕이 쌓았고 그 아들 아사세왕도 여기에 살았음.

왕생(往生) 이 세계에서 저 세계에 가서 태어나는 일. 극락세계에 가서 태어남을 말함.

요요(窈窕) 고요하다. 또 멀리 떠나서 감감 하다.

우담발라화(優曇跋羅華) 범어 Udumbara 삼천년만에 한 번 꽃이 핀다 하여 아주 회유한 일에 비유.

원광(圓光) 정광(頂光) 또는 후광(後光)이라고도 하는데 불보살의 머리 둘레에 비추는 둥근 광명을 말함.

월광마니(月光摩尼) 마니보주 곧 여의주(如意珠)를 말함. 마니(摩尼 Mani)는 구슬을 의미함.

위신력(威神力) 불·보살의 위대하고 부사의한 힘.

위제희(韋提希) 빈바사라왕의 왕후. 왕이 유폐되자 깊은 염세를 느끼고 석존께 설법을 청했다. 「관무량수경」은 바로 석존께서 위제회 부인에게 설하신 가르침.

유리(瑠璃) 칠보의 하나이며 푸른 빛을 띤 투명한 구슬. 중앙아시아 또는 바이칼호의 남방 지방에서 산출함.

유순(由旬) 인도의 리수(里數)인데 약 사십리 또는 삼십리에 해당함.

유순인(柔順忍) 삼인(三忍) 곧 음향인(音響忍)·유순인(柔順忍)·무생법인(無生法忍)의 하나로서 마음이 유순하여 진리에 수순하고 거스리지 않는 것.

육계(肉髻) 부처님 삼십이상(相) 중의 무견정상(無見頂相)으로서 부처님 정수리에 솟은 상투모양의 살덩이.

육근(六根) 눈·귀·코·혀·몸·뜻으로서 오관(五官)과 마음을 말함.

육념(六念) 열반에 이르는 수행법. 염불(念佛)·염법(念法)·염승(念僧)·염계(念戒)·염시(念施)·염천(念天).

육바라밀(六波羅蜜) 범어 Ṣaḍ-pāramitā 생사(生死)의 고해를 건너 이상경(理想境)인

피안에 이르는 여섯가지 방편으로서 보살의 수행법임. 곧 보시(布施)·지계(持戒)·인욕(忍辱)·정진(精進)·선정(禪定)·지혜(智慧)를 말함.

육신통(六神通) 6종의 신통력 1、천안통(天眼通)…보는데 걸림이 없는 신통 2、천이통(天耳通)…듣는데 걸림이 없는 신통 3、타심통(他心通)…남의 마음을 자재하게 아는 신통 4、숙명통(宿命通)…과거를 자재하게 아는 통력 5、신여의통(身如意通)…몸을 자재하게 하는 신통 6、누진통(漏盡通)…자재하게 번뇌를 끊는 지혜.

육욕천왕(六欲天王) 욕계의 사왕천·도리천·야마천·도솔천·화락천·타화자재천 등 육욕천의 왕을 말함.

육종진동(六種震動) 세간에 상서가 있을 때

에 대지(大地)가 진동하는 모양의 6종
1, 동(動) 2, 기(起) 3, 용(涌) 4, 진(震) 5, 후(吼) 6, 각(覺) 등. 앞에 셋은 모양이 변하고 뒤에 삼은 소리가 변하는 것.

육축(六畜) 소·말·개·양·돼지·닭 등

육친(六親) 보모·형제·처자.

육화경(六和敬) 승(僧)은 화합을 의미하며 화합에 두가지 뜻이 있음. 一, 이화(理和)…같이 진리를 증오(證悟)하는 것으로서 이는 견도(見道) 이상의 성자(聖者)에 한함 二, 사화(事和)…이에 6종이 있는데 이를 육화경(六和敬)이라 하며, 이는 견도(見道) 이전의 범부에 속한다. 1, 신화공주(身和共住)…기거 생활을 같이 함 2, 구화무쟁(口和無諍)…서로 언쟁을 하지 않음 3, 의화동사(意和同事)…신심(信心) 등의 의업(意業)을 같이 함 4, 계화동수(戒和同修)…같이 계행을 지킴 5, 견화동해(見和同解)…같이 정견(正見)을 갖는 것 6, 이화동균(利和同均)…이로운 것을 고르게 함.

윤회(輪廻) 사람이 죽었다가 나고 났다가 죽어 몇번이고 반복함을 말함. 불교에서 삼계(三界) 육도(六道)에서 미(迷)의 생사를 거듭하는 것.

음향인(音響忍) 불·보살의 음성(가르침) 또는 극락세계의 미묘한 음악을 듣고 깨닫는 것.

응공(應供) 부처님 십호(十號)의 하나. 아라한의 뜻 번역인데, 부처님은 인간과 천상의 공양을 받을 자격이 있음을 응공이라 함.

의극(衣裓) 꽃을 담는 그릇 또는 장방형의

헝겊으로서 남녀 다 같이 어깨에 걸고 손을 닦기도 하며 무엇을 담기도 함.

이원(泥洹) 범어 Nivāṇa 열반(涅槃)과 같으며 적멸(寂滅) 또는 멸도(滅度)라 번역. 모든 번뇌를 끊고 생사(生死)를 벗어나서 영원히 걸림이 없는 경계를 말함.

인과응보(因果應報) 착한 인(因)에는 안락한 과(果), 악(惡)한 인(因)에는 고(苦)의 과(果)가 상응하게 나타나 착오가 없음을 말함.

일생보처(一生補處) 일생을 지내면 부처의 경지를 보충한다는 등각(等覺)의 자리로서 부처의 다음 경지. 미륵보살은 일생보처임.

ㅈ

자거(硨磲) 보통 자거라 발음하는데, 조개 재천의 궁전.

자마금(紫磨金) 자색의 황금으로서 염부단금(閻浮檀金)을 말하며 곧 황금의 정수임.

자비(慈悲) 즐거움을 줌을 자(慈)라 하고 괴로움을 없앰을 비(悲)라 함.

자씨(慈氏) 범어 Maitreya 보살을 말함. 현재 도솔천의 내원궁에서 설법하고 있으며, 부처님께서 돌아가신 후 오십육억 칠천만 년 뒤에 이 사바세계에 와서, 용화수 밑에서 성불하고 중생을 제도한다 함. 미륵보살을 말함.

자연허무지신무극지체(自然虛無之身無極之體) 자연・허무・무극 등은 다 열반의 딴 이름이며, 극락에서 받는 몸은 모두 이러한 공덕이 있음을 말함.

자재천궁(自在天宮) 욕계 제6천의 타화자재천의 궁전.

잡상관(雜想觀) 대불신(大佛身)과 소불신(小佛身)、진불(眞佛)과 화불(化佛) 등을 섞어 관조하는 것.

장로(長老) 지혜가 뛰어나고 도덕이 빼어난 이를 높여서 하는 말.

장엄(莊嚴) 규모가 크고 엄숙한 꾸밈을 말함.

장자(長者) 부귀하고 덕이 있는 사람.

적멸(寂滅) 생(生)도 멸(滅)도 모두 없어져서 진여(眞如)에 안주하고, 다시 생멸과 분별 시비가 없는 고요한 경계.

전다라(栴陀羅) 범어 Candala 포악(暴惡)・도살(屠殺)이라 번역. 인도 사성급(四姓級) 밖의 가장 천한 족속으로서 도살 등에 종사하였음.

전도(顚倒) 마음이 뒤바뀌는 것. 곧 바른 이치를 위반하는 것. 불법을 믿는 마음이

전륜성왕(轉輪聖王) 전륜성제(帝)라고도 하는데 수미산의 사주(四洲)를 다스리는 왕으로서、보배윤보(寶輪)를 굴려 일체를 항복받는다 함.

전정(專精) 일심으로 애쓰는 것.

정거천(淨居天 색계(色界)의 제사선천(四禪天)에 있는 천상으로서 성자만이 거처하는 곳.

정변지(正遍知) 부처님 십호(十號)의 하나.

정등각(正等覺)・정각(正覺)이라 번역.

부처님은 일체종지(一切種智)를 갖추어 온갖 물심 현상에 대하여 알지 못하는 것이 없다는 뜻.

정사(正士) 대사(大士)라고도 하는데 보살을 말함.

정사(精舍) 지혜와 덕을 닦는 집이란 뜻으로

서 수행자가 사는 집 곧 절.

정정취(正定聚) 바로 부처가 되기로 정해진 사람들.

정진(精進) 육도 곧 육바라밀의 하나로서 마음을 가다듬어 애써 수행함을 말함.

제법실상(諸法實相) 일체 모든 법은 그대로 만유의 진실한 모습을 여의지 않음을 말함.

제불현전삼매(諸佛現前三昧) 시방(十方)의 모든 부처님이 앞에 나타나서 법을 설하고, 미래에 성불하는 기별(記別)을 줌을 보는 삼매.

제석병(帝釋瓶) 제석천의 보배 병으로서 무엇이나 구하면 다 나온다고 하는 부사의한 병.

제일의(第一義) 제일의체(第一義諦)라고도 하는데, 근본의의 곧 진여(眞如)의 도리를 가리킴.

를 가리킴.

조달(調達) 범어 Tevadalta 제바달다로서 석존의 숙부 곡반왕의 아들이요, 석존의 종제이며 아난존자의 형임. 출가하여 석존의 제자가 되었으나 석존을 시새워 오백 제자를 거느리고 별립했다. 아사세왕과 결탁하여 자기가 신교주(新敎主)가 되려 했으나 모든 계교가 실패로 돌아갔다. 드디어 병사했다고도 전하고, 또는 석존께 대한 오역죄의 현보(現報)로 산 채로 무간지옥에 떨어졌다고 함. 법화경 제바품에 는 미래에 천왕여래(天王如來)의 수기(授記)를 받았다고 함.

조복(調伏) 강강한 마음을 눌러 항복 받는 일.

존자(尊者) 지덕이 높아서 존대를 받을만한 분.

중회(重誨) 중요한 가르침. 곧 간절한 가르침.

지옥(地獄) 범어 Naraka 나락가의 뜻 번역으로서 행복이 없는 곳으로 삼악도의 하나.

지해윤보(指海輪寶) 바다에서 나는 아름다운 구슬.

진로(塵勞) 번뇌.

진불(眞佛) 화불(化佛)에 대한 말로서 부처님의 참 몸, 곧 부처님을 말함.

진여(眞如) 범어 Tathātā 대승 불교의 이상개념(理想概念)의 하나. 우주 만유에 보편(普遍)한 상주 불변의 본체 제일의체(第一義諦) 등이 있음.

진인(眞人) 사체(四諦)의 진리를 깨달은 분으로 아라한을 말함.

진주(眞珠) 조개에서 따는 구슬.

ㅊ

차거(硨磲) 보통 자거라 발음하는데, 조개 종류에서 얻을 수 있으며 하얀 빛을 냄.

차수(叉手) 합장 다음 가는 인도의 예법인데, 왼손으로 오른손을 쥐고 가슴과 약간 띠어 젖가슴 높이로 올린다.

찬탄(讚歎) 말로써 덕을 칭찬함을 말함.

찰리(刹利) 범어 Kṣatriya 크샤트리야의 번역으로 찰제리(刹帝利)라고도 함. 인도 사성계급(姓階級)의 제2위로서 왕족이나 무사족을 말함.

※ 사성계급 1、바라문(Brāhmaṇa)…승려 2、크샤트리야…왕족, 무사족 3、바이샤(Vaiśya)…상공(商工)족 4、수다라(Śūdra)…아리야민족에게 정복 당한 토착민으로서 가장 천업에 종사함.

찰토(刹土)　나라 또는 국토.

천관(天冠)　가장 훌륭한 관의 뜻으로 영락으로 장엄한 보배관.

천도시장(天道施張)　인과응보(因果應報)의 도리가 천지에 펼쳐 있어, 어떠한 미세한 것에라도 빠짐없이 미치어 있음을 말함.

천복륜상(千輻輪相)　삼십이상(相)의 하나로서 발바닥에 바퀴살 같은 발금이 있는 것.

천안(天眼)　육신통의 하나로 자재로이 일체 모두를 볼 수 있는 통력. 또는 미래를 알 수 있는 통력.

천이(天耳)　육신통의 하나로 자재로 일체의 언어 음성을 다 알 수 있는 통력.

천인사(天人師)　부처님 십호(十號)의 하나. 모든 천상과 인간의 스승이라는 뜻.

천축삼장(天竺三藏)　천축은 인도이며 삼장은 경(經)·율(律)·론(論) 등 불교의 교리 전부를 말하기도 하고, 또는 삼장에 정통한 법사를 말하기도 함.

청단(清旦)　맑고 고요한 아침.

청백지법(清白之法)　청정 결백한 불법을 말함.

청정법안(清淨法眼)　법안정(法眼淨)이라고도 함. 고(苦)·집(集)·멸(滅)·도(道) 사체(四諦)의 도리를 분명히 아는 지혜.

총지(總持)　범어 Dhāraṇī 다라니(陀羅尼)의 번역 말로 모든 착한 법을 다 갖춘 주문. 또는 무량 법문을 잊지 않고 설법 자재함.

칠보리분(七菩提分)　칠각지(七覺支)라고도 함. 도(道)를 닦을 때 그 진위(眞僞)를 구분하는 데 7종이 있음을 말함 1、택법(擇法)…법의 진위(眞僞)를 간택함 2、정

진(精進)…정법(正法)에 의하여 힘써 노
력함 3、희(喜)…진정한 법열(法悅)을 느
낌 4、제(除)…그릇됨을 없앰 5、사(捨)
…들뜨는 마음을 버릴 것 6、정(定)…선
정에 들어 망념을 일으키지 않음 7、염
(念)…진리를 계속 상념하여 마음의 평정
을 갖는 것.

ㅌ

타심통(他心通) 육신통의 하나로 자재로이
남의 마음을 비추어 보는 통력.

타화자재천(他化自在天) 제6천이라고도 하
며 욕계의 가장 높은 데 하늘.

탄지경(彈指頃) 손톱을 튀기는 정도의 짧은
동안.

태생(胎生) 극락세계에 바로 태어남을 화생
(化生)이라함에 대하여、부사의한 부처님

의 지혜를 의심한 이가 극락의 변두리에
있는 궁전에 태어남을 말함. 이 태생지는
몸을 싸고 있는 연꽃이 오백세 동안 피지
못하고、불・법・승 삼보를 보지 못한다
고 함. 태생자가 태어나는 궁전을 의성
(疑城)・태궁(胎宮)・변지(邊地)・해만계
(懈慢界)라고도 함.

통명혜(通明慧) 육신통(六神通)과 삼명(三
明)과 삼혜(三慧)를 말함. 삼명…숙명
명・천안명・누진명. 육신통…천안통・천
이통・숙명통・타심통・신족통・누진통.
삼혜(三慧)…들어서 얻은 문혜(聞慧)・생
각해서 얻은 사혜(思慧)・닦아서 얻은 수
혜(修慧).

ㅍ

파두마화(波頭摩華) 범어 Padma 홍련화라 번

역.

파려(玻瓈) 파리(玻璃)라고도 하며 수정의 일종.

팔공덕수(八功德水) 극락세계의 못 물로서 1、청정 2、향기롭고 3、가볍, 4、서늘하고 5、보드랍고 6、아름답고 7、맛이 좋고 8、마시면 병환이 가신다.

팔부신중(八部神衆) 천상(天上) Teva 용(龍) Nega、야차(夜叉)Yaksa、건달바(乾闥婆)Candharva、아수라(阿修羅)Asura、가루라(迦樓羅)Garuda、긴나라(緊那羅)Kimnara、마후라가(摩睺羅伽)Mahoraga 등을 말하는데、불법을 수호하는 신중(神衆)임.

팔성도(八聖道) 팔정도(八正道)라고도 함. 1、정견(正見)…사체(四諦)의 도리를 분명히 알고 바른 견해를 갖는 것 2、정사유(正思惟)…모든 것을 사체의 도리에 입각하여 생각하는 것 3、정어(正語)…바른 말을 하는 것 4、정업(正業)…바른 행위를 하는 것 5、정명(正命)…바른 생활을 하는 것 6、정정진(正精進)…바른 정진을 함 7、정념(正念)…끊임 없이 바른 도리를 기억하고 생각하는 것 8、정정(正定)…마음을 도리에 안주하게 하여 흐트러지지 않음.

팔십억겁생사지죄(八十億劫生死之罪) 팔십억 겁 동안 생사에 윤회하는 죄. 또는 모든 죄를 통틀어 말함.

팔음(八音) 부처님의 청정한 음성을 말함. 1、지극히 고운 소리 2、부드럽고 상냥한 소리 3、평화로운 소리 4、기쁜 소리 5、엄숙한 소리 6、그릇됨이 없는 소리 7、그윽하고 멀리 울리는 소리 8、유창한 소리.

팔재계(八齋戒)　집에 있는 불교인이 지키는 여덟가지 계행　1, 죽이지 말 것　2, 훔치지 말 것　3, 삿된 음행을 말 것　4, 망언을 말 것　5, 술 마시지 말 것　6, 분수에 지난 화려한 자리에 처하지 말 것　7, 몸에 장식품을 붙이지 말고, 노래를 부르고 춤추지 말며, 또한 가서 보지도 말 것　8, 오정(午五)을 넘어서 먹지 말 것.

팔종청풍(八種淸風)　팔방에서 불어오는 맑은 바람.

팔해탈(八解脫)　8종의 해탈의 관법(觀法)으로서, 이 법을 닦아서 미혹을 벗어나 깨달음을 얻게 되므로 해탈이라 함.

표리상응(表裏相應)　마음과 행위 또는 말과 마음이 하나가 되는 것.

피안(彼岸)　생사의 번뇌를 벗어난 열반을 말하며, 곧 고해(苦海)를 건너간 깨달음의 저 언덕. 또는 생사고해에 헤매는 중생계를 차안(此岸)이라 함에 대하여 영생 안온한 극락을 피안이라 함.

ㅎ

항사(恒沙)　범어 Ganga 곧 인도 항하(恒河)의 모래라는 뜻으로서, 헤아릴 수 없이 많음을 비유함.

해탈(解脫)　번뇌의 얽매임을 풀고 진리를 깨달아 괴로움을 벗어남을 말함.

현겁(賢劫)　겁(劫 Kalpa)이란 헤아리기 어려운 오랜 시간을 말하는데, 우주가 생성되어 허공으로 되기까지를 성겁(成劫)·주겁(住劫)·괴겁(壞劫)·공겁(空劫)의 4겁으로 나누며, 사겁 중 주겁(住劫)을 과거 장엄겁(莊嚴劫)·현재 현겁(賢劫)·미래

성수겁(星宿劫)으로 나누는데 그 현겁을 문득 변화하여 나타난 부처님의 몸. 또는 말함.

사람으로 태어난 부처님.

현전수기(現前授記) 부처님께서 바로 그 자 **화엄삼매(華嚴三昧)** 불화엄삼매(佛華嚴三昧) 리에서 어느 때 성불하리라는 기별(記別) 의 약칭. 일진법계무진연기(一眞法界無 을 주는 것. 盡緣起)의 이치에 달하여 만행(萬行)을

닦고 불과(佛果)를 장엄함을 화엄이라 하

호념(護念) 항상 염두에 두고 보호하는 것. 며, 일심으로 이를 닦음을 삼매라 함.

호박(琥珀) 옛날 지질시대(地質時代)의 송진 **확연(廓然)** 확(廓)은 훤하고 넓다는 뜻으로 이 땅속에 파묻혀서 수소·산소·탄소 등 서 마음이 활짝 트임을 말함. 과 화합하여 돌처럼 굳어진 광물. 누른 색을 띠고 광채를 내며 여러가지 장식으 **환희지(歡喜地)** 보살십지(十地)의 제1위로 로 쓰임. 서, 욕계 번뇌를 여의고 진리를 깨달아 큰 환희심을 얻는 자리.

화생(化生) 태(胎)·란(卵)·습(濕)·화(化) 4생의 하나. 자체가 없으며 의탁한 데없 **환혹주술(幻惑呪術)** 사람을 속이는 환술. 또 이 홀연히 생겨남. 극락·천상·지옥에 는 마법(魔法). 나거나 겁초(劫初)에 나는 사람은 화생

으로 남. **회향(廻向)** 돌려서 다른 데로 향하게 한다는 뜻으로 자기가 닦은 선근공덕(善根功德)

화신불(化身佛) 진불(眞佛)에 대한 말로서, 을 다른 중생이나, 자기의 성불이나, 극

락 왕생에 돌려 향하게 함.

회향발원심(廻向發願心) 닦은 선근공덕을 돌려 극락세계에 태어나고자 원하는 마음.

횡초(橫超) 자력(自力)으로 수행하여 깨달음을 수초(竪超)라 함에 대하여 타력(他力)에 의하여 깨달음을 횡초라 함.

희유(希有) 아주 드물고 진귀한 것. 경(經)에서는 고맙고 드물게 있는 것으로 쓰임.

용어해설 끝

발원문 (發願文)

온 누리에 충만하시고 영원히 상주하시며 언제나 대자대비로 만 중생을 제도하시는 부처님이시여!

이제 저희들은 삼가 일체 만유의 근본이시고 바로 생명 자체이신 부처님께 지극 정성으로 발원하옵나이다.

본래부터 맑고 밝은 저희 본성이 어쩌다가 어리석은 무명(無明)에 가리어 대자 대비 하신 부처님의 광명을 등지고 탐욕과 분노로 오염된 인생 고해(苦海)를 헤매이게 되었습니다.

이제 천행으로 부처님의 가르침을 만나뵙고 사무친 환희심으로 부처님께 서원 하옵나니 부처님의 관음대비로 거두어 주시옵소서.

저희들은 오로지 부처님의 가르침에 수순(隨順)하여 청정한 마음과 올바른 행동과 바른 말로써 살아가고자 충심으로 서원하오며 한사코 위없는 불도(佛道)를 성취하여 모든 이웃들을 구제하고자 지심(至心)으로 발원하옵나이다.

바로 우주만유의 실상이시며 모든 중생의 고난을 구제하여 주시는 부처님 이시어! 부처님의 부사의하신 위신력으로 저희들의 심신(心身)이 강건하고 육근(六根)이 청정하며 가정과 사회가 평온하고 나라와 온세계가 두루 태평하여 필경에 다 함께 생사윤회(生死輪廻)하는 인생고해를 벗어날 수 있도록 부처님의 대자 대비를 드리우시옵소서.

그리고 돌아가신 부모 조상의 영가와 자매 질손 및 일체 친속들의 영가와 이 도량 내외의 모든 영가와 온 법계의 일체 영가들이 부처님 가호하시는 묘력으로 어두운 저승 길에서 헤매지 않고 다 함께 극락세계에 왕생케하여 주시옵소서.

그리하여 마침내 헤아릴 수 없이 많은 모든 법계의 무량중생들이 본래 청정한 자성(自性)을 밝히고 불도를 성취하여 장엄하고 찬란한 연화장세계(蓮華藏世界)에 노닐며 다 함께 극락세계에서 영생의 복락(福樂)을 누리게 하여 주시옵소서

나무아미타불!　　나무서가모니불!

나무관세음보살!　　나무마하반야바라밀!

무주당 청화대종사(無住堂 淸華 大宗)師

청화(淸華) 큰스님은 1922년 전남 무안에서 태어나 24세시 백양사 운문암에서 만암(曼庵) 대종사의 상좌이신 금타(金陀) 대화상을 은사로 출가 득도하신 후, 40여년간을 운문암, 진불암, 벽송사, 태안사, 칠장사, 사성암, 남미륵암, 상원암, 상견성암, 혜운사, 백장암 등 성지의 토굴에서 하루에 오전 한 끼니 공양인 일종식과 장좌불와(長坐不臥) 묵언좌선(默言坐禪)으로 오로지 수행정진에만 몰두하신 수행승이시다.

1985년 4월부터 구산선문(九山禪門)의 하나인 동리산 태안사에서 선문을 다시 일으키어, 금강선원(金剛禪院)의 문을 열고 삼년결사(三年結社)를 하셨다.

법어집으로 「전통선(正統禪)위 향훈(香薰)」「원통불법(圓通佛法)의 요체(要諦)」가 있고 「금강심론(金剛心論)」을 편저하였으며 역서로 「정토삼부경(淨土三部經)」「약사경(藥師經)」「육조단경(六祖壇經)」이 있다.

정 토 삼 부 경
무량수경|관무량수경|아미타경

초판발행 | 2007년 2월 10일
2쇄 발행 | 2007년 10월 10일
3쇄 발행 | 2014년 12월 1일
4쇄 발행 | 2016년 3월 31일
5쇄 발행 | 2016년 6월 11일
6쇄 발행 | 2019년 4월 20일
7쇄 발행 | 2019년 10월 15일

옮 긴 이 | 청화淸華
엮 은 이 | 명원

펴 낸 이 | 박주환
펴 낸 곳 | 광륜출판사
주   소 | 서울시 도봉구 도봉1동 401번지 도봉산 광륜사
전   화 | 956-5555, 954-6437
팩   스 | 955-2112

홈페이지 | www.gwangryunsa.com
이 메 일 | gwangryun@hanmail.net

ISBN 978-89-954017-4-3 03220
정가 18,000원

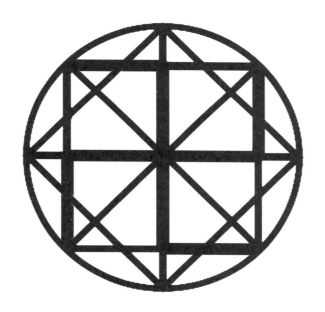